전략적
대화법

전략적 대화법

마음을 사로잡는 설득의 기술

공문선 지음

북마크

서문

신문방송학과에 입학한 대학 신입생들이 있었다. 전공과목 중에 〈커뮤니케이션 개론〉이 필수과목이었는데 담당 교수는 1학년 1학기 첫 시험 때 항상 같은 문제를 내는 것으로 유명했다.

시험문제는 항상 간단하게 한 문제만 나왔다.

'커뮤니케이션이란 무엇인가?'

몇 년 동안 그 문제가 나왔기 때문에 대부분의 학생들은 선배들로부터 미리 족보를 입수해 시험 준비를 쉽게 마칠 수 있었다. 그런데 막상 시험 시간에 시험지를 펼쳐 든 학생들은 경악을 금치 못했다. 시험문제는 예상을 뒤엎고 다르게 나왔다.

'도대체 커뮤니케이션이란 무엇인가?'

이처럼 말이란 한 마디만 붙여도 내용이 달라지고 한 마디만 바꿔도 의미가 달라진다. 오랫동안 커뮤니케이션을 연구해 왔지만 커뮤니케이션은 알면 알수록 힘든 분야임이 틀림없다. 마음대로 되지 않을 때가 많기 때문이다. 우리가 매일 나누는 대화도 그렇다. 입에서 쉽게 나오는 것이 말이지만 어느 경우에 내 마음과 다르게 엉뚱한 말을 해버리거나 해서는 안 되는 말이 불쑥 튀어나와 당황하게 될 때가 있다.

반대로 나는 이런 뜻으로 말했는데 상대방은 내 말을 못 알아듣거나 내 생각과 전혀 다르게 받아들여 답답할 때도 많다. 또 나는 이렇게 말하고 싶은데 입에서만 맴돌고 혀가 꼬여 마음먹은 대로 말을 못하는 일도 허다하다. 말은 하나의 도구고 입은 하나의 수단일 뿐, 말을 만들어 내는 것은 머릿속이고 그 머리를 움직이는 것은 마음이라는 것을 뒤늦게 깨달았다. 결국, 대화를 잘 하려면 상대방의 마음을 이해해야 한다.

그러나 사람의 마음은 잘 보이지 않고 잘 드러나지 않는다. 그렇기 때문에 마음으로 향하는 지도가 필요하다. 길을 잃어 헤매지 않고 가야 할 길을 정확히 안내해 주는 내비게이션처럼 상대방의 마음에 쉽고 빠르게 갈 수 있는 대화의 기술이 필요한데 이것이 바로 전략적 대화의 기술이다.

'전략'이란 사전적 의미로 '어떤 목표에 도달하기 위한 최적의 방법'을 뜻한다. 즉, 전략적인 대화란 할 말은 하고 해서는 안 되는 말은 하지 않는 것이다. 말하기 전에 앞뒤와 좌우를 고려하고 말하는 것이다. 체로 걸러서 사금을 골라내듯 다양한 언어들 중 가장 효과적인 말을 골라내 가장 반짝이는 말을 얻어내는 것이다. 한 마디 한 마디를 대충 재단하지 않고 한 땀 한 땀 정확하게 디자인해서 말하는 것이 전략적 대화다.

전략적 대화의 기술을 알려주는 이 책은 크게 네 개의 내용으로 구성되어 있다. 첫 번째 내용은 일종의 가이드라인으로 전략적 대화의 중요성에 대한 이해를 돕고 전략적 대화가 필요한 이유를 설명했다. 특히 누구나 알고 있다고 생각하는 대화의 기술에 대한 오해와 착각에 대해 상세히 설명했다. 왜냐하면 우리는 지금까지 잘못된 대화 기술인데도 불구하고 너무나도 당연하다고 믿고 있고 적극적으로 사용하는 경우가 많기 때문이다. 그래서 제대로 된 대화법을 배우기 전에 우리가 알고 있는 잘못된 대화의 기술이 무엇인지, 그리고 우리가 잘못 사용하고 있는 대화법은 무엇인지 제대로 알아볼 필요가 있다.

 두 번째 내용은 상대방의 마음을 쉽게 읽을 수 있는 전략적 대화의 기술이다. '말horse은 타고 멀리 가 봐야 그 마력馬力을 알 수 있고, 사람은 오래 사귀어 봐야 그 마음을 알 수 있다'는 격언이 있다. 그만큼 사람을 알고 이해하기란 시간이 걸리고 힘들다는 이야기다. 만약 사람들의 마음을 쉽게 읽고 미리 알 수만 있다면 대화에서 발생하는 오해와 갈등을 줄일 수 있을 것이다. 그래서 눈에 보이지 않고 귀에 잘 들리지 않는 사람들의 마음의 소리를 듣기 위해서는 상대방의 숨겨진 말의 의미를 읽어내고 작은 단서를 통해 감춰진 감정까지 읽어낼 수 있는 전략적 대화의 기술이 필요하다.

 세 번째 내용은 상대방의 마음에 들게 하는 전략적 대화법이다. 우리는 아침에 눈을 뜨고 저녁에 잠자리에 들 때까지 엄청나게 많은 정보를 접하게 된다. 나를 좀 봐달라고 아우성치는 다양한 광고와 내 말을 좀 들어달라고 속삭이는 수많은 매스컴의 목소리들이 우리의 마음을 두드린다. 그러나 우리는 한 번 마음에 들지 않으면 어떻게 해도 예뻐 보이질 않고, 한 번 마음에 들면 어떤 행동을 해도 예뻐 보인다. 그렇기 때문에 대화에서도 상대방의 마음에 드는 전략적 기술이 필요하다.

 마지막으로 상대방의 마음을 빠르게 움직일 수 있는 전략적 대화법에 관한 기술이다. 사람의 마음은 마치 바위와 같아 아무리 흔들어도 꿈쩍하지 않을 때가 많고 굳게 닫힌 성문과 같아 열심히 두드려도 열리지 않는 경우가 많다. 그렇기 때문에 큰 바위처럼 꿈쩍 안 하는 상대방의 마음을 움직이기 위해서는 지렛대 같은 말이 필요하고 굳게 닫힌 성문과 같은 상대방의 마음을 열기 위해서는 열쇠 같은 말이 필요하다.

  이 책에서 인용한 대부분의 연구결과들은 '건강을 위한 정직한 지식'을 표방하는 우리나라 최고의 메디컬 허브 'KorMedi www.kormedi.com'의 건강뉴스 기사에서 빌려왔다. 책에서 인용한 내용들은 단지 학술적인 목적으로만 인용했음을 밝혀둔다. 넓은 아량으로 양해를 부탁드린다. 혹시 더 많은 정보를 원한다면 꼭 한번 방문해 보기 바란다.

공문선

CONTENTS

서문 … 4

I. 어필하고 싶다면 대화의 전략을 세워라

1. 결정적 순간, 마음을 움직이는 비밀 … 14
2. 계산적인 대화와 전략적인 대화의 차이 … 16
3. 우리는 상대방의 속마음을 다 알 수 없다
   - 속마음을 아는 것은 어렵다 … 20
   - 진실을 말할 수 없는 시대 … 22
   - 진실은 상대방을 불편하게 만든다 … 25
   - 진실은 말에 있지 않다 … 26
   - 진실에 둔감한 사람들 … 28
4. 대화에 전략이 필요한 이유
   - 왜 내 말을 들으려 하지 않을까? … 31
   - 왜 내 말을 이해하지 못할까? … 34
   - 왜 내 말을 싫어할까? … 37
   - 왜 내 말을 못 알아들을까? … 39
   - 왜 내 말을 오해할까? … 41
   - 왜 내 말을 착각할까? … 43
5. 전략적 대화의 종류 … 45

II. 마음을 읽는 대화 기술

1. 1단계: 표정 읽기의 기술
   - 마음이 멀어지면 눈에서도 멀어진다 … 48
   - 미소에는 여러 의미가 담겨있다 … 52
   - 눈 맞춤이 길수록 부정적인 인상을 준다 … 55

- 눈동자가 큰 사람에게 끌린다 … 59
- 고개를 기울인 사람이 아름답다 … 62
- 위아래로 훑어보는 남자? 아래위로 훑어보는 남자? … 64
- 눈빛을 통해 상대방의 기분을 파악한다 … 66
- 가짜 표정은 오래 간다 … 69
- 부부와 불륜을 구분하는 가장 쉬운 방법 … 71
- 거짓말하는 사람들의 특징 … 73

2. 2단계: 말투 읽기의 기술
- 말투 하나로 기분이 달라진다 … 77
- 말투는 사람을 죽이는 무기가 될 수 있다 … 80
- 잔소리는 무의식적인 표현이다 … 82
- 자기 말만 하는 사람과 같은 말을 반복하는 사람의 심리 … 85
- 지나칠 만큼 자세한 표현은 속임수일 수 있다 … 88
- 목소리는 제2의 관상이다 … 91
- 과거형으로 말하는 사람을 경계하라 … 93
- 강한 표현은 강하게 의심하라 … 95

3. 3단계: 제스처 읽기의 기술
- 제스처는 감정을 읽는 신호다 … 98
- 제스처 덕분에 알게 된 짝퉁 핸드백 … 102
- 제스처를 읽으면 인생이 달라진다 … 105
- 불안과 공포를 숨기는 제스처 … 107
- 팔짱끼는 것에 대한 오해 … 109
- 배꼽의 방향으로 속마음을 읽을 수 있다 … 112
- 상대방을 한 번에 제압하는 카리스마 악수법 … 114
- 협상에 성공하고 싶다면 상대방의 동공을 살펴라 … 118

III. 마음을 설득하는 전략적 대화법

1. 내 말이 통하지 않는 이유
- 일방적으로 말하기 때문에 ⋯ 124
- 상대방에게 관심이 없는 말이기 때문에 ⋯ 127
- 거부감을 주는 단어를 사용하기 때문에 ⋯ 128
- 이해할 수 없는 말이기 때문에 ⋯ 130

2. 마음을 설득하는 전략적 대화의 기술
- 상대방이 좋아하는 주제를 골라라 ⋯ 132
- 좋은 목소리로 말하라 ⋯ 135
- 힘차고 당당하게 샤우팅하라 ⋯ 139
- 좋은 향기로 유혹하라 ⋯ 142
- 이성에게 사랑받고 싶다면 빨간 옷을 입어라 ⋯ 146
- 중요한 말은 몸짓과 섞어서 말하라 ⋯ 149
- 적당한 술로 분위기를 주도하라 ⋯ 151
- 상대방의 영역을 존중하고 거리를 유지하라 ⋯ 154
- 사랑의 밀어는 왼쪽 귀에 속삭여라 ⋯ 160
- 달콤한 것으로 마음을 끌어라 ⋯ 164
- 흐린 날씨에 사랑을 고백하라 ⋯ 168
- 유혹하고 싶다면 몇 번의 눈길을 보내라 ⋯ 173
- 싸움을 줄이고 싶다면 생각과 관련된 단어를 사용하라 ⋯ 176
- 상대방의 말을 따라하며 맞장구쳐라 ⋯ 180
- 긍정적인 단어를 사용하라 ⋯ 184
- 애정표현은 마음껏 보여주어라 ⋯ 187
- 문자 메시지를 사랑의 메신저로 활용하라 ⋯ 191
- 상대방의 마음을 설득하는 칭찬을 하라 ⋯ 196
- 완벽하기보다는 약점을 드러내라 ⋯ 201
- 뻔한 말보다는 참신한 말을 하라 ⋯ 205
- 적절한 비교로 원하는 결과를 이끌어라 ⋯ 213
- 상상하게 만들어라 ⋯ 219

Ⅳ 마음을 움직이는 전략적 대화법

1. 상대방의 마음이 움직이지 않는 이유
- '꽂히는 말'이 아니기 때문에 … 224
- 내게 더 유리하지 않기 때문에 … 226
- 내가 더 좋아하지 않기 때문에 … 229
- 내가 더 믿을 수 없기 때문에 … 230
- 내가 쉽게 선택하기 어렵기 때문에 … 231

2. 마음을 움직이는 전략적 대화의 기술
- 하지 말라고 말하라 … 233
- 생동감 있는 표현을 사용하라 … 237
- 손해를 본다고 말하라 … 240
- 행동의 동기를 부여하라 … 244
- 유리한 말로 마음을 움직여라 … 247
- 다른 사람을 언급하라 … 250
- 긍정적으로 표현하라 … 253
- 일부러 겁을 줘라 … 256
- 의문문으로 마무리하라 … 261
- 암시하는 단어를 사용하라 … 265
- 중요한 것은 마지막에 어필하라 … 267
- 둘 중 하나를 선택하는 심리를 이용하라 … 270
- 따뜻한 속성의 단어를 사용하라 … 274
- 이익의 가치를 강조하라 … 279
- 상대방에게 믿음을 줘라 … 283
- 구체적으로 제시하라 … 288
- 약점은 미리 전달하라 … 291
- 아이의 이미지를 끌어들여라 … 296
- '예'라고 대답하도록 만들어라 … 300
- '우리'라는 표현을 써라 … 304

I

어필하고 싶다면
대화의 전략을 세워라

막대기나 돌멩이는 내 뼈를 부러뜨릴 수 있다.
하지만 말은 마음을 무너뜨린다.
- 로버트 풀검 Robert Fulghum

1. 결정적 순간, 마음을 움직이는 비밀

오늘날 자신이 처한 세상을 이해하려면 전략이 필요하다.
– 존 웰치John Welch

2006년 프랑스에서 '고용유연화 노동법 개정'에 항의하는 총파업일을 맞아 300만 명 이상이 거리로 쏟아져 나와 밤늦게까지 가두시위를 벌였다. 프랑스 주요 도시의 교통, 은행, 학교, 병원이 마비됐으며 신문도 발간되지 않았다. 경찰은 화난 시위대를 향해 최루가스와 곤봉을 휘둘렀다. 이 날 집회로 800명이 체포됐고 50명이 부상을 입었다.

시위대의 맨 앞에 있던 젊은 그룹이 경찰을 향해 조소를 날리며 돌과 화염병을 던졌고, 경찰은 이에 맞서 시위대를 향해 최루가스를 날리고 곤봉을 휘둘렀다. 이날 시위 군중의 수는 근대 프랑스 역사상 최대로 기록되었다. 결국 '최초고용계약법CPE'은 철회되었다.

그러나 독일 메르겔 정부가 발표한 2005년 11월의 노동법은 프랑스와는 달리 별다른 시위 없이 통과되었다. 여러 가지 이유가 있었겠지만 가장 큰 이유는 프랑스의 노동법과 표현이 달랐기 때문이다.

> 프랑스의 노동법 : 임시직을 2년 안에 **해고**할 수 있다.
> 독일의 노동법 : 임시직을 2년 안에 **채용**할 수 있다.

프랑스의 노동법은 '해고'라는 부정적인 표현으로 공격적인 시위대를 만들었지만 독일은 '채용'이라는 긍정적인 표현으로 공격성을 완화시킬 수 있었던 것이다.

이를 증명하는 실험이 있었다. 실험팀은 사람들을 모은 뒤 두 집단으로 나누었다. 각 집단이 모여 있는 방에는 칠판이 있었는데, 한 집단의 칠판에는 '무례한rude'이라는 단어를 적고 다른 방의 칠판에는 '공손한polite'이라는 단어를 적어놓았다. 그러나 별도로 그 말을 설명하거나 일부러 읽어보게 하지는 않았다. 그리고 두 실험 집단에게 어떤 두 사람의 대화를 관찰하게 하고, 그 사람들의 대화를 중단시킬 수 있는 기회가 있다고 알려주었다.

그 결과 '무례한'이라는 단어를 제시받은 집단에서 실제로 남의 대화를 적극적으로 중단시킨 사람들의 비율은 67퍼센트였다. 한마디로 공격적으로 변한 것이다. 반면 '공손한'이라는 단어를 제시받았던 집단에서는 16퍼센트밖에 나타나지 않았다.

이들은 모두 칠판에 적힌 '무례한'이나 '공손한'이라는 단어를 본 사실을 기억하지 못했다. 어느 한 집단이 천성적으로 무례하거나 공손한 것은 아니므로, '무례한' 또는 '공손한'이라는 단어에 무의식적으로 영향을 받아서 공격성의 정도가 달라졌던 셈이다.

이렇듯 우리는 대화를 할 때 상대의 작은 한 마디에도 영향을 받고 반응이 달라진다. 그렇기 때문에 우리는 말 한 마디도 전략적으로 해야 한다.

2. 계산적인 대화와 전략적인 대화의 차이

전략이란 멀고 대단한 것이 아니다. 우리의 삶 주변에서 흔히 맞닥뜨리는 여러 상황들 속에서 '일관된 법칙'을 발견하는 것에서 출발한다.
— 애비너시 딕시트Avinash Kamalakar Dixit, 배리 네일버프Barry Nalebuff

출근길에 바쁘게 차를 몰던 김미경 씨는 깜빡 다른 생각을 하다가 정지 신호등을 보지 못하고 정차해 있던 앞차를 추돌하고 말았다. 당황한 김미경 씨는 얼른 차에서 내려 사과를 하고 괜찮은지 물었다. 그런데 앞차에 타고 있던 남성은 뒷목을 잡고 중환자인 양 앓는 소리를 내며 죽는 시늉을 했다. 차가 많이 밀려 있던 터라 속도도 내지 않았고, 별 문제가 없을 것 같았는데 당황스럽게도 남자 운전자는 아예 도로에 주저앉아 신음을 내고 있었다.

차들이 밀려 교통이 혼잡해지자 교통경찰이 왔고, 사건 경위를 진술하게 되었다. 그런데 피해를 입은 앞차 운전자는 자신은 가만히 있는데 뒤의 차가 자신의 차를 '쾅' 하고 세게 박았다고 진술하는 것이 아닌가? 그러면서 자신은 병원에 가서 정밀 검사를 받아야 되겠다고 억지를 부렸다. 결국 김미경 씨의 100퍼센트 과실이 인정돼 앞차 운전자와 합의를 하게 되었고 치료비 조로 거액을 물어줄 수밖에 없었다. 뒤 범퍼에 긁힌 자국 하나 없었는데 너무나 억울했다.

만일 이처럼 자동차 사고를 당해서 교통경찰에게 사건 경위를 진술할 때는 피해자일 경우와 가해자일 경우 각각 다르게 말해야 한다. 피해자인 경우에는 "뒤차가 내 차를 세게 박아서"라고 이야기해야 유리해지고, 가해자인 경우에는 "내 차가 상대방 차를 살짝 스쳤을 뿐"이라고 말해야 유리해진다.

심리학자 엘리자베스 로프터스Elizabeth F. Loftus의 연구에 의하면 동일한 자동차 사고 장면을 보여주고 그 사건을 기억하라고 했을 때, 피험자들의 대답은 제각각이었다. 동일한 사건을 목격했지만 물어보는 질문의 방식에 따라 대답이 달라진 것이다.

> 1. 자동차끼리 **접촉**했을 때 속도는 얼마였을까요?
> 2. 자동차끼리 **충돌**했을 때 속도는 얼마였을까요?

'접촉했을 때'라고 물어본 경우에는 '시속 51킬로미터 정도'라고 대답한 반면, '충돌했을 때'라고 물어본 경우에는 '시속 65킬로미터'라고 대답했다. '충돌'이라는 단어가 과속의 느낌으로 강하게 작용했기 때문이다.

이처럼 전략적 대화와 계산적 대화는 다르다. 계산적 대화는 어렵고 힘들지만 전략적 대화는 쉽고 빠르고 효과적이다.

사람이 대화를 할 때에는 뇌에서 두 가지 시스템이 작용한다.

> 시스템 1 : 원인과 결과 같은 인과관계를 계산해내야 하는 이성적인 노력이 필요하다.
> 시스템 2 : 별다른 노력 없이 거의 자신도 모르게 자동적이고 감정적으로 작동한다.

예를 들어서 '로미오가 줄리엣을 만났다. 그와 그녀는 원수의 집안이어서 만나면 안 된다'라는 고통스러운 이성의 반응은 시스템 1이다. 하지만 '그녀가 아름답다. 만나고 싶다'라는 즉각적인 반응, 즉 감정은 시스템 2이다. 결국 시스템 2에 이끌려 로미오는 시스템 1의 통제를 벗어나 줄리엣을 만나게 된다.

이렇게 대다수 사람들은 비합리적인 시스템 2에 의해 결정을 한다. 갖가지 논리를 다 붙이지만 결국 직감, 느낌과 같은 비합리적인 요건에 의해 의사결정을 하고 마는 것이다. 시스템 1, 즉 이성과 사고의 과정은 머리 아픈 고통을 수반한다. 시스템 1은 시스템 2로부터 오는 여러 가지 문제와 오류들을 수정해줄 수 있지만, 시간이 오래 걸리고 생각을 해야 한다는 수고로움이 뒤따르기 때문에 사람들은 시스템 2를 선호한다.

시스템 1의 사고를 알고리즘algorithm적 사고라 한다. 수학과 컴퓨터 용어로 사용되는 알고리즘은 어떤 문제를 해결하기 위한 절차와 방법론을 뜻한다. 수학 문제를 푸는 것처럼 원인과 결과가 분명한 문제에 대한 해답을 추구해가는 과정이다. 삼각형의 넓이를 구하는 등 각종 공식에 따라 수학 문제를 풀어 나가는 것이 대표적인 예시다. 이처럼 알고리즘은 일정한 순서대로 풀어 나가면서 정확한 답을 이끌어내는 방법이다.

시스템 2의 사고를 휴리스틱heuristic적 사고라 한다. 행동경제학에서 파생된 휴리스틱은 이성이나 합리성보다는 직감 또는 직관으로 문제 해결에 접근하는 방식을 일컫는다. 일반적으로 문제를 해결하거나 불확실한 사항에 대해 판단을 내릴 필요가 있지만 명확한 실마리가 없으면 경험을 토대로 어림잡아 계산한다. 이것이 바로 휴리스틱이다. 자신의 고정관념에 기초한 추론적 판단을 말하는 것으로 "해봐서 다 알아" 또는 "안 봐도 다 안다"는 정도로 해석이 가능하다. 불과 몇 초 만에 자신의 생각을 선뜻 말할 수 있는 것은 휴리스틱이 작용했기 때문이다.

대부분의 사람들이 대화를 할 때 몇몇 경우 협상이나 사기 등를 빼놓고는 거의 계산알고리즘이 아닌 즉흥휴리스틱으로 한다. 계산적으로 말하려면 너무 힘들고 피곤하기 때문이다. 전략적인 대화법이란 상대방이 자신도 모르게 내가 원하는 대답이 나올 수 있도록 상대방의 사고를 휴리스틱 상태로 만드는 과정을 말한다.

그렇기 때문에 우리는 일상 속에서 전략적 대화를 통해 자신이 원하는 것을 쉽게 얻어내거나 상대방에게서 원하지 않는 반응을 빠르게 차단할 수 있어야 한다.

3. 우리는 상대방의 속마음을 다 알 수 없다

> 타인의 본 모습은
> 그가 그대에게 보여주는 데 있는 것이 아니라
> 그가 그대에게 보여줄 수 없는 부분에 있습니다.
> 그러므로 그대여,
> 타인을 진정 이해하고자 한다면
> 그가 하는 말을 듣지 말고
> 그가 하지 않는 말에
> 귀를 기울이십시오.
> — 칼릴 지브란 Kahlil Gibran

속마음을 아는 것은 어렵다

〈마리안느〉 잡지는 1991년 창간되고 17호만에 폐간되어버린 비운의 잡지다. 창간 취지는 좋았다. 당시 잡지에 만연해 있던 루머, 스캔들, 섹스에 관련된 잡지에서 벗어나 여성에게 신선한 정보를 제공하자는 3무無정책을 표방하는 취지였다.

사실 이 잡지는 창간하기 전에 대대적인 마케팅조사를 했었다. 주요 소비자인 20~30대 여성 1,000명을 상대로 포커스그룹 인터뷰 심층면접를 했는데 다음과 같은 질문을 던졌다.

"우리 회사는 이번에 새로운 여성잡지를 발간하려고 합니다. 루머, 스캔들, 섹스로 점철된 과거의 잡지에서 벗어나 유익한 정보로 꾸며진 〈마리안느〉가 창간된다면 구입하시겠습니까?"

결과는 놀라웠다. 실속 있고 건전한 〈마리안느〉를 응답자의 95퍼센트가 구입하겠다고 대답한 것이었다. 편집장은 자신감에 가득 차 과감히 잡지를 발행했다. 그러나 95퍼센트가 사겠다고 했던 응답과는 달리 판매부수는 시원찮았다. 이유는 여러 가지가 있겠지만 유력한 용의자는 바로 '거짓말'이었다. 진실이 아닌 '보여지는 자신상대방이 내 말을 듣고 나를 어떻게 볼까?' 때문에 거짓말을 했을 가능성이었다.

전국시대 때의 일이다. 맹상군이 제나라 재상으로 있을 때 위 왕의 정부인이 죽었다. 궁중에는 10명의 후궁이 있었으며 모두 위 왕의 총애를 받고 있었다. 맹상군은 왕이 후궁 중 누구를 정부인으로 삼을 생각인지 알고 싶었다. 어떤 후궁을 천거하여 왕이 받아들인다면 새 정부인을 옹립한 공적을 인정받아 승승장구할 수 있지만 만일 실패한다면 후임 정부인과는 원수가 되고 자신의 자리나 목숨까지도 위협받을 수 있기 때문이었다. 그래서 왕이 어느 후궁을 새 정부인으로 세우고 싶어 하는지 정확한 정보를 입수한 후 그 후궁을 정부인으로 삼으라고 왕에게 진언하고자 했다.

하지만 어떻게 해야 왕의 깊은 속마음을 알아낼 수 있을 것인가? 맹상군은 10개의 구슬 귀걸이를 만들었다. 그 중 하나만큼은 누가 봐도 다르다고 느낄 정도로 특별히 아름답게 만들어 다른 9개와 함께 왕에게 올렸다. 왕은 그 귀걸이를 10명의 후궁에게 나눠주었다. 다음날 맹상군은 특별히 아름답게 만든 귀걸이를 달고 있는 후궁을 정부인으로 삼도록 권했다.

뉴욕 타임스와 CBS뉴스가 공동으로 한 여론 조사에 따르면 조사 대상의 63퍼센트가 '타인과 대화할 때 매 순간 조심해야 한다'고 말했으며, 37퍼센트는 대다수의 사람들이 '기회만 있으면 타인을 이용하려고 들 것'이라고 믿고 있다고 한다. 이제 사람들은 타인의 말을 액면 그대로 믿으려 하지 않는다.

이처럼 사람의 속마음을 안다는 것은 매우 어렵다. 하지만 상대방의 속마음을 알고 고객의 니즈를 충족시켜 주면 사회생활에서 인정받을 수도 있다. 그렇기 때문에 상대방의 속마음을 정확하게 알기 위한 전략이 필요하다.

그렇다면 우리는 왜 상대방의 마음의 소리를 제대로 들을 수 없는 것일까?

진실을 말할 수 없는 시대

"여러분, 내가 오늘 진짜 재미있는 이야기 하나 해 줄게. 우리 딸이 알려 준 건데 얼마나 웃기는지 말도 못해. 아마 들으면 뒤집어질걸?"

아침 회의 시간부터 시작된 썰렁한 김 부장의 유머는 너무나 재미없거나 다 아는 것들뿐인데 김 부장은 마치 큰 인심이나 베풀듯 모든 대화를 유머로 시작한다. 본인은 유머가 풍부한 부드러운 사람이라는 것을 나타내기 위해서 애를 쓰고 있는 것 같다. 일도 하지 않고 유머자료를 찾는 것은 기본이고 얼마 전에는 웃음치료사 자격증까지 따서 직원들을 대상으로 웃음 고문을 하고 있는 것이다.

그런데 문제는 사무실 선배들의 반응이다. 김 부장이 유머 하나를 던지면 마치 처음 들어본 유머처럼 깜짝 놀라고 너무 재미있다는 식의 격렬한 반응을 일으키는 것이다. 이 때문에 직장생활 6개월 차인 신입사원 유재석 씨는 요즘 가벼운 우울증 증세를 겪고 있다. 일이 힘들어서가 아니라 재미없어도 웃어야 하는 회사 분위기 때문이다. 쉬는 시간에 선배들에게 정말 재미있어서 웃는 것이냐고 물어보면 사회생활이라는 게 다 그렇고 조직 생활에 적응하려면 어쩔 수 없다고 말하며 쓰디쓴 블랙커피를 들이키는 것을 보면 안타깝다는 생각이 들기도 한다.

한 조사에 따르면 상사에 대한 아부 방법에 남녀 간에 큰 차이를 보이지는 않았으나, 특히 상사의 재미없는 말에도 잘 웃어준다는 의견은 여성 38.1퍼센트이 남성 28.8퍼센트에 비해 높게 나타났고, 남성들은 '업무성과'남 22.2퍼센트 〉 여 18.4퍼센트나 '외모나 패션에 대한 칭찬'남 13.1퍼센트 〉 여 9.0퍼센트을 더 많이 하는 것으로 조사됐다.

이처럼 우리는 자신의 본모습을 감추고 자신의 감정을 속여가며 사회생활을 하고 있다. 실제로 우리나라 직장인 10명 중 9명 이상은 화가 나도 나지 않은 척하는 등 회사에서 자신의 감정을 숨기는 것으로 나타났다. 한 조사기관이 직장인 1,363명을 대상으로 회사에서 감정을 숨기거나 거짓 감정을 연기한 적이 있는지에 대해 조사한 결과 93.3퍼센트가 그런 경험이 있는 것으로 나타났다고 밝혔다. 조사 결과에 따르면 직장인들의 거짓감정 유형 중 가장 많은 것은 45.6퍼센트가 꼽은 '화나도 화가 나지 않은 척 한다'가 차지했다. 또한 '즐겁지 않아도 억지로 웃는다'는 응답이 26.9퍼센트로 두 번째로 많았다. 직장인들이 이처럼 다양한 모습으로 감정을 감추는 이유는 '자신의 평판관리를 위해서'가 가장 많은 것으로 조사됐다.

하지만 마음을 드러내지 않고 지내는 직장생활은 상당한 부작용도 가져오고 있었다. 조사결과에 따르면 가장 많이 나타난 부작용은 역시 '우울증'으로 절반에 가까운 직장인들이 '직장 밖으로 나오면 내가 왜 이래야 되나 우울해진다'고 답했다.

실제로 지난 2012년 서울시가 가산디지털단지 여성노동자를 대상으로 건강관리 사업을 실시한 결과 여성노동자의 주요 건강문제는 우울증으로 나타났다. 5,021명을 대상으로 실시한 설문조사 결과 56.9퍼센트가 유력 우울증, 21.2퍼센트가 확실 우울증으로 나타났다. 이는 일반 여성보다 2배 높은 발병률이며, 비율로는 콜센터 상담원, 판매직, 사무직 순이었다.

문제는 우리나라 전체 취업자 약 2,400만 명 중 47.9퍼센트가 감정노동에 종사하고 있으며, 여성의 경우 68퍼센트가 감정노동 직종에 종사하고 있어 감정노동자에 대한 감정 치유 프로그램이 절실한 상황이다. 이처럼 우리는 진실을 말하지 않는 시대에 살고 있으며 감정을 숨기며 살아간다.

그렇다면 상대방에게 진실을 말하면 좋아할까?

진실은 상대방을 불편하게 만든다

● ● ● ● ● ● ●

얼마 전 회사에서 웃음치료사로 통하는 김 부장은 부인에게 여러 번 혼쭐이 났다. 이유는 말을 잘못해서인데 김 부장은 도대체 자신이 무슨 말을 잘못했는지 영문을 모른다는 것이다.

사연인즉, 김 부장이 거실에서 신문을 보고 있는데 친구랑 산책을 다녀온 부인이 느닷없이 허리를 살짝 보여주며 넌지시 물어보는 것이었다. "여보, 나 살찐 것 같지 않아?" 신문에 열중하던 김 부장은 아내의 허리를 건성으로 본 뒤 "그러네? 살 좀 빼야겠는데……"라고 말했다. 그렇게 말한 김 부장은 갑자기 아내의 눈에서 살기를 느껴 얼른 고개를 돌리고 말았다. '내가 유머가 부족했나?'하고 후회를 하고 있는데 씩씩거리다가 이제 겨우 진정이 된 부인이 조용히 옆에 앉아 드라마를 보다가 갑자기 질문을 던졌다. "여보, 나 사랑해?" 이때다 싶어 김 부장은 유머를 날렸다. "가족끼리 그런 말하는 거 아니야~." 갑자기 부인은 리모컨을 집어 던지며 안방으로 들어가 버리고 말았다.

다급해진 김 부장이 들어가 농담이었다며 사과를 했지만 부인은 등을 돌린 채 화를 풀지 않았다. 결국 김 부장은 최후의 카드를 쓰기로 하고 부인에게 쇼핑을 가자고 권했다. 마지못한 척 따라나선 부인을 보며 이제 됐다고 안심을 하던 김 부장은 최후의 일격을 맞고 지금도 고전 중이다. 화를 풀어주기 위해 부인과 백화점에 갔던 것이 오히려 화근이 된 것이다. 백화점에서 김 부장은 부인이 좋아하는 상품이 뭔지 알아내려고 애쓰고 있었는데 아니나 다를까 부인이 화사한 옷 한 벌을 만져보며 계속 참 예쁘다고 감탄을 하는 것이었다. 그래서 지갑을 꺼내며 부인에게

"이 옷 사줄까?"했더니 부인은 "아냐, 괜찮아"라고 말하는 것이 아닌가? 그래서 마음에 안 드는 옷인가 보다 싶어 지갑을 도로 넣고 말았다.

부인의 약간 실망스러운 표정을 보기는 했지만 더 좋은 옷을 사달라는 뜻으로 판단하고 고급스러운 명품 브랜드 쪽으로 발길을 돌렸다. 갑자기 부인이 눈빛을 반짝이며 명품 브랜드 가방을 계속 만져보고 있는 것을 보고는 이번에는 제대로 골랐구나 싶어 지갑을 다시 꺼내며 "여보, 이것으로 사줄까?" 했더니 갑자기 소리를 질렀다. "당신 미쳤어! 이게 얼마인 줄 알아?"하면서 가격표를 보여 주었다. 김 부장이 보기에도 부담스러운 가격이었다. 그래서 부인의 말을 듣고 얼른 지갑을 도로 집어넣으며 "맞아, 진짜 비싸네? 이런 것을 이렇게 비싸게 사는 사람들은 정신이 있는 거야 없는 거야?"하면서 맞장구쳤다. 그 뒤로가 끝이었다. 부인과 말을 나눈 것은…….

● ● ● ● ● ● ●

진실은 말에 있지 않다

김 부장은 무엇을 잘못 말한 것일까? 자신은 잘못 말한 게 없다고 억울해 하겠지만 아쉽게도 김 부장의 부인은 진실을 말하지 않았으며 마음의 소리를 듣지 못한 김 부장은 상대방이 듣고 싶지 않은 말을 하고 말았기 때문에 문제가 생긴 것이다.

먼저 부인이 허리를 보여 주며 "여보, 나 살 찐 것 같지 않아?"라고 물어본 질문에는 4가지의 의미가 담겨 있을 수 있다.

첫째, 정말 살이 많이 쪄서 위로받고 싶어서 그런 말을 할 수 있다.

둘째, 정말 살이 쪄 보이는지 확인하고 싶어서 그런 말을 할 수 있다.

셋째, 자신이 살이 빠졌기 때문에 관심받고 싶어서 그런 말을 할 수 있다.

넷째, 자신은 아무리 먹어도 살이 찌기 않기 때문에 자랑하고 싶어서 그런 말을 할 수 있다.

대부분의 일반 여성들의 마음의 소리는 3번에 가장 가깝다고 한다. 그것을 몰랐던 김 부장은 2번으로 답을 해 화를 좌초한 것이다.

두 번째로 부인과 TV를 볼 때 부인이 갑자기 "여보, 나 사랑해?"라고 물은 이유는 드라마 속 여자 주인공이 입고 있는 예쁜 옷을 보고는 비슷한 옷을 사달라는 이야기일 가능성이 높다. 만약 퇴근길에 평상시와는 다르게 부인이 현관으로 급하게 달려 나와 문을 열어 주면서 팔을 붙잡고 "여보, 정말 나 사랑하는 것 맞지?"라고 간절히 물어보면 자동차 끌고 나갔다가 사고 났으니 해결해 달라는 뜻으로 알아야 한다.

세 번째로 백화점에서 옷을 보며 예쁘다고 할 때는 옷을 사달라는 뜻이고 사줄까 했을 때 괜찮다고 말하는 것은 진짜 괜찮은 것이 아니다. 또, 비싼 핸드백을 사주기 위해 지갑을 꺼냈을 때 "당신 미쳤어! 이게 얼마인 줄 알아?"라고 부인이 화를 냈을 때 그냥 미친 척하고 핸드백을 사줘야 아내의 화가 풀리고 집안이 행복해질 수 있다.

이처럼 진실은 말에 있지 않다. 그렇다면 진실, 즉 마음의 소리는 어떻게 알아낼 수 있을까? 예를 들어서 부부 싸움을 한 김 부장이 집에 가서 사과를 하고 용서를 빌었을 때 부인이 "됐어"라고 말한다고 해서 '이제 됐구나' 하며 좋아하면 안 된다. 진짜 끝난 것이 아니기 때문이다. 말은 됐다고 하지만 실제로는 된 것이 아니기 때문에 부인의 화는 대략 일주일은 갈 것이다.

그렇다면 상대방의 마음의 소리를 알아차리는 방법은 말보다는 상대방의 말투나, 표정, 제스처 같은 비언어를 관찰하면 된다. 사람이 거짓말을 하려면 자기도 모르게 심리적 거부 반응이 생기면서 목소리 톤이 달라지고 얼굴 표정이나 제스처가 어색해진다. 전문 용어로는 이런 현상을 '동기적 저지 효과'라 부른다.

그렇기 때문에 열 길 물속은 알아도 한 길 사람 속은 모른다는데 상대방의 마음의 소리를 알아차리려면 말보다는 그 사람의 몸의 소리_{바디 랭귀지}에 귀를 기울이는 것이 더 중요하다.

진실에 둔감한 사람들

"더 볼 것도 없이 자살이에요."

"제 생각에도 그게 유일한 설명일 것 같네요."

살인현장에 나타난 셜록 홈즈 일행 중 친구 왓슨과 형사는 시체를 보고 자살이라고 단정한다. 그러나 홈즈는 가능한 설명 가운데 하나일 뿐이라고 부정한다. 그러면서 두 사람에게 마음에 드는 답을 정해놓고 그 답과 맞지 않은 사실들은 무시하고 있다고 비난한다.

홈즈는 시체의 오른쪽 관자놀이에 난 총 맞은 상처를 보고 죽은 사람이 왼손잡이였기 때문에 자살한 것이 아니라 살해당했다고 주장한다. 두 사람이 어떻게 죽은 사람이 왼손잡이인 것을 아냐고 물었더니 왼쪽을 향해있는 커피잔 손잡이, 전화기 왼쪽 옆에 있는 메모지와 펜, 빵을 먹다 남긴 나이프의 오른쪽 면에 버터가 발라져 있는 것은 왼손잡이가 틀림없다고 말한다.

이처럼 명탐정 셜록 홈즈는 탐정의 추리에 있어 관찰의 중요성을 강조해 왔다. 그러나 그가 가장 역점을 두는 것은 다른 사람들이 그저 보고 지나치는 것을 '관찰'하는 데 있다. 그렇기에 왓슨과 홈즈 둘이서 마루에서 방까지를 수백 번이 넘게 왔다 갔다 할 때 홈즈는 계단이 열일곱 개가 있는 것을 '관찰'했지만 왓슨은 계단을 그저 '보기'만 한 것이다.

"이 세상은 그 어느 누구도 관찰해 본 적이 없는 분명한 사실들로 가득 차 있지. 명확한 사실만큼 사람을 속이는 것도 없다네."

홈즈는 관찰되는 사실이나 사건 자체뿐만 아니라 그 사실이나 사건이 없는 상태까지도 관찰한다. 증거가 없는 것은 종종 의미심장한 것으로 간주된다. 형사 맥도날드가 홈즈에게 모리어티 교수의 서류들을 조사하고 나서 뭔가 도움이 될 만한 단서를 찾았냐고 묻자 그는 이렇게 대답한다.

"아무것도 없었지요. 이 점이 놀라운 일입니다." '공포의 계곡'편

"지난 삼일 동안 중요한 일이 딱 하나 일어났는데 그것은 아무 일도 생기지 않았다는 거지." '두 번째 핏자국'편

"제가 주목해야 할 만한 다른 일들이 뭐 없겠습니까?"

"밤새 있었던 그 유별난 개에 대한 것이지요."

"그 개는 밤에 아무 짓도 하지 않았습니다만."

"그게 바로 재미있는 점 아닙니까." '사라진 명마 은성호'편

많은 이야기 중에서 홈즈는 익숙하지 않은 사람들의 눈에는 사소한 것처럼 보이는 것들이 얼마나 중요한가를 강조하고 있다. 홈즈가 보기에 사소한 일처럼 중요한 게 없으며, 위대한 정신의 소유자에게 쓸데없는 일이라고는 아무것도 없다.

제대로 관찰하기 위해서는 절대로 대체적인 느낌에 의존해서는 안 된다. 그 대신 세부 사항을 집중적으로 보아야 한다. 세세한 일에 관심을 갖는 것은 매우 중요하다. 왜냐하면 범인이 두 다리를 땅에 딛고 서 있는 한 어떤 형태로든지 과학적인 탐구자가 감지해낼 수 있는 약간의 단서나 변화 또는 사소한 흐트러짐이 있게 마련이기 때문이다.

그가 말하는 것은 작은 것 하나, 그 평범하고도 지극히 당연한 것들을 놓치지 말아야 한다는 것이다. 그것들에 의문을 갖고 보아야 하는 것이 관찰이며 그렇지 않고 그 평범한 일을 그대로 보아 넘기는 것은 단지 '그저 보는 것'이다. 작은 것 하나에 의문을 가지는 것, 그것이 홈즈가 말하는 관찰 능력이 아닌가 한다.

우리가 홈즈처럼 될 수는 없겠지만 조금만 관심을 가지거나 신경을 쓰면 상대방의 마음의 소리를 쉽게 알아차릴 수 있다. 다행히도 인간은 감정의 동물이기 때문에 어떻게든 자신의 감정을 몸의 어딘가에 나타낼 수 있다. 우리는 그러한 작은 단서를 찾아내 상대방의 마음의 소리를 듣거나 진짜 감정을 읽으면 되는 것이다.

4. 대화에 전략이 필요한 이유

전략이 없다면 방향 없이 제자리를 빙빙 도는 키가 없는 배와도 같다.
전략이 없다면 갈 곳을 잃은 떠돌이와도 같다.

– 조엘 로스Joel Ross

왜 내 말을 들으려 하지 않을까?

직장인 박철수 씨는 어느 날 동료들과 회사 근처의 술집에서 즐겁게 떠들며 술 한 잔을 하고 있었다. 그런데 회사 부장들이 그 술집으로 들어왔다. 부장 일행은 조금 떨어진 구석 테이블에서 자기들끼리 이야기를 나누며 맥주를 마셨다.

한창 인사이동이 있는 시기였고, 철수 씨는 진급 대상자였다. 그러다 보니 부장 일행 중 인사 담당 부장의 이야기가 계속 신경이 쓰였다. 언뜻언뜻 들리는 진급자 어쩌고 하는 이야기에 철수 씨의 귀는 더 쫑긋해지기 시작했다.

조금 전까지만 해도 같은 자리에 있는 앞자리 동료들의 유쾌한 이야기를 주의깊게 들었지만 관심 있는 진급 관련 이야기로 인해 이제 동료들의 이야기는 들리지 않고 멀리 떨어진 인사부장의 작은 목소리만 더 확대되어 들리기 시작했다.

이렇듯 사람은 자신이 듣고 싶지 않은 말은 잘 듣지 못하게 되고 듣고 싶은 말은 점점 크게 들리는 것처럼 느끼게 된다. 왜 자신이 듣고 싶지 않은 말은 잘 듣지 못하게 되는 것일까?

사람들은 하루에도 수천 가지의 정보에 노출된다. 아침에 눈을 뜨면 TV에서 쏟아져 나오는 뉴스들, 전철을 타면 목적지에 도착할 때까지 끊임없이 흘러나오는 앵무새 같은 멘트, 회사에 도착하면 의무적으로 들어야 하는 사내방송, 전화기 너머 아우성치는 고객의 불만이 끝이 없다. 만약 우리가 이런 정보를 다 인식하고 기억한다면 우리의 뇌는 용량 부족으로 다운되어버릴지도 모른다.

만일 아내의 잔소리나 직장 상사의 질책을 다 듣고 전부 저장한다면 우리 모두는 정신병자가 되어 있을 것이다. 그러나 다행히 우리의 뇌는 정수기의 필터가 불순물을 거르듯 듣기 싫은 말은 걸러버리는 선별적 기능을 가지고 있다. 그래서 대부분의 정보는 뇌에서 정보처리 과정이 시작되기 전에 관심 밖으로 사라져버린다. 이런 기능 덕분에 그 많은 정보들이 가능하면 이해하기 쉽게 뇌에서 정리가 된다.

사람의 뇌는 세 개 이하의 정보를 가장 잘 이해한다고 한다. 그래서 사람들이 가장 즐겨 쓰는 숫자는 3이다. 삼세번, 쓰리고, 삼국지, 아기돼지 삼형제, 삼위일체, 삼총사, 테너 빅 쓰리 등 세 개 이하의 정보를 기억하고 싶은 욕망에서 나오는 것이다. 시험을 볼 때도 답을 모르면 평균적으로 3번을 가장 많이 찍게 되는 것처럼 말이다.

아울러서 기억하고 싶은 한계의 숫자는 7이라고 한다. 백설공주와 일곱난쟁이가 그렇고, 럭키 세븐이 그렇다. 《성공하는 사람들의 7가지 습관》이라는 베스트셀러도 마찬가지다. 전화번호는 애초에 일곱 자리 숫자였다. 오늘날 휴대전화 번호는 입력해놓지 않으면 일곱 개 이상 외울 수 있는 사람은 아무도 없을 것이다.

이렇듯 사람들이 정보를 분류하는 이유는 정보가 귀로 들어간다 할지라도 내부에서 제대로 구성되지 않으면 이해도 안 되고 기억되지도 않기 때문이다. 구성 과정은 일종의 정보 분류 과정이다. 사람들은 뇌 속에서 자율적인 분류 과정을 통해 주어진 정보를 자신의 지식구조에 포함시킨다. 이 과정은 매우 순간적이고 거의 무의식적으로 일어난다. 그런데 중요한 것은 그 정보의 성격이 불분명해서 이해가 잘 안 되면 사람들은 그 상태를 벗어나 정보를 신속하게 지워버리고 다시 안정된 상태로 되돌아가기를 원한다. 그러므로 제대로 말하지 못하면 당신의 정보는 영원히 삭제되고 만다.

그러나 우리는 듣고 싶은 말은 어떻게든 들을 수 있다. 인간은 마음만 먹으면 상상 이상으로 감각적 능력을 발휘한다. 인간 오감의 능력은 상상을 초월한다. 시각은 맑은 날 50킬로미터 떨어진 곳의 촛불을 볼 수가 있고, 미각은 설탕 한 숟갈을 8리터의 물에 풀어도 단맛을 느낄 수 있다. 후각은 방이 셋 있는 아파트에 향수 한 방울을 떨어뜨린 것도 맡을 수 있고 청각은 조용한 가운데 6미터 거리에서 시계가 째깍거리는 소리도 들을 수 있다.

그러나 더욱 대단한 능력은 '주의'이다. 그 많은 정보와 소음 속에서도 인간은 '주의'라는 매우 한정된 시스템을 통해 꼭 필요한 정보만을 통과시킨다.

대부분의 말은 우리의 귀를 통해 들어온다. 귀에 들어온 말은 생리학적

구조 때문에 있는 그대로 3~4초 동안 등록된다. 그 3~4초 동안 사람들은 주의를 기울임으로써 어떤 정보를 선택할지와 얼마나 열심히 이해하려고 애쓸 것인지를 결정한다.

우리의 감각 능력은 다분히 자신의 선택적 의지에 달려 있다. 정보를 선택할 때에 우선순위를 두는 것이다. 우선순위가 높은 정보는 귀를 기울이려고 애쓰고 우선순위가 낮은 정보는 무시하게 된다. 그렇기 때문에 내 말이 상대방의 귓전에서 삭제되지 않고 선택돼서 잘 들리고 오래 남으려면 전략적이어야 한다.

왜 내 말을 이해하지 못할까?

노현주 씨는 광고회사에 근무하고 있는데, 제법 큰 고객에게 프레젠테이션을 하게 되었다. 고객은 급성장한 식품회사로 광고를 처음 해보는 회사였다. 노현주 씨는 자수성가한 시골 아저씨 같은 그 회사 사장과 사장보다 더 시골스러운 임원들 앞에서 열심히 프레젠테이션을 전개했다.

광고의 필요성과 우리 회사의 능력을 증명하기 위해 세련된 고급 정장으로 멋을 내고 파워포인트로 만든 화려한 자료를 보여주면서 최대한 전문가처럼 보이도록 자신 있게 말을 이어 나갔다. 기대감과 자기만족에 취한 그녀의 이마엔 땀이 흘렀고, 얼굴은 벌겋게 상기됐다. 애써 웃음을 지으며 마지막으로 궁금한 게 있으면 말씀해 주십사 했을 때였다. 식품회사 사장이 주위의 임원들을 둘러보며 말했다.

"무슨 소린지 알겠어? 난 도대체 무슨 말인지 이해가 안 가네······."

그러자 주위의 임원들도 고개를 끄덕이며 사장의 말에 동조를 했다.

다급해진 노현주 씨는 "어디가 이해가 안 가십니까?" 하고 물어봤다. 그러자 그 사장은 웃으며 말했다. "전부 다요……." 임원들도 기계처럼 고개를 끄덕였다. 그녀는 순간 가슴이 철렁했다. 이미 계약은 물 건너 간 것이나 다름없다는 판단이 들었기 때문이었다.

이렇듯 열심히 말해도 상대방이 내 말을 이해하지 못하는 이유는 무엇 때문일까?

1990년 스탠퍼드대학교의 엘리자베스 뉴턴은 효과적인 메시지 디자인에 대한 실험을 하였다. 실험을 위해 미국 국가, 생일 축하 노래, 반짝반짝 작은 별 등 미국인이 잘 아는 노래들을 골랐다. 이후 A그룹에 노래 제목을 알려주고 원하는 노래의 리듬에 맞춰 책상을 두드리도록 했다.

반면 B그룹에는 곡명을 알려주지 않은 상태에서 A그룹이 책상을 치는 소리만 듣고 노래 제목을 맞혀 보라고 주문했다. 그러자 B그룹의 정답률은 2.5퍼센트에 그쳤다. 곡에 대한 아무런 사전지식이 없는 B그룹에게는 A그룹의 책상 두드리는 소리가 무의미한 소리로만 들렸기 때문이다.

재미있는 것은 A그룹의 반응이다. A그룹에 "B그룹이 정답을 맞힐 확률은 얼마나 될까"라고 묻자 "50퍼센트는 맞혔을 것"이라고 답했던 것이다. 리듬과 멜로디가 이미 머릿속에 있는 A그룹은 상대편도 어렵지 않게 답을 맞힐 수 있을 것이라고 지레짐작했기 때문이다.

뉴턴의 실험에 따르면, 예를 들어 미국 국가와 생일 축하 노래를 혼동하는 B그룹을 본 A그룹 사람들은 "바보같이 어떻게 이렇게 쉬운 것도 못 맞힌단 말인가"라며 한심하다는 표정을 지었다. 이처럼 웬만큼 비즈니스를 해본 사람이면 "이렇게까지 구구절절 설명했는데 아직도 모르겠어?"하고 답답해 해본 경험을 한 번쯤은 가지고 있을 것이다.

지식의 저주 엘리자베스 뉴턴 실험

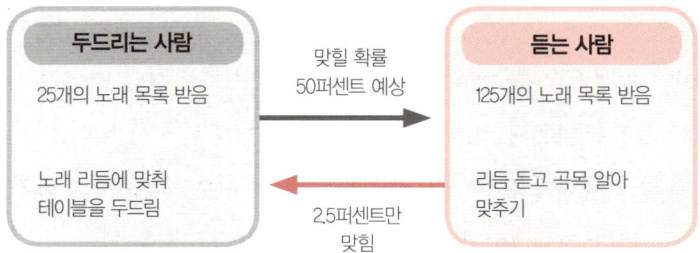

논문 : "Overconfidence in the Communcation of Interest :
Heard and Unheard Melodies"(스탠퍼드 대학, 1990)

그 이유는 무엇일까? 일단 내가 무엇인가를 알고 나면 상대방이 나만큼 알지 못한다는 것을 이해할 수 없게 되고 답답함을 느끼게 된다. 반대로 상대방은 내가 전하는 정보를 알아내기 어려워 마찬가지로 답답함을 느끼게 된다. 이른바 '지식의 저주'에 빠지는 셈이다.

이러한 저주는 우리의 대화를 어렵고 힘들게 만든다. 두드리는 사람과 듣는 사람의 '지식의 저주'는 매일의 대화 과정에서 재현되고 있다. 말을 하려는 사람과 들으려는 사람이 엄청난 메시지의 불균형에 시달리고 있는 것이다. 그렇기 때문에 상대방에게 나의 생각을 제대로 전달하기 위해서는 말을 전략적으로 해야 한다.

왜 내 말을 싫어할까?

몇 해 전 이명박 정부는 야당 후보를 압도적으로 이기고 한껏 승리감에 도취된 채 초기 내각을 구성하고 후보자들을 뽑아 국회통과 절차인 청문회를 하게 되었다. 하지만 장관 후보자들의 말실수로 청문회가 아니라 개그콘서트가 되어버렸다. 환경부 장관 후보자였던 P씨는 땅 투기 논란에 대해 "자연의 일부인 땅을 사랑하는 것일 뿐 투기와는 전혀 상관없다"라고 해명해 실소를 자아냈다. 본인과 가족 명의로 전국 40곳에 부동산을 소유한 것으로 알려진 여성부 장관 후보자 E씨도 서울 서초동 오피스텔 구입에 대해 "건강 검진에서 유방암이 아니라는 판정이 나오자 남편이 감사하다며 기념으로 사준 것"이라고 해명했다. 두 사람의 변명은 성난 민심에 불을 지폈다. 또한 재산 증식 의혹을 받은 통일부 장관 후보자 N씨는 "부부 모두 교수를 25년 동안 했는데 둘이 합친 재산이 30억 원인 것은 다른 사람에 비해 양반인 셈"이라는 말 때문에 국민들을 분노하게 만들었다.

이렇듯 많은 사람들이 자신의 말에 잘못이 없고 문제가 없다고 생각한다. 소크라테스는 "다른 사람과 말을 할 때는 듣는 사람의 경험에 맞추어 말해야 한다. 예를 들어 목수와 얘기할 때는 목수가 사용하는 말을 써야 한다"고 말했다.

대화는 듣는 사람이 사용하는 언어 혹은 좋아하는 단어로 말할 때 효과적으로 이루어질 수 있다. 또한 듣는 사람이 무엇을 기대하고 있는지를 알아야 효과적으로 대화할 수 있다. 특히 듣는 사람을 설득하려 할 때의 대화법은 접근 방법부터 달라야 할 것이다. 대화는 '정보'와 전혀 다르다. 대화는 '지각'인 반면 정보는 '논리'다. 정보는 정서, 가치관, 기대, 지각 같은 인간적인 속성이 없을수록 그 신뢰성이 높아진다. 이에 비해 가장 완벽한 대화는 어떠한 논리도 필요 없는 '순수한 경험의 공유Shared Experience'다.

경험의 격차가 너무 벌어진 상태에서는 대화나 설득이 먹히지 않는다. 지나치게 생뚱맞거나 도저히 받아들일 수 없는 파격적인 내용은 전달력이 급격히 떨어지기 때문이다.

상대방이 받아들이기가 매우 곤란한데도 일방적으로 자신의 주장을 강조하면 소통의 단절은 물론이고 극단적인 거부감이라는 역효과만 불러온다. 남에게 자신의 메시지를 전달할 때 관심과 집중력을 갖게 하고 의사소통의 효과를 극대화하기 위해서는 상대방의 평소 태도와 정보 수준을 먼저 파악해야 한다. 즉 상대방과 말 높이를 맞춰야 한다. 말 높이를 맞추면서 말하려면 전략이 필요하다.

왜 내 말을 못 알아들을까?

● ● ● ● ● ● ●

'2006 독일월드컵' 프랑스-이탈리아 결승전에서 발생한 지단의 박치기 사건은 축구 역사상 전무후무한 황당한 사건이었다. 당시 1-1로 팽팽하게 진행되던 연장전에서 지단은 마테라치가 자신의 가족을 모욕하는 말을 했다는 이유로 갑자기 마테라치의 가슴을 머리로 들이받아 퇴장당했다. 지단이 빠진 프랑스는 결국 승부차기 끝에 패해 이탈리아에 월드컵 우승을 내줬다. 그런데 마테라치는 결코 그런 말을 한 적이 없을 뿐만 아니라 오히려 지단은 나의 영웅이라고 말했다고 주장했다.

● ● ● ● ● ● ●

이처럼 나는 그런 말을 한 적이 없는데 상대방은 말한 적이 있다고 우기고 또, 그런 뜻으로 말한 게 아닌데 오해하는 이유는 무엇 때문일까?

1976년, 영국 서리대학교Univ. of Surrey의 수석 연구 심리학자인 해리 맥거크Harry McGurk와 그의 조수 존 맥도날드John Macdonald는 인간의 시각이 청각 인지에 미치는 영향을 조사하고, 그 결과를 '맥거크 효과McGurk Effect'라 명한 후 권위 있는 학술지인 〈네이처〉에 실었다.

맥거크 효과란, 보는 것에 의해서 소리가 조작되어 들리는 것으로 우리의 의지와는 상관없이 뇌 스스로가 자기 멋대로 소리를 조작하고 인간은 이를 자각하지 못하는 현상을 말한다.

예를 들어서 어떤 사람이 크게 '가' 소리를 내는 비디오를 보았다고 가정해보자. 그러나 당신이 모르는 사이에 과학자들이 원래 비디오의 음을 지우고 '바'라는 소리를 더빙해놓았다. 눈을 감고 들으면 '바/ba/'라고 들린다. 그러나 눈을 뜨고 있으면, 귀는 '바'라는 소리를 듣고 있는데도 눈은 '가/ga/'라고 말하는 것이 보인다.

두뇌는 이런 모순되는 상황을 어떻게 해야 할지 모른다. 그래서 사실이 아닌 무언가를 만들어낸다. 눈을 뜨고 있을 때 들리는 소리는 '다/da/'이다. 듣는 것과 보는 것 사이에서 타협, 즉 통합을 시도했기 때문이다.

이런 사실을 입증하자고 실험실까지 갈 필요는 없다. 영화를 한 번 보기만 하면 된다. 스크린에서 이야기하는 배우들은 실제로는 서로에게 아무 말도 하지 않는다. 그들의 목소리는 극장 안 사방에 설치된 스피커에서 나오는 것이지, 배우의 입에서 나오는 것이 아니다.

우리의 눈은 우리의 귀가 듣고 있는 낱말과 나란히 움직이는 배우의 입술을 관찰하고, 뇌는 그 경험을 결합하여 대화가 스크린에서 나온다고 믿게 만든다.

다음 문장을 소리 내서 읽어 보라.

'캠브리지 대학의 연결구과에 따르면, 한 단어 안에서 글자가 어떤 순서로 배되열어 있는가 하것는은 중하요지 않고 첫째번와 마지막 글자가 올바른 위치에 있것이 중하요다고 한다. 나머지 글들자은 완전히 엉진망창의 순서로 되어 있지을라도 당신은 아무 문없제이 이것을 읽을 수 있다. 왜냐하면 인간의 두뇌는 모든 글자를 하나 하나 읽것이 아니라 단어 하나를 전체로 인하식기 때이문다.'

결론부터 말하자면 위 문장은 단어의 순서를 바꿔놓은 다 틀린 문장이다. 다시 한 번 천천히 읽어보면 알 것이다. 그런데 대부분의 사람들은 자신이 틀린 것도 모른 채 처음에는 제대로 '캠브리지'라고 읽는 경우가 많다.

이처럼 사람들은 외부의 메시지를 자신의 감각기관에 의존해 주관적으로 판단하기 때문에 내 말을 제대로 해석하게 하기 위해서는 전략적으로 말을 구성해야 한다.

왜 내 말을 오해할까?

김창기 씨는 요즘 한창 연애 중이다. 여자 친구를 보면 가슴이 뛰고 너무 예뻐서 깨물어주고 싶을 정도다. 어느 날 조용한 레스토랑에서 사랑스러운 여자 친구를 보면서 창기 씨는 칭찬을 해줘야겠다고 생각하고는 "참 건강해 보인다"고 말했다. 그랬더니 여자 친구는 살짝 당황해 했다. 혹시 칭찬이 약해서 그런가 싶어서 여자 친구에게 "복스럽게 생긴 것 같다"고 칭찬을 덧붙였다. 그랬더니 여자 친구는 갑자기 화를 내며 자리에서 일어나 나가버렸다. 무엇이 잘못됐던 것일까? 분명히 좋은 뜻으로 칭찬을 했을 뿐인데…….

여자 친구가 기분 나빠하며 화를 낸 것은 창기 씨가 '건강해 보인다'라고 한 말을 '살쪄 보인다'라는 의미로, '복스러워 보인다'는 말을 '얼굴이 커 보인다'라는 뜻으로 오해했기 때문이라는 것을 창기 씨는 몰랐던 것이다. 좋은 뜻으로 한 이야기를 왜 상대방이 오해하는 것일까?

오해가 일어나는 이유는 개와 고양이가 만나면 싸우는 이유와 같다. 그 진짜 이유는 개가 고양이의 메시지를 잘못 받아들였기 때문이다. 개가 꼬리를 치는 이유는 상대방에게 친밀감을 표현하고 자신의 우호적인 감정의 상태를 전달하려는 행동이다. 그런데 고양이과에 속한 동물들이 꼬리를 흔드는 행위는 개와 반대로 공격하기 위한 자세다. 동물의 왕국을 보라. 초원의 치타나 표범이 사냥을 할 때 낮은 포복 자세에서 꼬리를 살살 흔들지 않는가? 이 때문에 고양이는 개가 꼬리를 흔드는 것을 자신을 공격하려는 신호로 받아들이게 되는 것이다.

사람도 개와 고양이처럼 나는 좋은 뜻으로 말했는데 상대방이 내 말을 오해해서 말이 안 통하는 경우가 많이 생긴다. 대화에서 가장 중요한 부분은 이해의 범위를 넓히고 오해의 범위를 줄이는 것이다. 말하는 사람이 '아'라고 말했으나 상대방이 그것을 '어'로 받아들이면 바로 오해가 일어나는 것이다. 대화의 핵심이 '의미공유'라고 볼 때, 정확한 이해를 증가시키고 오해를 감소시킬수록 당연히 의미공유가 많이 일어난다.

오해가 쉽게 일어나는 이유는 상대방의 머리와 마음속에 이미 자리 잡고 있는 선입견이 새로 들어오는 정보의 순수한 입력을 방해하기 때문이다. 사람들은 다른 사람들의 언행에 대해 자기 나름대로 주관적인 해석을 통해 그 이유를 찾으려 하는데, 이것을 '타인지각이론Jones & Davis, 1965'이라고 한다. 즉, 말하는 사람이 좋은 의도로 표현했다 하더라도 상대방은 일단 '판단'을 먼저 하고 나서 그 판단에 비추어 후속 정보를 왜곡하여 받아들이는 경향이 있고Lippmann, 1922, 이로 인해 말하는 사람의 원래 의미를 오해하게 된다. 그렇기 때문에 내가 좋아하는 말이 아니라 상대방이 좋아하는 말을 전략적으로 할 수 있어야 한다.

왜 내 말을 착각할까?

강미선 씨는 말 한 마디 때문에 애를 먹었다. 신입사원이라 일이 많아서 정신없이 한 주를 보내고 너무 바빴던 탓에 친구들과 주말 약속을 못해 특별한 일이 없었다. 심심해하던 미선 씨는 문득 자신의 동아리 선배가 집 근처에 사는 것을 생각해내 전화를 했다. 이성으로 생각해본 적도 없고 그저 학교에서 친한 오빠 정도로 대했던 선배는 전화를 받고 무척 반가워했다. 웬일이냐고 물어서 '갑자기 생각나서 전화했다며 만나서 커피 한 잔 하고 싶다'고 말했다. 그런데 가볍게 만나서 시간이나 때우고 동아리 선후배들의 소식이나 들으려 했던 미선 씨는 나중에야 자신의 한 마디가 얼마나 큰 오해를 불러일으켰는지 알게 되었고 오해를 해명하기 위해 한참이나 고생했다.

외모도 평범하고 소심한 성격의 선배는 그 한 마디 때문에 미선 씨가 자신을 좋아한다고 생각하는 착각의 늪에 빠졌던 것이다. 게다가 그 선배는 자신은 미선 씨를 별로 좋아하지 않지만 날 많이 좋아하니 그냥 만나준다는 식으로 여기저기 퍼뜨리고 다녀 그녀를 어이없게 만들기까지 했다.

1997년 〈U.S. News and World Report〉는 미국인들을 대상으로 다음과 같은 질문을 던졌다.

'누가 천국에 갈 확률이 가장 높을 것이라고 생각하는가?'

사람들은 당시의 빌 클린턴 대통령은 52퍼센트, 테레사 수녀는 79퍼센트, 그리고 자기 자신은 87퍼센트라고 응답했다. 미국인 대다수는 남들보다 내가 더 선량하다고 스스로 생각하고 있었던 것이다.

회사원 1,000명을 대상으로 설문조사를 실시한 미국 워싱턴주립대 노프싱어John R. Nofsinger 교수에 따르면, 자신의 운전 실력을 스스로 평가할 때 보통 이상으로 잘한다고 응답한 경우가 무려 82퍼센트에 달했다.

또 호주인들을 대상으로 한 미국 프린스턴대학교 프렌티스R. Prentice 교수의 조사 역시 이와 유사한 결과를 보여준다. '자신의 사업능력이 다른 동료에 비해 어떠한가'라는 질문에 86퍼센트가 평균 이상으로 자신이 더 능력자라고 대답했다. 단지 1퍼센트만이 평균 이하라고 자신을 평가했다.

프렌티스교수는 이처럼 상황을 무조건 자기 자신에게 유리하게 평가하는 사고방식에 따른 인지적 오류들을 '자기중심적 사고self-serving bias' 혹은 '자기 위주 편향'이라고 규정했다. 자기중심적 사고는 매사에 자신을 더 긍정적인 관점에서 보게 되는 편향적 사고를 의미한다. 예를 들어 자연재해로 모두들 생명에 위협을 받고 있는 상황일지라도 나만은 생명에 지장이 없을 것이라고 생각하는 식이다.

그렇기 때문에 내 말을 상대방이 착각하거나 오해하지 않도록 전략적으로 말할 수 있어야 한다.

5. 전략적 대화의 종류

두 사람이 대화할 때 무슨 일이 일어날까?
이것이야말로 가장 기초적인 질문이다.
그 기본적인 문맥 속에서 모든 설득이 일어나기 때문이다.
– 말콤 글래드웰 Malcolm Gladwell

영화 〈아가씨와 건달들〉에서 주인공 네이슨은 그 식당에서 파이가 많이 팔린다는 사실을 알아내고는 도박꾼 스카이에게 어설프게 "이 식당에서 파이가 더 많이 팔리는지 치즈 케이크가 더 많이 팔리는지 내기를 하자"고 한다.

이때 스카이는 아버지로부터 들은 조언을 떠올린다.

"아들아, 살다 보면 언젠가 한 녀석이 와서 아직 뜯지도 않은 새 카드 한 벌을 네게 보여주면서 말할 것이다. '보다시피 뜯지 않은 새 카드입니다. 트릭 따위는 없습니다. 자, 나는 이 뜯지도 않은 카드 속에서 스페이드 잭이 튀어 나오고, 당신 귀에서 소다수가 나오게 할 수 있습니다'라고 말하며 네게 내기하자고 할 것이다. 하지만 아들아, 절대 그 녀석과 내기를 해서는 안 된다. 그랬다가는 네 귓속이 온통 소다수로 가득 차게 될 테니까."

내기에 응하면 뻔히 질 것을 알고 있었기 때문에 스카이는 내기에 응하지 않는다.

전략적 대화란 이렇듯 상대방의 마음을 미리 읽고 효과적으로 대응하기 위해 필요한 방법인 셈이다.

또 전략적 대화란 포커 게임과도 같다. 전문 겜블러들은 돈을 따기 위해 '블러핑bluffing'이라는 방법을 사용한다. 블러핑이란 자신의 패가 상대방보다 좋지 않을 때, 혹은 상대를 기권시키기 위해 거짓으로 강한 배팅이나 레이스를 하는 것을 말한다. 속칭, 공갈 또는 뺑카라고도 한다. 상대방보다 좋은 패를 가졌을 때 블러핑을 하게 되면 자신이 더 유리하다고 생각한 상대방이 경쟁에 적극 참여해 판돈을 올리기 때문에 그만큼 내가 유리해지고, 상대방보다 나쁜 패를 가졌을 때도 마치 엄청나게 강한 패를 가진 것처럼 강하게 배팅블러핑을 해서 꼬리를 내리고 카드를 접어버리게 하는 전략을 말한다.

전략적 대화란 이처럼 내 말이 마음에 들어서 쉽게 달려들게 하거나 상대방의 마음을 움직여 내 말에 꼼짝 못하고 따르도록 하는 일종의 블러핑인 셈이다. 즉 전략적 대화는 크게 상대방의 마음을 읽을 수 있는 기술, 내 말을 마음에 들게 하는 기술, 그리고 상대방이 내 말대로 움직이게 하는 기술이 필요하다.

II

마음을 읽는 전략적 대화법

설득을 위한 가장 훌륭한 도구는 위대한 인격이다.
- 아리스토텔레스Aristoteles

1. 1단계: 표정 읽기의 기술

사람들의 표정이나 몸짓을 보고 앞으로 어떤 일이 진행될지
순간적으로 알지 못한다면 길거리를 지나가다가,
또는 스키장에서 스키를 타다가 다른 사람들과 계속 부딪힐 것입니다.

– 〈마음이론theory of mind〉 중에서

마음이 멀어지면 눈에서도 멀어진다

고등학교 선생님인 혜경 씨는 최근 황당한 일을 겪었다. 학교에서 도난 사고가 일어난 것이었다. 그렇게 큰돈은 아니었지만 친구의 지갑을 훔친다는 것은 학생의 신분에서는 있을 수 없다고 생각한 혜경 씨는 아이들의 양심을 믿기로 하고 모두 눈을 감게 했다. 그리고 지갑을 훔친 사람은 용서해줄 테니 양심적으로 손을 들라고 했지만 아무도 손을 들지 않았다. 그래서 의심이 가는 몇 명을 면담해보기로 했다. 대부분 자신은 훔치지 않았다고 주장하는데 한 친구는 유난히 고개를 돌려 시선을 피하고 한 친구는 유난히 자신의 눈을 당당하게 응시하는 것이 아닌가? 거짓말하는 사람은 상대의 눈을 보지 못한다는 생각을 가지고 있었기에 시선을 피하는 학생을 강하게 추궁했는데 눈물까지 흘리며 자신의 무죄를 주장하는 탓에 당황해서 미안하다고 사과를 하고 말았다. 그런데 뜻밖에도 자신의 눈을 강하게 응시하던 학생이 자신이 장난으로 훔쳤다며 죄를 자백하는 것이 아닌가.

우리가 알고 있는 상식 중 잘못된 것 하나는 '거짓말하는 사람은 눈을 피한다'는 것이다. 그러나 실제로 거짓말하는 사람은 그렇지 않은 사람보다 훨씬 더 많이 상대의 눈을 응시하며 눈길을 피하지 않는 것으로 나타났다.

캘리포니아 버클리대학교 연구팀에 의하면 낯선 사람을 신뢰할 수 있는지의 여부를 결정할 수 있는 시간은 20초라고 한다. 이런 연구결과를 얻기 위해 연구진은 24쌍을 대상으로 이야기를 나누도록 하는 연구를 진행했다. 카메라는 대화 상대방의 반응을 기록하도록 했다. 시선에 대해 관찰을 얻은 연구결과는 놀랍게도 대화 상대가 눈을 빤히 쳐다본다A Steady Gaze면 그것이 거짓말의 증거라고 한다. 우리는 보통 눈길을 피하면 거짓말하는 사람이라고 배웠는데 실제로는 눈길을 피하지 않고 적극적으로 응시할수록 거짓말쟁이일 확률이 높다는 것이다.

그 이유는 보통 사람들은 대화 중에 생각을 하게 되면 상대방의 눈에서 눈길을 떼는 것이 정상적인데 만일 누군가가 나와 대화 중에 나를 빤히 쳐다본다면 그 사람은 나의 말을 듣지 않고 있는 것이거나 나의 신뢰를 얻으려고 의식적으로 노력하는 중이라는 것이다. 나의 말을 듣지 않는 것이든 신뢰를 얻으려고 의식적으로 노력하는 것이든 둘 다 위선의 신호이기 때문에 상대방의 거짓에 넘어가지 않는 센스가 필요하다.

눈을 응시하는 사람보다는 눈을 깜빡이는 사람을 더 조심해야 한다. 켄 델머Ken Delmer에 의하면 눈을 깜빡이는 것은 '눈을 통해 본심이 새어나가는 것'을 막는 동작이라고 한다. '눈은 마음의 창'이라는 말도 있다. 타인에게 마음을 들키고 싶지 않을 때, 방의 창문을 꼭 닫는 심리처럼 부자연스럽게 눈을 자주 깜빡일 때는 자신의 거짓말을 감추고 싶은 심리를 보여주는 것이라고 생각하는 편이 좋을 듯하다.

1988년의 미국 대통령 선거는 공화당의 조지 부시 George Bush 후보와 민주당의 마이클 듀카키스 Michael Dukakis 후보의 일대 일 승부였다. 이 선거전 때 미국의 심리학자 토에츠는 미국 전역에 방영된 텔레비전 토론 비디오를 분석했다. 양 후보자가 눈을 깜빡이는 횟수와 국민에게 주는 이미지의 관계를 조사하는 것이 목적이었다. 그리고 눈을 깜빡이는 횟수에서 대통령 선거의 행방도 예측할 수 있지 않을까 생각했다. 토에츠의 분석에 의하면, 부시가 눈을 깜빡인 횟수는 평균 매분 67회며, 듀카키스는 75회였다. 덧붙이면, 평상시의 평균 횟수는 매분 15~20회이다. 양자가 깜빡인 횟수는 평상시의 약 3~5배로서 유난히 많다는 것을 알 수 있었는데 눈을 자주 깜빡여서 자신의 본심이 간파되지 않도록 눈을 감췄다고도 할 수 있다.

특히 듀카키스의 깜빡임 횟수가 많았는데, 그는 부시보다 긴장했다는 것을 알게 된다. 토에츠는 눈을 더 많이 깜빡인 듀카키스가 '신경질적이어서 믿음직스럽지 않다'는 인상을 주었다고 지적했다. 눈을 지나치게 많이 깜빡이면 신뢰도가 낮아진다. 눈 깜빡임 분석으로 토에츠는 뉴스위크 지에 부시가 유리하다는 인상을 주는 내용의 기사를 쓴 것이다.

노련한 수사관은 눈만 보고도 범인인지 알 수 있다고 한다. 거짓말을 하는 순간 눈동자가 미세하게 흔들리는 것을 놓치지 않기 때문이다. 여기서 더 나아가 범인의 기억까지 눈동자로 알아낼 수 있다는 연구결과가 나왔다. 범인이 진술을 거부하거나 심지어 실제로 기억하지 못하는 일도 눈동자의 움직임으로 확인할 수 있다는 것이다.

사람들은 어떤 사물이나 사람에 대한 관심이 떨어져 집중도가 낮아질수록 눈을 더 많이 깜박인다는 연구결과도 나왔다. "눈에서 멀어지면 마음도 멀어진다"는 격언을 뒤집어 "마음이 멀어지면 눈에서도 멀어지게 한다"는 말을 뒷받침하는 것이다.

캐나다 워털루대학교 다니엘 스밀렉 교수팀은 연구 참가자 15명에게 책에서 발췌한 문단을 컴퓨터 모니터에 띄워 놓고 읽게 했다. 이때 컴퓨터에 달린 센서는 참가자들의 눈의 움직임을 감지하고 얼마나 자주 눈을 깜박이는지, 눈으로 응시하고 있는 단어가 무엇인지를 파악했다.

컴퓨터에서는 불규칙적으로 버저 소리가 났고, 참가자들은 그때마다 자기들이 읽기에 몰두하고 있는지, 아니면 그렇지 못하고 이전에 읽은 내용을 생각하는 것을 포함하여 생각이 딴 데로 가 있는지를 타이핑했다. 참가자들은 마음을 집중해서 글을 읽을 때보다 마음이 딴 데로 가 있을 때나 방황하고 있을 때 눈을 더 자주 깜박였다.

연구진은 "사람은 집중력이 떨어지고 딴생각을 하는 등 마음이 왔다 갔다 하기 시작하면 시각이나 촉각 등 감각이 받아들이는 정보의 문을 닫는다"며 "마음 방황이 시작되면 기본적으로 눈을 자주 감게 되고 뇌로 들어오는 외부 정보의 양을 축소하게 된다"고 말했다. 변심한 애인은 눈앞에 앉아 있으면서도 다른 생각을 자주 하고, 애인이 하는 말을 귀 기울여 듣지도 않게 되는 것이다.

미소에는 여러 의미가 담겨있다

창수 씨는 열애 중이다. 운명처럼 자신의 이상형을 만난 것이다. 만난 지 벌써 100일째. 100일을 기념하여 근사한 와인을 곁들인 맛있는 저녁을 먹고 호젓한 공원 벤치에 앉아서 사랑을 속삭이고 있었다. 밝은 달빛 아래 가지런한 이를 드러내고 매력적으로 웃는 여자 친구가 정말 예뻐서 키스를 하려고 얼굴을 가까이 들이댔더니 여자 친구는 갑자기 정색을 하면서 이러지 말라며 쌀쌀맞게 자리를 털고 일어나 바람처럼 가버리는 것이 아닌가? 분명히 여자 친구도 자신을 좋아하고 있었고 웃는 모습은 그녀도 키스를 원하는 것이라 생각했는데 무엇이 잘못됐던 것일까?

한 실험에서 공원 벤치에 앉아 사랑을 속삭이는 남녀를 몰래 촬영했다. 이 실험은 촬영된 장면을 분석하여 남녀의 행동에서 말이 아닌 비언어적 의사소통이 어떤 역할을 하는지 알아보려는 것이었다. 물론 촬영 후 당사자들에게 양해를 구했다. 실험 결과를 보면, 남자의 행동을 컨트롤하는 것은 의외로 여자의 얼굴이었다. 여자의 얼굴은 남성에게 다양한 신호를 보내며 상황을 주도했다. 가령 여자가 '이를 보이면서 웃을 때'는 여성이 능동적일 때이니 키스를 해서는 안 된다는 신호였다. 하지만 '입술을 다문 채 미소 지을 때'는 키스를 해도 좋다는 신호였다. 남자가 여자에게 접근하여 키스하느냐 마느냐 결정하는 것은 여자가 입술을 다문 채 미소 짓고 있느냐의 여부였다. 이 신호를 제대로 읽은 남성은 흐뭇한 시간을 보낼 수 있었지만, 제대로 읽지 못한 눈치 없는 남성은 다음 기회를 기약하며 데이트를 끝내야 했다. 상대방의 마음을 읽는 데 미소가 보내는 신호를 파악하는 것은 이처럼 중요하다. 눈치가 없으면 키스 한 번 제대로 할 수 없으니 말이다.

제대로 눈치 못 채면 위험한 미소로는 '딤플러dimpler: 한쪽 입 꼬리가 비틀려 올라가는 미소'라고 알려져 있는 미소다. 그것은 경멸감을 나타내는 표정이다. 오랜 기간 동안 부부 관계를 관찰한 고트먼 교수는 미소의 횟수를 세는 것만으로도 관찰한 부부 가운데 곧 이혼할 이들이 누구인지 90퍼센트 이상 정확하게 예측할 수 있었다. 미소가 궁색하거나 경멸이나 혐오감을 드러내는 미소는 부부 관계를 깨는 미소였다.

또 다른 위험한 미소는 팬 아메리칸 미소Pan Am Smile: 팬암 미소, 입꼬리만 올라간 가짜 웃음다. 팬 아메리칸 미소는 지금은 없어진 팬 아메리칸 항공사 TV 광고에 등장한 승무원들의 부자연스러운 미소를 빗댄 것으로 가식적이고 형식적인 억지 미소를 상징한다. 팬 아메리칸 미소의 특징은 광대뼈 근처 근육만 수축하면서 눈은 웃지 않고 입술 가장자리만 살짝 이용해서 웃는다고 해서 보톡스 미소Botox Smile, 거짓 미소Fake Smile로도 불리고 있다.

팬 아메리칸 미소와는 다르게 뒤셴 미소Duchenne Smile는 눈이 같이 웃는 진실한 웃음을 말한다. 눈 가장자리 근육인 안와근은 사람이 의도적으로 만들어내기 어려운, 즉 아주 기쁘고 행복할 때만 저절로 수축하는 근육이기 때문에 눈이 같이 웃는 웃음은 진짜 행복한 상태에서만 표현되는 웃음이라고 한다.

뒤센 미소는 우리 인생을 바꿔놓기도 한다. 하커Harker와 켈트너Keltner는 30년간의 면밀한 추적 연구조사를 통해서 뒤센 미소가 인생을 어떻게 바꿔 놓는가를 관찰했다. 이들은 1958년과 1960년에 캘리포니아 오클랜드에 있는 밀즈 칼리지Mills College 졸업생 141명을 연구대상으로 삼고 전문가들에게 졸업앨범 속 사진들의 표정을 정밀분석해 줄 것을 의뢰했다. 분석의 대상이 된 사진 중에서 50명의 졸업생은 눈꼬리의 근육이 수축되어 눈이 반달 모양이 되는 환한 미소인 뒤센 미소를 짓고 있었다. 나머지는 카메라를 보며 인위적인 미소를 지어 보였다. 이 졸업 앨범 사진의 주인공들이 각각 27세, 43세, 52세가 되는 해에 연구자들은 인터뷰를 통해 그들의 삶의 다양한 측면에 대한 자료를 수집하여 비교했다.

그 결과는 놀라웠다. 환한 긍정적 미소를 지었던 뒤센 미소 집단은 인위적 미소 집단에 비해 훨씬 더 건강하였으며 병원에 간 횟수도 적었고 생존율도 높았다. 결혼 생활에 대해서도 훨씬 더 높은 만족도를 보였으며, 이혼율도 훨씬 더 낮았다. 평균 소득 수준 역시 뒤센 미소 집단이 훨씬 더 높았다. 한 마디로, 같은 해에 같은 대학을 졸업한 여대생들 중에서 뒤센 미소를 짓는 여성들이 훗날 훨씬 더 행복한 삶을 살고 있음이 밝혀진 것이다.

눈 맞춤이 길수록 부정적인 인상을 준다

승희 씨는 오랜만에 명절날 고향집을 방문했다가 천만다행으로 화를 면했다. 평소 개를 무서워하는 승희 씨가 버스에 내려 고향집 근처에 갔을 때 근처 개 사육장을 탈출한 맹견이 으르렁거리며 승희 씨에게 다가오는 것이었다. 공포에 질린 승희 씨는 그 자리에 발이 얼어붙어버렸다. 그리고는 너무 무서워 눈을 질끈 감아버렸다. 그런데 이상하게도 맹견은 승희 씨 주변을 킁킁거리며 돌아다니다 그냥 가버리고 말았다. 맹견의 공격을 피할 수 있었던 이유는 무엇일까?

동물은 자신의 눈을 보면 자신을 공격한다고 생각하기 때문에 가능하면 눈을 마주치지 말아야 한다. 서울대공원 동물원에서는 커다란 눈과 눈썹 일부를 그려 넣은 '동물관람용 안경'을 제작해 오는 동물원 입구에서 판매하고 있다. 이 동물관람용 안경은 두꺼운 종이로 제작돼 얼굴에 쓸 수 있지만, 시력 보정 기능은 없다. 안경알이 있어야 할 자리엔 우스꽝스럽게 위로 치뜬 모양의 가짜 눈이 그려져 있을 뿐이다. 이 안경을 쓴 관람객들은 그림 속 눈동자 가운데 동그랗게 뚫려 있는 작은 구멍을 통해 동물들을 훔쳐봐야 한다. 대공원 측이 이런 안경을 만든 이유는 안경다리에 적혀 있다.

'눈을 마주치면 동물들이 싫어해요!'

낯선 이가 눈을 맞춘 채 자신을 응시하면 도전해 오는 것으로 느껴 흥분하는 동물이 많다는 것이다. 고릴라 · 오랑우탄 · 침팬지 같은 유인원들은 눈이 마주친 관람객을 향해 흙이나 돌멩이를 집어던지기도 한다. 서울대공원에서는 고릴라가 자신을 똑바로 바라보는 관람객에게 화를 내며 배설물을 집어던져 큰 소동이 벌어진 적이 있었다고 한다.

대처 방안을 강구하던 대공원 직원들은 최근 네덜란드 로테르담 동물원에서 답을 찾아냈다. 이 동물원의 수컷 고릴라 '보키토'는 2007년 5월 18일 우리를 탈출한 뒤 주변을 배회하다 자신을 응시하는 여성을 공격했다. 이 사고를 처리한 보험회사는 '보키토가 눈이 마주친 사람을 공격했다'는 데서 착안해 '보키토 관찰 안경Bokito Kijker'을 만들었다. 눈동자가 엉뚱한 곳을 향해 쏠려 있는 안경을 쓰면 동물들과 눈이 마주칠 염려가 없기 때문에 공격을 피할 수 있기 때문이다. 사람도 마찬가지다. 실생활에서도 우리는 이러한 결과를 많이 확인할 수 있는데 전혀 상관없는 사람에게 왜 쳐다보느냐고 시비를 걸어 싸우거나 쳐다봐서 기분 나쁘다고 살인까지 저지르는 사건들을 신문에서 자주 보게 된다. 그렇기 때문에 상대방과 대화할 때 상대의 눈을 똑바로 바라보는 것은 좋지 않다.

우리는 다른 사람과 대화할 때 상대방의 눈을 똑바로 바라봐 주는 것이 예절의 정석이라고 생각하고 있지만 실은 그렇지 않을 수 있다는 연구결과가 나왔다. 독일 프라이부르크대학의 연구팀은 실험 참가자들로 하여금 정치 · 사회적 문제에 대해 대화를 나누도록 하면서 이들의 눈의 움직임을 살폈다. 그 결과 눈을 맞추는 시간이 길수록 참가자들이 생각이나 관점을 바꾸는 것이 덜했다. 눈 맞추기가 효과적이었던 것은 오직 대화 상대방과의 생각이 이미 일치해 있을 때뿐이었다. 또 어떤 사람이 말하는 것을 듣게 하면서 그의 생각에 동의하게 되는지를 관찰하는 실험을 했는데, 연사의 눈보다는 입을 바라보며 들었을 때 더 그 연사의 의견에 동조하게 되는 것으로 나타났다.

이 연구를 수행한 프란세스 첸Frances S. Chen 교수는 "여러 문화권에서 눈 맞추기가 설득에 효과적인 것으로 받아들여지고 있지만 자신과 의견이 일치하지 않는 상대방의 마음을 얻는 데는 별로 효과가 없는 것으로 나타났다"고 말했다.

연구팀은 "정치인이나 부모의 경우 자신과 다른 생각을 갖고 있는 사람과 얘기할 때는 눈을 맞추는 것이 오히려 역효과를 가져올 수도 있다는 것을 알아야 한다"고 설명했다. 연구팀은 이 같은 역효과가 나는 이유에 대해 눈을 맞추는 것은 상대방에게 자신을 지배하거나 위협하려 드는 태도로 비칠 수 있기 때문이라고 말했다.

상대를 너무 뚫어지게 바라보면 진실성이 떨어진다는 연구결과도 있다. 영국 런던대학교의 심리학자 조프리 버드Geoffrey Byrd 박사 연구팀에 따르면 상대를 바라보는 눈길이 전혀 흐트러지지 않는다면 이는 오히려 대화에 주의를 기울이지 않거나, 자신의 말을 믿어달라는 호소를 억지로 보내는 것이다. 이는 결국 '진실하지 않다는 표시'라고 살렘 박사는 지적한다.

보통 사람들은 대화 중에 상대와 눈을 맞추면서 가끔 눈길을 돌리는 게 정상이다. 이 두 개의 연구결과를 일반화할 수는 없어도 연인과 대화를 나눌 때나 상담할 때 참고자료로 삼으면 좋다.

그러나 눈빛이 항상 부정적인 결과를 가져오는 것만은 아니다. 우리는 좋아하는 사람에게 훨씬 더 많은 눈빛을 보내기 때문이다. 실제로 상대의 눈을 쳐다보는 시간으로 관심도를 측정할 수 있다는 연구결과도 있다. 네덜란드 나이메헨 라드바우드대학교 행동과학연구소 이샤 반 스트라턴 교수 팀이 '성적 행동 기록' 학술지에 투고한 논문에 의하면 실험에 참가한 남성들은 매혹적인 여성을 발견하면 평균 8.2초 이상 계속 바라봤다. 하지만 매력적이라고 느끼지 않는 여성에게는 4.5초 이상 눈길을 주지 않았다. 마음에 드는 상대를 쳐다보는 것은 여성도 마찬가지였다. 단지 좀 더 조심스러웠을 뿐이다.

영화 〈게이샤의 추억〉을 보면 게이샤가 되기 위한 마지막 테스트는 시장에 나가, 눈빛 하나로 남자를 유혹하는 것이다. 소녀는 춤과 악기, 예의범절 등을 모두 배우고 게이샤로 탈바꿈한다. 하지만 마지막 관문인 '남자 유혹 테스트'를 통과하지 못하면 게이샤가 되지 못한다. 자전거를 타고 지나가던 남자가 그녀의 눈빛에 정신이 팔려 넘어지면서 주인공은 시험을 통과한다. 이처럼 매력적인 눈빛은 상대방의 마음을 흔들리게 할 수도 있다.

실제로 사람 얼굴이 생기 있고, 살아있다는 것을 확인시켜 주는 얼굴 부위는 '눈'이라는 연구결과도 있다. 애니메이션을 만드는 사람들은 실제 사람과 똑같게 표현하려 하지만 캐릭터가 사람이 아니라는 것을 깨닫고 불편한 느낌이 지속되는 이유는 '눈'에 있다고 말한다.

미국 다트머스대학Dartmouth College 탈리아 휘틀리 교수팀은 인형 가게에서 사람 모양 인형 얼굴을 사진으로 찍은 다음 연구 참여자들에게 인형의 얼굴과 인형을 닮은 실제 사람 얼굴을 섞어서 모핑 기법morphing: 어떤 형체가 서서히 모양을 바꿔 다른 형체로 탈바꿈하는 기법, 예를 들어 구미호가 사람 얼굴로 변하는 것으로 보여줬다.

연구진이 사람들에게 얼굴이 생기 있어alive 보이는 지점을 찾게 한 결과 서서히 얼굴이 바뀌는 연속 장면 가운데 인형보다 사람에 더 가까운 3분의 2 지점에서 "생기 있어 보인다"는 답이 나왔다. 또 이전의 연구에서 사람들은 어떤 생명체가 살아 있는지를 따질 때 가장 결정적인 요소를 눈으로 꼽기도 했다.

연구진은 "사람들은 다른 사람과 '연결connections'되고 싶어 하는데 그 얼굴에서 눈을 통해 생명력을 느끼면 '관계를 맺고 싶은 영혼이 바로 여기 있네'라고 생각하게 된다"고 말했다.

눈동자가 큰 사람에게 끌린다

● ● ● ● ● ● ●

지현 씨는 민지가 왜 남자들에게 인기가 많은지 이해가 되지 않았다. 여자들이 보기에 그리 매력적인 여성이 아니었다. 키도 지현 씨보다 작고 몸도 약간 뚱뚱한 편인데 이상하게도 많은 남성들이 그녀만 보면 정신을 못 차리고 흑기사가 돼주려고 애쓰는 것이었다. 어느 날 남자 동료들과 회식을 하던 중 자신이 자리에 있는데도 남자들이 자리에 없는 친구 민지를 예쁘다고 칭찬하는 것 아닌가? 그래서 궁금해서 민지의 어디가 그리 예쁜지 물어봤다. 그랬더니 눈이 참 예쁘다는 것이었다. 그랬더니 남자들이 너도 나도 "민지는 착해 보여서 좋다. 순수한 것 같다. 보호해 주고 싶다"라며 한마디씩 거드는 것 아닌가?

민지를 잘 아는 지현 씨 입장에서는 도저히 이해가 안 돼 민지를 가만히 관찰해 봤다. 화장할 때 눈이 커 보이도록 라인을 진하게 그리고 까만 서클렌즈를 끼었다. 그 외에 특별한 치장은 하지 않았다. 도대체 민지 씨의 인기 비결은 무엇일까?

그것은 바로 큰 눈동자였다. 남성은 눈동자가 큰 여성을 좋아하지만, 여성도 남성의 큰 눈동자에 끌리는 것으로 드러났다. 영국 에든버러대학교 엘리너 스몰우드 Eleanor Smallwood 박사 팀은 여성 10명에게 젊은 남자 6명의 눈동자 크기를 크거나 또는 작게 조절한 사진들을 보여 주면서 매력 점수를 매기도록 했다. 눈동자의 크기는 사진 변형 소프트웨어를 이용해 크게, 보통, 작게 등 3가지 형태로 변형됐다. 실험 참여 여성들은 '아주 매력적'이라는 5점부터 '아주 별로'라는 1점까지의 범위 안에서 점수를 매겼다. 그랬더니 눈동자가 검고 클수록 높은 매력점수를 부여했다.

이른바 '동공 확대 효과'는 마음에 드는 이성을 발견했을 때 상대를 더욱 자세히 보기 위해 눈동자가 커지는 현상을 말한다. 여성들이 착용하는 '서클렌즈'는 확대된 눈동자를 상대방 남성에게 보여줌으로써 '난 당신이 좋아요'라는 메시지를 전달해 관심을 유발시키는 효과를 발휘한다. 아울러 눈동자가 큰 사람들은 더 친절하고 양심적이라 생각하고 본능적으로 매력을 느낀다고 한다. 실제로 촛불을 켜고 데이트를 하면 상대방이 훨씬 더 매력적으로 보인다고 한다. 주위가 어두워지면 동공이 확대되어 서클렌즈를 끼운 것과 같은 효과를 발휘하기 때문이다. 그렇다고 동공은 빛에만 반응하는 것이 아니다.

우리 동공의 크기는 뭔가에 흥미를 느끼면 커지는 특징이 있다. 반대로 보고 싶지 않거나 무서운 대상 앞에서는 거부 심리가 발동해 동공이 작아진다. 헤스Hess 교수는 호기심을 자극하거나 흥분하게 만드는 무엇인가를 볼 때도 사람들의 동공이 확장된다는 획기적인 사실을 발견했다. 그래서 출판업자들은 잡지 표지 모델의 여성의 눈동자가 커 보이도록 수정하는 경우가 많다고 한다. 큰 눈동자가 잡지 판매부수에 영향을 미치기 때문이다. 연구에 따르면 남녀를 불문하고 사람들의 동공이 가장 많이 확대될 때는 이성의 발가벗은 모습을 볼 때라고 한다.

동공을 관찰하는 노력은 실생활에서 많은 도움이 되는데 예를 들어 정치인들이 아이들을 안고 사진을 찍는데 실제로 대부분의 사람들은 아이들을 보면 동공이 확대되기 때문에 좋은 이미지를 줄 수 있기 때문이다. 판매직에 종사하는 사람들도 고객에게 상품을 권유할 때 상대의 동공 변화를 살펴보는 것이 중요하다. 만약에 동공이 커지면 사고 싶어 하는 상품일 가능성이 높다. 다만 주의해야 될 점은 놀라거나 무서울 때도 동공이 확대된다는 것이다.

상대방 여성이 눈이 커지는 이유가 내가 매력적으로 보여서인지 무서워서인지는 각자 판단해야 할 영역이다.

고개를 기울인 사람이 아름답다

은행에 다니는 선배 김 과장은 손바닥이 닳도록 아부를 하는 것도 아닌데 이상하게 사람들의 기분을 좋게 하는 묘한 매력이 있다. 항상 호감을 주고 마음을 편하게 해 주는 것이다. 또한 영업을 해도 지점에서 항상 1등이고 불만 고객이 난동을 부려도 김 과장이 아니면 해결이 안 된다. 그 비결은 무엇일까?

박 대리는 그 비밀을 사진 속에서 발견했다. 지점 정기 야유회가 있어서 사진 담당인 박 대리가 단체 사진을 찍었는데 묘하게도 김 과장은 다른 사람들과 달리 고개를 기울이고 찍고 있었다. 사진 속 인물들이 마치 증명사진을 찍듯이 고개를 빳빳이 세우고 찍어서 어색해 보였지만 김 과장만큼은 고개를 갸우뚱하게 기울여 찍어서 어쩐지 편안하고 부드러워 보였다. 가만히 생각해 보니 김 과장은 대화할 때 항상 고개를 오른쪽 1시 방향으로 약간 기울이고 있었던 것 같다. 고개를 기울이는 것이 무슨 의미일까?

여자가 예뻐 보일 때가 언제인지 물었더니 많은 남성들이 긴 생머리를 쓸어올릴 때라고 대답했다. 그 이유 역시 머리를 쓸어올리기 위해 고개를 기울이는 행동을 보여주기 때문이다.

《왜 그녀는 다리를 꼬았을까?》의 저자 토니야 레이맨Toniya Reiman에 의하면 머리를 갸우뚱하게 한쪽으로 기울이는 것은 상대에게 자신의 연약함을 내보이는 몸짓이다. 고개를 옆으로 비스듬히 기울이는 것은 위협할 의사가 없다는 것을 나타내고 목의 측면을 드러내면서 몸집을 작아보이게 만들고 위협적으로 보이지 않게 해 준다. 이 자세는 아기가 부모의 어깨나 가슴에 머리를 기대는 자세에서 기인한 것으로 추측된다. 아울러 대화 도중 고개를 한 쪽으로 기울이면 일종의 복종 심리와 함께 상대방의 이야기에 몰입하고 있다는 의미로 보인다고 한다. 여기서 중요한 것은 오른쪽으로 고개를 기울여야 효과적이라는 것이다.

키스할 때 대부분 사람은 고개를 오른쪽으로 기울인다. 그 이유에 대해서는 '감정을 관장하는 오른쪽 뇌가 왼쪽 뺨과 연결돼 있기 때문'이라는 등 여러 학설이 분분했지만, 독일 보훔대학교 Ruhr Univ. Bochum의 심리학자 오누르 귄튀르퀸 교수가 주장한 '어렸을 때 어머니 젖을 빨던 버릇 때문'이라는 설이 가장 설득력 있는 것으로 받아들여지고 있다.

그는 키스할 때 고개를 오른쪽으로 기울이는 사람이 왼쪽으로 돌리는 사람의 2배나 되며, 이는 어렸을 때 어머니 품에 안겨 있을 때 젖을 빨려고 어머니 쪽으로 향하는 행위가 바로 고개를 오른쪽으로 트는 행위였기 때문이라고 해석했다. 엄마의 사랑을 찾아 오른쪽으로 파고드는 버릇이 키스할 때까지 영향을 미친다는 해석이다.

엄마가 왼손잡이건 오른손잡이건 상관없이 대개 아기를 안을 때는 왼쪽 팔로 아기를 받쳐 안는다는 점에서 이 해석은 나름대로 설득력을 갖는 것으로 인정된다.

위아래로 훑어보는 남자? 아래위로 훑어보는 남자?

초짜 전업 제비인 앙드레 박은 제비계의 달인 카사노바 김을 존경할 수밖에 없었다. 그가 찍은 여성들은 하나같이 부자들이어서 큰 도움이 되고 있었다. 그런데 어떻게 그는 귀신같이 부자 여성들을 알아내는지 궁금하기만 했다. 앙드레 박이 부자라고 확신하고 접근한 여성들은 나중에 보면 대부분 평범한 주부들이 대부분이어서 허탈하고 실망이 컸었다. 그런데 카사노바 김은 어둡고 컴컴한 카바레에서 어떻게 그렇게 목표물을 제대로 찾아내는지 동료들은 그를 열추적 미사일이라는 별명까지 붙여주었다. 게다가 그는 제비치고는 잘생긴 외모도 아닌데 여성들의 시선을 모으게 하는 기술까지 겸비한 완벽한 프로 제비였다. 앙드레 박은 자신이 고향 선배임을 내세우며 크게 한 턱 쏘면서 그 비법을 가르쳐 달라고 간절히 부탁하였다. 그러자 카사노바 김은 한참을 망설이다 자신의 노하우를 털어 놓았다. 부유한 여성만을 찾아내는 카사노바 김의 노하우는 무엇일까?

김은 초짜 앙드레 박에게 여성을 볼 때 어디를 먼저 보는지 물어 보았다. 그래서 얼굴이 부티나 보이는 여성을 찾는다고 했더니 비웃으며 그건 초짜 제비들의 특징이라고 했다. 그래서 그럼 고급 옷이나 보석, 명품 핸드백을 가진 사람을 찾아야 되냐고 물었더니 그건 중급 정도 제비들의 안목이라고 말했다.

그러면서 자신은 여성을 볼 때 절대 얼굴을 보지 않는다고 했다. 그는 여성을 볼 때 항상 구두를 먼저 본다고 털어놓았다. 왜냐하면 여성들은 기본적으로 누구나 좋은 옷 한 벌, 비싼 장신구 하나, 고급 핸드백 하나 정도는 소유하고 있기 때문에 그러한 품목을 가지고 부자라고 속단하기엔 부족하다는 것이었다. 게다가 요즘은 짝퉁이 많아서 믿을 수 없다고 덧붙였다.

그가 힘주어 강조하는 것은 구두였다. 여성들은 눈에 잘 띄는 옷, 장신구, 핸드백에는 신경을 많이 쓰지만 눈에 잘 보이지 않는 구두에는 크게 신경을 쓰지 않는다고 했다. 그러나 부자 여성들은 보이지 않는 곳에도 비싼 돈을 들여 투자할 만한 여력이 있기 때문에 구두를 잘 보면 부자인지 아닌지 알 수 있다는 것이었다.

우리는 사람을 볼 때 얼굴을 먼저 보는 것이 정상적이다. 그래서 위아래로 훑어본다고 한다. 그러나 형사나 불량배 같은 사람들은 상대를 아래에서 위로 훑어본다고 한다. 그건 상대를 불신하고 있기 때문이다. 상대를 관찰하면서 발을 먼저 보고 그 다음에 얼굴을 보는 것은 상대를 불신하거나 경멸하고 있다는 증거이다.

두 번째로 그가 질문한 것은 '여성들은 어떤 남성들의 모습을 좋아할 것 같은가'였다. 앙드레 박은 여성들은 자상하고 부드러운 표정의 남성을 좋아하는 것 아니냐고 대답했다. 그러나 카사노바 김은 시니컬하게 웃으며 그건 집에서나 통하는 표정이라고 일갈했다.

여자는 밝게 미소 짓는 표정의 남자보다 우수에 차거나 말수가 적은 남자에게 더 매력을 느낀다는 연구결과가 나왔다. 캐나다 브리티시컬럼비아대학교Univ. of British Columbia, UBC 심리학자 제시카 트레이시 박사는 1,000명의 성인 남녀에게 다양한 표정을 담은 수백 장의 이성 사진을 보여주고 어떤 이성이 가장 성적으로 끌리는지 물었다. 사진 속의 이성은 활짝 웃는 모습부터 고개를 거만한 듯 들고 가슴을 편 모습, 고개를 못 들고 눈길을 피하는 모습 등 다양했다.

남녀가 직감적으로 성적인 이끌림을 느끼는 상대는 차이를 보였다. 여자는 우수에 차고 약간은 어두운 얼굴, 무언가 생각에 잠긴 얼굴, 고개를 들고 약간 잘난 척하는 얼굴이 끌린다고 답했다. 활짝 웃거나 행복한 모습의 남자의 얼굴이 가장 끌림이 적다고 했다.

결국, 여자가 볼 때는 행복하게 미소짓는 남자는 육체적으로 강하지도, 권력이 있어 보이지도, 혹은 남자다워 보이지도 않다는 것이다. 물론 연구진은 이 조사가 좋은 남자친구감이나 아내감을 고르는 작업과는 거리가 있음을 강조했다.

트레이시 박사는 "진화론적으로 여자는 자신감이 있고 우수에 찬 남자가 능력이 있고 지위가 높아 아내와 자녀를 잘 돌볼 것으로 판단한다"고 말했다.

눈빛을 통해 상대방의 기분을 파악한다

양주환 씨는 아내가 어떤 생각을 가지고 있는지 도저히 알 수 없었다. 일요일 늦은 아침을 먹고 느긋하게 커피를 마시며 학창시절 이야기로 추억을 되살리며 있는 중이었다. 아내는 자신이 지금은 이렇게 주름이 많은 아줌마가 다 됐지만 여고시절엔 집 앞에 남자들이 자기 얼굴을 한 번이라도 보겠다며 줄을 섰었다고 자랑

했다. 그러면서 갑자기 그 때의 미모를 보여주겠다며 오래된 여고 졸업앨범을 꺼내왔다. 앳되어 보이는 단발머리 아내의 사진을 보면서 지금과 크게 다른 것 같지 않다는 생각을 하던 차 갑자기 아내가 앨범을 주면서 졸업생 중에 누가 제일 예쁜지 찾아보라고 했다. 주환 씨는 아무 생각 없이 앨범을 뒤적이다 꽤 예뻐 보이는 여자 한 명을 발견하고는 이 여자가 제일 예쁘다고 말하는데 갑자기 가슴이 서늘해지는 것을 느꼈다. 마주친 아내의 눈은 도끼날처럼 날카로웠고 진실을 말하면 안 된다는 것을 뒤늦게 깨달은 주환 씨가 머쓱해진 얼굴로 달래려 했지만 이미 아내는 등을 돌려 버리고 말았다.

몇 일째 고전하던 주환 씨가 잘못을 빌고 정성을 다해 미안하다고 사과를 했더니 아내는 마침내 "됐어"라고 한마디 하는 것이었다. 주환 씨는 이제야 아내의 화가 풀린 것 같아 한숨을 내쉬었는데 웬걸! 아내의 상태는 여전히 좋지 않았다. 분명히 아내는 됐다고 말했는데 무엇이 문제였단 말인가?

• • • • • • • •

사실 주환 씨는 아내가 괜찮다고 말은 했지만 화가 풀리지 않은 아내의 '눈'을 보지 못했기 때문에 착각을 했던 것이다.

동물은 울부짖거나 꼬리를 흔드는 방식으로 자신의 의사를 표현한다. 반면 인간은 얼굴의 세밀한 움직임만으로도 상대에게 자신의 기분을 전달할 수 있다. 그렇기 때문에 상대방의 표정을 살피는 것은 대화를 할 때 굉장히 중요한 능력이다. 하지만 타인의 감정을 읽는 능력은 사람마다 차이가 있다. 상대방의 기분을 쉽게 눈치채 분위기 파악을 잘한다는 말을 듣는 사람이 있는가 하면 상대의 감정을 전혀 읽지 못하는 둔감한 사람도 있다.

미국 일간신문 뉴욕타임스는 타인의 감정을 이해하는 능력을 자가 진단할 수 있는 표정들을 공개했다. 이 표정들은 영국 케임브리지대학교 Univ. of Cambridge의 시몬 바론 코헨 교수가 개발한 평가 도구를 기초로 해 만든 것이다. 눈의 표정을 보고 그 사람의 감정을 가장 잘 표현한 단어를 선택하면 된다.

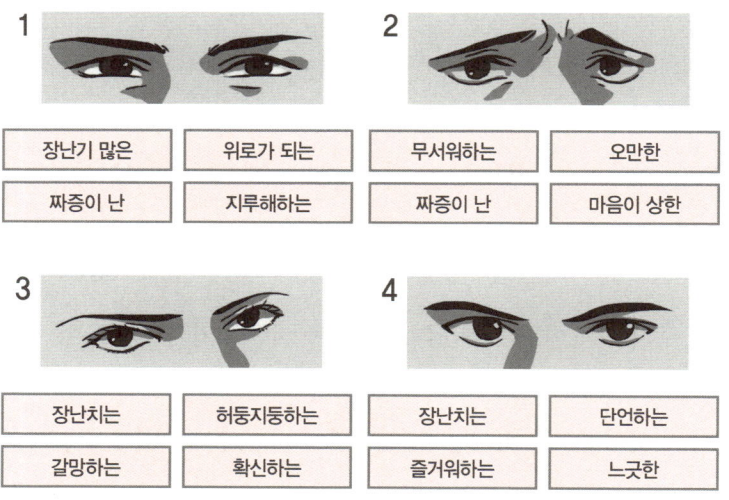

혹시 답을 모르더라도 걱정할 필요는 없다. 인간이 눈을 통해서만 감정을 표현할 수 있는 것은 아니기 때문이다. 따라서 얼굴 표현만으로 상대의 기분을 단정하기보다는 평소 제스처나 말투, 대화의 문맥을 통해 이해하려는 노력으로 상대의 기분을 오해할 확률을 줄여야 한다.

정답 : 1. 장난기 많은(playful), 2. 마음이 상한(upset), 3. 갈망하는(desire), 4. 단언하는(insisting)

가짜 표정은 오래 간다

대형 마트 지점에 점원으로 근무하는 김순옥 씨는 요즘 미스터리 쇼퍼_{일반 고객으로 가장하여 매장을 방문하여 물건을 사면서 점원의 친절도, 외모, 판매기술, 사업장의 분위기 등을 평가하여 개선점을 제안하는 일을 하는 사람}때문에 골치를 썩고 있다. 미스터리 쇼퍼는 본사 관리자들과는 달리 손님으로 가장하기 때문에 알아보기가 어렵고 일부러 트집을 잡으려 애쓰기 때문에 감정을 절제하기가 여간 까다로운 것이 아니었다. 그러나 더욱 그녀를 힘들게 하는 것은 누가 진짜 불만고객이고 누가 미스터리 쇼퍼인지 쉽게 분간이 안 간다는 것이다. 그런데 얼마 전 부부싸움을 하다가 문득 미스터리 쇼퍼를 쉽게 구분할 수 있는 방법을 깨달았다. 그것은 순옥 씨의 일상 경험에서 쉽게 답을 찾을 수 있었다.

부부싸움을 크게 한 뒤 남편이 계속 사과를 해도 화가 풀리지 않던 순옥 씨는 며칠이 지난 뒤 남편이 자신에게 화를 풀라고 사정을 할 때 이미 화가 풀려 있었지만 일부러 화난 표정을 짓고 있었다. 그런데 남편은 화가 풀리지 않은 것으로 판단하고 계속 힘들어하는 것을 보고는 재미있어서 속으로 혼자 웃었던 일을 떠올렸다. 화나는 표정과 같은 부정적인 표정은 순간적으로 나타났다 사라지지만 가짜 표정은 오래 간다는 것이다.

그래서 다음날 점포에서 불만 고객들을 대상으로 확인을 해봤다. 진짜 화가 난 고객들은 순간적으로 얼굴에 불쾌한 표정이 나타났고 진정으로 사과를 하면 표정이 쉽게 풀렸지만 미스터리 쇼퍼로 의심되는 고객은 처음부터 화가 난 표정이었고 사과를 해도 끝까지 화가 난 표정을 짓고 있었다.

실제로도 우리가 흔히 불쾌하거나 좌절할 때 짓는 쓴웃음 등은 빠르게 나타났다 금방 사라진다. 미국 MIT 연구팀은 자원자들에게 기쁠 때와 좌절했을 때의 표정을 각각 연기fake해 달라고 요청했다. 좌절감 연기에서 미소를 지은 사람은 10퍼센트에 불과했다. 이어 연구팀은 진짜 좌절감을 느끼게 했다. 길고 상세한 온라인 양식을 모두 써넣은 뒤 '제출' 단추를 누르면 내용이 모두 지워지도록 만든 것이다. 황당한 사태를 맞이한 참가자들은 90퍼센트가 미소, 즉 쓴웃음을 지었다. 그런데 좌절의 쓴웃음은 빠르게 생겨났다가 빠른 시간 내에 사라진 것이다.

사람이 거짓말을 할 때의 표정도 순간적으로 빠르게 나타났다가 사라진다고 한다. 이것을 '미세표정micro expression'이라고 부른다. 그런데 이 미세표정은 전문가들이라도 쉽게 감지하기가 어렵다. 그렇지만 오랫동안 훈련을 하면 그 짧은 순간의 표정 변화도 쉽게 읽을 수 있는데 상대방의 불확실한 감정의 변화를 감지할 수 있게 되고, 대화를 할 때 상대방의 미세한 감정 변화를 집어내는 데 이용할 수도 있다.

부부와 불륜을 구분하는 가장 쉬운 방법

등산을 좋아하는 노철수 씨는 최근 등산을 하면서 등산의 다른 묘미를 즐기고 있다. 바로 남녀 등산객들이 부부인지 불륜인지 알아내는 것이다. 언젠가 등산을 하던 중 한 여성이 힘들게 걸음을 옮기기에 도와줄까 하는 찰나, 휘적휘적 빠르게 걸어 올라가는 남성을 보고 "여보, 같이 가!"하고 부르는 것이 아닌가? 앞서 가던 남자가 잠시 멈추더니 퉁명스럽게 소리를 질렀다. "그러기에 내가 뭐랬어. 따라오지 말라고 했잖아. 그 정도도 못 올라오면서 뭐 하러 산에 와?" 하면서 다시 제 갈 길을 가는 것 아닌가? 철수 씨는 그 남편이 참 부인한테 야박하다고 생각하면서 잠시 쉬어갈 요량으로 바위에 걸터앉아 있는데 이번에는 너무나 정답게 보이는 중년의 남녀 한 쌍이 뒤를 따라 올라오고 있었다. 별로 높지도 않은 돌부리에도 남자가 먼저 올라가 손을 내밀고 잡아주면서 힘내라고 격려를 해주었고 이에 화답하듯 여자는 손수건을 꺼내 남자의 이마에 흐르는 땀을 조심스럽게 닦아 주고 있었다. 철수 씨는 속으로 부러워하다가 두 사람의 이야기를 엿듣고 깜짝 놀라고 말았다. 두 사람은 서로를 'OO씨'라며 이름에 존칭을 붙이고 대화의 내용도 서로의 배우자가 게을러서 이렇게 좋은 등산을 싫어한다는 등 뒷담화를 하면서 깔깔대고 웃었다. 그렇게 금슬 좋아 보이는 두 사람은 사실 불륜이었던 것이었다. 그 뒤로 철수 씨는 등산하면서 부부인지 불륜 커플인지 알아내려고 주의를 기울였더니 뜻밖에도 쉽게 알아낼 수 있었다.

예를 들어 등산 가방의 개수가 부부일 경우는 남자만 하나를 메고 오지만, 불륜이면 따로 오기 때문에 각각 하나씩 가방을 멘다. 또 여자의 얼굴이 민낯이면 부부, 풀 메이크업 상태라면 불륜을 의심해볼 수 있었다. 산에서 밥을 먹을 때도 불륜인지 아닌지 쉽게 알아볼 수 있었는데 플라스틱 용기에 그냥 밥과 반찬을 싸 오고 그냥 집에서 먹는 밑반찬처럼 보이면 대부분 부부였고 불륜 커플은 도시락이 화려했다. 또 카메라로 인증샷을 찍으면 부부고, 불륜은 사진과 같은 증거를 남기지 않았다. 대화의 내용도 부부는 아이들 교육, 친척문제, 재테크 등 실생활과 밀접한 것들이거나 아예 대화를 안 하는 경우가 많았지만 불륜커플은 대화 주제가 취미, 영화 같은 고상한 내용이 많았다. 이렇게 사람들의 몇 가지 특징들을 찾아내 보면 부부인지 불륜인지 금방 알 수 있었는데 심리학에서는 이런 능력을 '얇게 조각내기 thin-slicing'라고 부른다.

　'얇게 조각내기'란 매우 적은 양의 경험 조각들을 토대로 이른 시간 안에 사람을 판단하고 상황을 파악하는 우리의 무의식적 능력을 말한다. '얇게 조각내기'로 부부가 15년 뒤에 여전히 부부로 살지, 아니면 이혼을 하게 될지 여부를 95퍼센트의 정확도로 예측할 수 있다고 주장하는 심리학자가 워싱턴주립대학교 Washington State Univ. 의 존 고트먼 John Gottman 교수다. 그는 《결혼의 수학 The Mathematics of Marriage》이란 책에서 한 시간 동안 남편과 아내가 나눈 대화만 분석해도 이혼 여부를 식별할 수 있다고 주장하는데 그가 사용하는 방법은 부부 몰래 비디오카메라를 설치하여 두 사람의 대화와 행동을 매 순간 기록하는 것이었다.

　고트먼 교수는 그들에게 어떤 주제라도 좋으니 결혼 뒤 다툼거리가 되었던 문제에 대해 대화를 나누라고 말하며 슬며시 자리를 피해주었는데 이와 같은 방식으로 고트먼은 1980년대 이후 3,000쌍이 넘는 부부를 상담하면서 커플들의 대화를 비디오카메라로 기록하고 분석했다.

고트먼에 의하면, 세상의 모든 부부는 대화를 하고 감정을 교류하는 과정에서 독특한 자신들만의 패턴을 가지고 있으며, 이를 자세히 살펴보면 불행한 부부에게서 공통적인 특징을 발견할 수 있다고 한다.

불행한 부부들은 이들 중 상당수는 15년 내에 이혼을 했다 방어적 자세, 의도적 회피, 냉소, 경멸 등이 대화에서 자주 발견됐는데 그중에서 가장 심각한 요소는 '경멸'이었다. 부부 중 어느 한 쪽이 또는 둘 다 상대방에게 경멸의 감정을 보일 경우 그들의 결혼은 심각한 적신호를 보인다고 판단했다. 예를 들어서 두 번 이상 눈알을 빠르게 굴린다거나, 어처구니없다는 식의 표정을 짓거나, 무시하는 말을 내뱉는 경우가 여기에 해당하는데 이러한 감정의 표현은 이혼으로 가는 지름길이라고 지적했다.

거짓말하는 사람들의 특징

· · · · · · · ·

어느 기업에서 강의를 마치고 쉬는 시간에 여직원 한 명이 조심스럽게 상담을 요청해 왔다. 그녀에게는 현재 2년 정도 사귄 남자 친구가 있는데 그가 거짓말을 하는 것 같다는 것이다. 자신에게 거짓말을 자주 하는 것 같은데 심증은 있으나 물증이 없다고 했다. 예를 들어서 데이트하기로 해놓고 회사에 급한 일이 있다며 갑자기 약속을 취소한 다음날, 만나서 어제 일 끝나고 일찍 들어갔냐고 물어보면 "그럼 일찍 들어갔지. 우리 자기가 술 마시지 말라고 해서 술도 안마시고 착실하게 집에 갔지"라고 웃으면서 말을 하는데 아무리 봐도 수상하다는 것이다. 그래서 혹시 말할 때의 버릇이나 습관이 있냐고 물어봤다. 그녀는 곰곰이 생각해보더니 말하면서 혀로 입술을 자주 축인다고 대답했다. 거짓말하려면 입술에 침이나 바르고 하라는 말이 있다. 이 말은 사실일까?

사람은 하루에 1.5리터쯤 되는 침을 생산해서 입 안에는 항상 침이 고여 있게 마련이다. 특히 볼 옆과 혀 옆에 있는 침샘에는 교감신경의 작용으로 긴장을 하고 스트레스를 받으면 활동이 위축되어 침이 잘 나오지 않게 되는데 거짓말을 하거나 긴장을 하게 되면 침은 점점 더 말라가 입술이 바짝바짝 타게 된다. 그렇게 되면 상대방에게 자신의 거짓을 드러내지 않기 위해 얼마 안 되는 침이라도 혀로 입술을 적셔주면서 의도적으로 자신이 거짓말을 하지 않고 있다는 인상을 상대방에게 보여주려 한다는 것이다. 비슷한 맥락에서 옛날에는 범죄 용의자에게 생쌀을 씹었다가 뱉으라고 한 뒤에 침의 양을 보고 거짓말인지 아닌지를 가렸다고 한다.

폴 에크만Paul Ekman 교수의 연구에 의하면 사람은 평균적으로 약 8분에 1번, 하루에 200번 거짓말을 한다고 한다. 이것이 사실이라면 대단하지 않은가? 우리 모두는 대단한 거짓말쟁이인 것이다. 물론 이것은 '요즘 어때요?' 하는 물음에 '괜찮아요'라고 대답하는 식의 의례적인 인사부터 사실을 위장한 표정과 태도 등을 모두 포함했을 때의 결과이다.

> 영국의 W. 앤밀트 박사는 사람들이 거짓말할 때 나타나는 대표적인 현상을 네 가지로 언급했다.
> 1. 과장된 웃음이나 얼굴의 근육 즉, 얼굴 표정이 부자연스럽게 움직인다.
> 2. 거짓말하는 순간 손이 얼굴이나 눈을 가리는 형상이 많다.
> 3. 거짓말하는 경우에 눈을 오래 동안 감는 행동이나 눈의 깜박임이 많다.
> 4. 손을 가만히 있지 못하고 말과 다른 행동을 한다.

생물학적으로 뇌는 거짓말을 할 때 일종의 두려움을 느끼는 상태가 된다. 따라서 아드레날린 등이 분비되게 되고 이로 말미암아 심장박동수가 빨라지고 혈압이 상승하며, 땀이 나는 등의 현상이 나타난다. 이 같은 현상은 복합적인 심리 상태와 결합하여 자신의 상태를 숨기기 위해 얼굴을 손으로 가린다던지, 시선을 분산시키기 위해 다리를 꼰다던지, 머리를 긁는다던지 하게 되는 것이다.

1번의 행동은 과장된 행동으로 자신의 말을 강하게 인식시키기 위해서 무의식중에 나타나는 행동이다. 2번과 3번의 행동은 거짓말을 하는 경우 빨리 거짓말하는 상황에서 벗어나고 싶어하는 심리가 눈을 감는 것이나 손으로 얼굴을 가리는 행동으로 나타나기 때문이다. 4번의 해석은 거짓말을 하려면 말을 만들어 내야 하기 때문에 그 상황에 맞지 않는 행동이 자연스럽게 나오는 것이다.

FBI에서 25년간 특별수사관으로 근무한 조 내버로 Joe Navarro가 쓴 《FBI 행동의 심리학》이라는 책을 보면 거짓말하는 사람들은 실제로 말과 행동이 다르게 나타나는 것을 관찰한 결과가 나와 있다.

> 어느 날 애리조나 주 파커 인디언보호구역에서 한 젊은 여성이 성폭행을 당하는 사건이 일어났다. 사건의 용의자가 조사를 위해 불려왔는데, 그는 매우 당당했고 진술 내용도 그럴듯했다. 그는 피해자를 본 적이 없고, 들에서 목화밭을 따라가다가 왼쪽으로 돌아서 곧장 집으로 들어갔다고 주장했다. 동료들이 그 진술을 기록하는 동안 계속 용의자를 관찰했는데 그가 왼쪽으로 돌아서 집으로 들어갔다고 말할 때 무의식적으로 손이 오른쪽을 가리키는 것을 보았다. 그가 무의식적으로 가리킨 방향은 정확히 성폭행 현장으로 가는 길이었다. 만약 그를 관찰하지 않았다면 언어_{왼쪽으로 돌아서}와 비언어_{손으로 가리킨 오른쪽} 사이의 불일치를 포착하지 못했을 것이다. 그 행동을 발견한 즉시 나는 그의 말이 거짓임을 알았고, 잠시 그를 기다렸다 집중적으로 추궁했다. 결국 그는 범행을 자백했다.

2. 2단계: 말투 읽기의 기술

> 말을 많이 한다는 것과
> 잘 한다는 것은 별개이다.
> – 소포클레스Sophocles

말투 하나로 기분이 달라진다

남편의 말투 때문에 미치겠다며 30대 주부가 고민 상담을 보내왔다. "남편은 보통 온화하고 다정한 사람입니다. 친절하고 예의바르고 단정하기까지 합니다. 그래서 외모는 평범한데도 밖에 나가면 다들 호감 상으로 봅니다. 저도 그런 남편이 너무 좋고요. 그런데 남편이 막상 가족이 되고 나니 모르던 모습이 보여요. 저랑 둘이 있을 때면 말투가 저승사자 같습니다. 마치 이미지 관리하던 사람이 이제 그럴 필요 없다는 듯 봉인해제된 것 같이……. 같은 말을 해도 꼭 기분 나쁜 말투로 말을 하네요. 처음에는 말투 때문에 여러 번 싸웠는데요. 남편은 본인 말투가 바뀌는 걸 자각하지 못하는 것 같아요." 많은 사람이 공감할 이 고민의 해답은 무엇일까?

실제로 '배우자의 말투'가 부부싸움을 일으키는 주된 원인으로 나타났다. 모 결혼정보회사가 전국 기혼 남녀 252명남성 113명, 여성 139명을 대상으로 '부부싸움의 말버릇'에 대해 설문 조사를 벌인 결과 부부 10명 중 9

명이 '부부싸움을 할 때, 배우자의 말투에 영향을 받는다'고 답했다. 남성 74.3퍼센트, 여성 73.4퍼센트는 '배우자의 말투가 부부싸움을 악화시킨다'고 답해 무심코 사용하는 부부 간 말버릇이 관계에 부정적으로 작용하고 있음을 시사했다.

'배우자의 말투로 다툰 경험'을 묻는 질문에는 한 달 기준 '1~3회 미만' 남성 69.0퍼센트, 여성 57.6퍼센트라는 답변이 가장 많았으며, 월 평균 2.2회 이상은 말투가 직접적인 원인이 돼 싸우는 것으로 나타났다. 특히 부부싸움 중 배우자가 싫어하는 말투를 일부러 사용한 경험이 있다고 77.8퍼센트가 응답해 상대방을 자극하는 말투를 악의적으로 사용하고 있었다.

'이성을 잃을 만큼 화나게 하는 배우자의 말투'로는 남성의 경우 '신경질적인 말투' 23.1퍼센트, '무반응' 14.2퍼센트, '무시하는 말투' 13.2퍼센트, '빈정거리는 말투' 11.8퍼센트 등의 순으로, 여성은 '단정적인 말투' 24.6퍼센트, '신경질적인 말투' 16.5퍼센트, '빈정거리는 말투' 12.7퍼센트, '명령조의 말투' 11.0퍼센트 등의 순으로 나타났다.

대화에서 대화의 내용만큼이나 중요한 것이 대화의 방식이며 그 중에 말투의 관리는 굉장히 중요한데 가장 좋은 말투의 구사 기술은 상대방의 말투를 닮으려 노력하는 것이다. 두 사람이 대화를 시작하면 보통 몇 초 안에 서로 말투가 닮아가기 시작한다. 사람은 누구나 대화 상대방과 공감하기 위해 상대의 억양, 콧소리, 말투 등을 무의식적으로 따라하게 되는데 이러한 경향을 '언어 구사 유사성 LSM : Language Style Matching'이라고 한다.

미국 캘리포니아대학교 로렌스 로젠바움 교수는 실험 참가자들에게 테니스, 양배추 등 80개의 단순한 어휘를 다른 사람이 소리 없이 입모양만으로 말하는 것을 관찰하게 했다. 그 후 다시 입모양만으로 한 단어를 말하는 모습을 보여준 뒤 주어진 두 가지 답안 중 맞는 어휘를 찾게 해 소리 내어 답하도록 했다. 그 결과 실험 참여자들은 자기의 평소 말투가 아닌 다른 사람이 입모양만으로 들려주던 방식으로 단어를 소리 내어 말했다.

로젠바움 교수는 "인간의 뇌는 선천적으로 상대방과 유대감을 얻기 위해 다른 사람의 말을 끊임없이 모방하도록 설계되어 있다"며 "생전 처음 본 사람, 외국인, 입술 모양만으로 말하는 모습만 봐도 그저 따라하게 되어 있다"고 말했다.

이렇게 사람들이 다른 사람과 이야기하면서 말하는 스타일이 닮아 있으면 그들의 관계가 아주 좋다는 것을 뜻하지만 스타일이 아주 다르면 그들의 관계에 무언가 문제가 있다는 것을 의미한다는 연구결과도 나왔다.

연구팀은 유명 인사들의 타인과의 관계 속 언어 스타일을 분석했는데 예를 들어 지그문트 프로이드와 칼 융이 7년 동안 주고받은 편지글을 분석했다. 두 사람이 서로 열렬하게 친분을 쌓을 때는 편지 속의 명사, 대명사 등의 단어들이 서로 찬양 투로 비슷했다. 반면 두 사람 사이가 점점 틀어지는 막바지에는 경멸을 나타내는 단어들이 곳곳에 나타날 뿐 제각각이었다.

이렇게 말하는 스타일이 닮아가는 것은 연인들 사이에서 더 잘 일어난다. 연구진은 엘리자베스 바렛과 로버트 브라우닝 커플의 시와 20세기 시인 커플인 실비아 플래스와 테드 휴지스의 시를 분석했다. 두 커플의 시는 그들의 관계가 원만할 때는 매우 비슷한 분위기와 단어를 사용했지만 그들의 관계가 파탄나면 동조화가 아주 떨어졌다.

연구진은 "말투의 동조화는 사업상 경쟁자 사이에서도, 연인 사이에서도 자동적으로 쉽게 일어나는 현상이기 때문에 대화를 잠깐 들어봐도 그들의 관계가 어느 정도인지 금세 알아챌 수 있다"고 설명했다.

말투는 사람을 죽이는 무기가 될 수 있다

김착한 대리는 오늘도 어김없이 높아진 혈압 탓에 목 뒷부분이 뻣뻣하다. 한 시간 전 정호통 부장에게 보고하러 갔다가 '깨지고' 돌아왔기 때문이다. 얼마 전에는 화를 참다가 눈의 실핏줄까지 터졌다. 정 부장이 과연 누구이기에? "알아서 해오라고 지시해 놓고, 나름대로 열심히 준비해가면 '이 정도밖에 안 되냐'고 소리쳐요. 뒤통수에 대고 '넌 그래서 안 돼'라며 확인 사살까지 날리죠. 대안도 제시하지 못하면서 아랫사람만 볶는 것이 정상인가요? 집에서 아내에게 하소연을 자주 하다 보니 다섯 살 된 딸까지 그 부장의 이름을 알아요. 얼마 전에는 동료들과 함께 우리 집에 모여 식사를 하다 부장 얘기가 나왔는데 다들 흥분해서 언성이 높아졌죠. 그랬더니 딸이 갑자기 눈물을 뚝뚝 흘리는 거예요. '아빠, 정 부장 무서워'라면서 말이에요. 우리 집에선 마마 호환보다 무서운 게 정 부장이니 그럴 수밖에 없겠죠." 정 부장은 자신만 모르는 별명 '공공의 적', '진상 정'을 가지고 있는데 누구나 피하고 싶어 하는 정신병적 대화법을 보여주는 전형적인 인물이다. 말투는 사람을 찌르는 무기가 될 수 있다.

실제로 정신병적인 살인 성향을 가지고 있는 사람들은 무의식중에 남들과 다른 말투를 사용한다는 연구결과가 나왔다. 미국 코넬대학교 제프 핸콕 박사와 캐나다 브리티시콜럼비아대학교 공동 연구팀은 최근 컴퓨터를 이용해 범죄자들의 말투를 분석했다.

이번 연구는 캐나다 교도소에 수감돼 있는 14명의 사이코패스 살인자들과 보통의 살인자 38명의 말투를 비교 분석하는 방식으로 진행됐다. 연구팀은 이들에게 살인 범죄 장면을 상세하게 설명해 달라고 요청한 뒤 이들의 묘사 내용을 컴퓨터를 통해 분석했다.

그 결과 사이코패스 살인자들은 '왜냐하면', '그러므로', '그래서' 등의 접속사를 더 많이 사용하는 것으로 조사됐다. 이런 접속사들은 모두 '살인은 반드시 일어나야 하는 숙명'임을 암시한다는 게 연구팀의 설명이다.

습관화된 말투도 위험하다. 1990년 1월 25일 오후 7시 30분 승객 73명을 태우고 케네디 공항으로 향하던 비행기 52편이 관제탑과의 교신 잘못으로 승객 전원이 추락하여 사망하는 어처구니없는 사고가 발생하였다. 사고 후 회수한 블랙박스 조사 결과 사고 원인은 조종사와 관제탑과의 의사결정 과정에 문제가 있었음이 드러났다. 즉 관제탑에서 공항의 교통상황이 복잡하여 두 번의 선회를 시켰고 이때 조종사가 "연료가 부족하다"고 말하였다. 처음 시도로부터 약 1시간 반 뒤인 2차 착륙 시도 때는 갑자기 시계가 나빠져 관제탑에서 다시 선회할 것을 명령한다.

이때도 분명 조종사는 또다시 "연료가 부족하다"고 했지만 명령에 따라 다시 선회하고 그로부터 10분 뒤 비행기는 오후 9시 34분 롱 아일랜드에 추락하여 전원 사망하였다.

그때만 해도 비행기 조종사들은 위급 시에도 승객의 침착함을 유지하기 위해 절대 다급한 목소리를 사용하지 말고 침착한 말투를 사용하라고 배웠기 때문이었다.

잔소리는 무의식적인 표현이다

김대식 씨는 얼마 전 그렇게 사랑하던 여자 친구와 헤어졌다. 속으로 결혼까지 생각하던 여자 친구와 이별을 결심한 것은 여자 친구의 끊임없는 잔소리 때문이었다. 처음에는 이것저것 챙겨주는 여자 친구가 너무 예뻤다. 그런데 갈수록 도가 지나쳐 개인적인 일이나 사소한 일까지 간섭을 하면서 잔소리를 해댔다. 대화할 때 자신의 생각과 같지 않으면 화를 내고 잔소리를 한번 하면 2시간 이상씩 했다. 피곤해서 나중에 얘기하자고 하면 사랑이 식었냐며 또 잔소리를 시작했다. 한 말 또 하고 며칠 전 얘기 또 하고, 몇 달 전 서운했던 것을 또 얘기하고 잔소리가 지겨워 어쩔 땐 듣다가 존 적도 있었다. 너무 예민하게 받아들이는 것 아닌가 생각했지만 앞으로 평생을 같이 살 사람인데 저렇게 잔소리가 많으면 결혼 생활이 얼마나 피곤하고 힘들어질까 싶어 헤어지기로 결심했던 것이다. 흔히 잔소리는 애정이 있는 상대에게만 주는 '약'이라고 생각하지만 지나치면 '독'이 될 수 있다.

배우자나 연인의 끊임없는 잔소리에 시달리는 사람은 협심증 위험이 최대 4배 높아진다는 연구결과가 나왔다. 모두들 잔소리에 시달리기 전에는 심장 관련 질환이 없었다.

덴마크 코펜하겐대학교Univ. of Copenhagen 연구진은 덴마크의 40대와 50대 남녀 4,500명을 대상으로 다른 사람과의 일상적인 관계가 건강에 미치는 영향을 조사했다. 이 조사는 2000년부터 6년간 진행됐다.

조사 결과 전체의 9퍼센트에게서 협심증이 발견됐다. 남녀의 협심증 발생률은 비슷했고 나이가 많은 50대 그룹에서 더 많이 나타났다. 더구나 배우자의 요구사항이 섞인 잔소리를 더 많이 지속적으로 들은 사람은 그렇지 않은 사람보다 협심증이 최대 4배 높게 나타났다.

잔소리에 관해 한 온라인 커뮤니티에 '엄마 말에 수긍하는 이유'가 공개돼 네티즌들의 공감을 사고 있다.

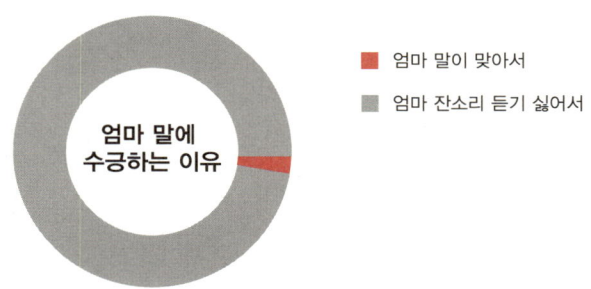

이 게시물을 보면 자녀들이 엄마 말에 수긍하는 이유로 '엄마 말이 맞아서'가 아니라 '엄마 잔소리 듣기 싫어서'인 것으로 나타나 웃음을 자아낸다.

사람들은 왜 잔소리를 할까? 서울대 의대 정신과 권준수 교수는 "사람은 흔히 충고라고 생각하면서 잔소리를 하지만 듣는 사람의 무의식을 건

드릴 수밖에 없다"면서 "잔소리로 인한 갈등은 말하는 사람과 듣는 사람의 무의식의 충돌인 셈"이라고 설명했다. 잔소리를 하는 사람은 잔소리를 통해 무의식의 불안감을 해소하고 자아감을 확인하는 반면, 잔소리를 듣는 사람은 무의식에 상처를 받아 자신에 대한 보호본능이 촉발된다. 그렇기 때문에 의식적으로 생각하면 당연하고 고마운 이야기인데도 무의식적으로 반발이 나오기 쉽다는 설명이다.

김혜남 정신분석연구소장은 잔소리를 일종의 나르시시즘으로 해석했다. '모든 사람은 내 생각에 맞춰야 한다'는 무의식의 표출이라는 것이다.

그렇다고 모든 사람이 잔소리를 하는 것은 아니다. 특정한 인격성향을 가진 사람은 잔소리를 많이 한다. 자기애적 인격성향을 가진 사람은 자신의 자존감을 채우기 위해 잔소리를 한다. 또 수동적이고 공격적인 인격성향을 가진 사람은 강한 사람에게 약하고 약한 사람에게 강한 성격을 보인다. 정신의학에서는 자전거를 타고 언덕을 오를 때 고개는 바짝 숙이고 발로는 페달을 힘껏 밟는 것에 비유해 '자전거를 타고 언덕을 오르는 유형 Up-Hill Bike'이라고 부른다. 이런 유형의 사람은 강한 사람에게는 침묵하면서 착한 사람에게는 상대방의 처지는 아랑곳하지 않고 온갖 잔소리를 늘어놓는다. 옛날 시어머니 스타일이다.

잔소리를 줄이려면 '내가 말을 하면 상대방이 긍정적으로 받아들일 것'이라는 환상을 깨야 하고 말하는 빈도를 줄이며 '내가 해주고 싶은 말을 상대방이 정말 좋아할 것인가?'라고 자신에게 물어본 뒤 이야기하도록 해야 한다.

또 다른 방법으로는 말로 전달하기보다는 글로 써서 잔소리를 하는 것이다. 글을 쓰게 되면 일단 생각을 쉽게 정리할 수 있고 말로 하는 잔소리보다 잔소리의 양을 훨씬 많이 줄일 수 있으며 감정을 절제할 수 있어 효과적이다.

자기 말만 하는 사람과 같은 말을 반복하는 사람의 심리

은행 직원인 김영혜 씨는 좀처럼 응하지 않던 소개팅을 했다. 뜻밖에 훤칠한 키에 깔끔한 옷차림까지 첫인상은 좋았다. 그러나 식사를 하고 차를 마시는 내내 이 남자는 김 씨의 이야기를 듣지 않고 자기 이야기만 늘어놓았다. 대학시절 동아리 활동 이야기, 회사 이야기 등 자기 이야기만 이어졌다. 자기 이야기만 신나게 하던 남자가 헤어지면서 오늘 너무 즐거웠다며 다음에 만날 날짜를 정하자는 게 아닌가? 그래서 자기 말만 늘어놓는 것 빼고는 그런대로 괜찮은 듯해서 다음번에 만나 술을 한 잔 하는데 술에 취했는지 계속해서 같은 말을 반복하는 것이 아닌가? 영혜 씨는 이 남자를 또 만나야 할지 좀 고민이다.

김 씨가 만난 소개팅남처럼 주변에 다른 사람 이야기는 잘 듣지 않고 자기 하고 싶은 말만 하는 사람이 있다. 도대체 왜 그러는 걸까?

먼저 그 남자가 자기 말만 하는 이유를 알아보자. 남자는 종종 내가 정말 좋아하는 여성과 이야기를 할 때 자기 말만 하면서 여성의 말을 듣지 않는 경우가 있다. 남성들은 소개팅은 나를 소개하는 자리이고, 그녀는 나를 선택해줄 면접관이라고 생각하기 때문이다. 남자는 면접관에게 호감을 주기 위해 정말 온 힘을 다해 자신을 어필해야 한다. 특히 면접관에게 무엇인가를 물어봐야 한다는 생각 자체를 해볼 수 없는 상황이기 때문에 호감이 가는 여성이 있으면 질문을 하기보다는 자신을 잘 보이는 말을 하는데 집중한다.

여성들에게 대화란 상대방을 알아가고 나를 보여주며 대화를 통해 스트레스를 푸는 그런 행동인 반면, 남자들에게 대화란 정보의 제공과 습득인 경우가 90퍼센트 이상을 차지한다. 이것을 위의 소개팅의 경우에 대입해보면, 남성은 여성이 질문을 한 것에 대해 '아, 이 사람이 나한테 이런 것을 알고 싶구나'라고 생각하고 최대한의 많은 정보를 그녀에게 준 것이다.

반대로 여성들은 다른 사람의 말을 듣지 않고 자기 할 말만 하는 사람의 경우, 자기애가 강한 나르시시즘이 있는 경우와 다른 사람의 평판을 두려워하는 경우로 크게 나눌 수 있다. 대체로 나르시시즘이 있는 사람은 남의 말을 귀 기울여 듣지는 못하지만 자기 말은 사람들이 잘 들어야 한다고 믿는다. 심지어 이런 사람들은 다른 사람이 자기 이야기를 재미있어한다고 믿고 있다.

또 자기애가 강한 사람은 자신이 약하게 비춰지는 것을 견디지 못한다. 건국대병원 신경정신과 하지현 교수는 "자기 이야기만 하는 사람들은 쾌활하고 외향적인 성격이 아니라 타인의 평가에 예민한 사람들"이라고 평가했다. 하 교수가 쓴 《개같은 성질, 한방에 보내기》에 따르면 자기 말만 앞세우는 사람은 상대방이 자칫 자기의 상처나 치부를 건드릴까 봐 두렵기 때문에 미리 선제공격하는 셈이라고 한다. 그는 이러한 사람들은 '독백 중독' 상태에 있다고 표현했다.

자기애가 강한 사람과 타인의 평가에 예민한 사람은 상처받을까봐 꺼리는 자기방어적인 심리가 공통점이다. 따라서 이들은 사람을 만났을 때 대화가 아닌 독백을 하는 경향이 있다.

두 번째로 한 말 또 하는 사람들의 심리는 무엇일까? 다음은 자기 친자식을 유기해서 사망하게 한 범죄자의 진술 내용 중 일부다.

"……세곡동에서 조금 오다가 승현이를 내려놓게 되었습니다. 무서운 곳에 잠시 내려놓으면 울음을 그칠까 싶어서 잠시 내려놓고 저는 그 자리를 피해 앞쪽으로 30분쯤 기다리다 내려놓은 장소로 가보니 아이가 없어졌습니다. 아이를 찾아보다가 새벽 시간쯤 내려놓은 장소에서 기다려 보다가 차를 몰고 분당 쪽으로 뱅뱅 돌면서 어떻게 해야 할지 몰라 답답하기만 했고……."

진술 내용을 분석해 보면 '내려놓은'이라는 단어를 계속해서 반복하고 있는 것을 발견할 수 있을 것이다. 마치 홈집이 생긴 레코드판이 같은 노래를 반복하는 것처럼 같은 내용(단어)을 반복해서 말하는 경우는 말하고 싶은데 말할 수 없는 사건이나 상황이 있었거나 거짓말하기가 쉽지 않은 경우에 발생한다고 한다. 일종의 강박현상인데 아마도 범인은 자신이 아이를 내려놓을(버릴) 수밖에 없었던 숨겨진 이유를 말하고 싶어 하거나 내려놓은 것에 대한 후회가 강하게 밀려왔기 때문에 반복하는 것일 가능성이 많다고 본다.

지나칠 만큼 자세한 표현은 속임수일 수 있다

• • • • • • • • •

김철수 씨는 자신의 원룸으로 갑작스레 찾아온 형사들에게 특수강간 용의자로 체포됐다. "왜 이러느냐"고 항변하는 철수 씨에게 "박미혜라는 여자 알지?"라는 대답이 돌아왔다. 박 씨는 김 씨가 보름쯤 전 온라인 채팅으로 만나 '조건만남'을 했던 여자였다. 김 씨는 경찰서에 끌려가서야 자신에게 씌워진 무시무시한 혐의를 알게 됐다. 자신이 신원불상의 남성 두 명과 함께 박 씨를 집단 성폭행했다는 것이다.

성폭행을 당했다고 주장한 박 여인은 경찰서에서 "김 씨를 오전 2시경 만났는데 그 이후의 일이 전혀 기억나지 않는다. 오전 4시 30분경 깨어나 보니 김 씨를 포함한 남자 세 명이 성폭행하고 있었다. 안경 쓴 남자와 다리에 문신한 남자가 나를 성폭행하는 동안 김 씨가 그 장면을 촬영했다. 이후 다시 의식을 잃었고 오전 8시 30분쯤 일어나 간신히 도망쳐 나왔다"고 진술했다.

진술을 뒷받침하는 증거도 나왔다. 박 여인의 몸에선 김 씨의 정액과 복수 남성의 타액, 수면제 성분의 향정신성의약품인 졸피뎀과 알프라졸람이 검출됐다. 진술과 증거가 나온 이상 김 씨가 구속되는 것은 당연한 결과였다. 그러나 수사 결과는 예상과 달랐다.

• • • • • • • • •

박 여인의 진술은 그럴듯했지만 빈틈이 있었다. 김 씨를 처음 만나 집에 가는 길은 기억나지 않는다면서 집단성폭행 장면만큼은 너무나 생생히 묘사하는 게 의아했기 때문이다. 결국 박 여인의 거짓말은 탄로나고 김 씨는 억울한 누명에서 벗어날 수 있게 되었다.

이렇듯 자기가 실수 또는 어떤 잘못이나 사건을 저지르게 된 얘기를 자세하고 장황하게 설명하거나 구체적으로 말하는 사람은 거짓말을 하는 경우가 많다는 조사결과가 나왔다.

영국 포츠머스대학교 Univ. of Portsmouth 샤론 리일 박사팀은 실업보험회사의 의뢰로 거짓 실업수당 청구인들이 거짓말을 할 때 어떤 모습을 보이는지 분석했다. 이들은 자기 상황을 설명해보라는 말을 하지도 않았는데 지나치게 자세히 얘기하는 것으로 나타났다. 오히려 진실을 말하는 사람은 할 말만 몇 마디하고 구체적인 설명을 붙이지 않았다.

이는 거짓말쟁이들이 실제 없는 일을 있었던 것처럼 꾸미려다 보니 미리 계획을 나름대로 철저히 세우는 경향이 있기 때문이다. 거짓말을 믿게끔 해야 하니까 미리 질문과 답변을 생각하게 되고 들키지 않기 위해 얘기가 길어진다는 것이다.

리일 박사는 "보험 사기꾼들은 안절부절 못하거나 시선을 회피하는 행동도 하지 않고 오히려 차분하게 얘기했다"며 "자연스럽게 보여야 한다는 압박감이 그들을 꽤 완벽한 연기자로 만드는 것"이라고 말했다. 조사팀은 연구를 토대로 보험 회사에서 참고할 실제 피해자와 사기꾼을 구분하는 지침을 만들 예정이다.

이처럼 자세히 이야기하는 것도 거짓말일 가능성이 높지만 자세히 기억하는 것도 거짓말일 가능성이 높다. 《괴짜 심리학》을 쓴 리처드 와이즈먼은 영국 BBC-TV의 간판스타로 영국에서 가장 신뢰하는 인물이라고 하는 로빈 경에게 좋아하는 영화가 무엇이냐는 질문을 하는 두 번의 인터뷰 장면을 보게 한 뒤 시청자들에게 어떤 말이 거짓말인지 알아맞히게 하는 실험을 한 적이 있다. 그중 하나의 인터뷰는 로빈 경이 영화를 전혀 본 적이 없다는 거짓말이었다.

1. 첫 번째 질문

질문 : 제일 좋아하는 영화는 뭐죠?

대답 : '바람과 함께 사라지다'입니다.

질문 : 그 영화를 언제 처음 봤죠?

대답 : 개봉하자마자요. 1939년이었던 것 같아요.

2. 두 번째 질문

질문 : 제일 좋아하는 영화는 뭐죠?

대답 : '뜨거운 것이 좋아'입니다.

질문 : 그 영화를 언제 처음 봤죠?

대답 : 영화가 개봉했을 때인 것 같은데 정확한 연도는 잊어버렸습니다.

이 중에서 로빈 경이 거짓말을 한 경우는 첫 번째 질문에 대한 대답이다. 우리는 보통 일주일 전 사건도 제대로 기억이 안 나는 경우가 많은데 특별한 사건도 아닌 영화 개봉일을 자세히 기억하거나 굉장히 오래된 연도를 제대로 기억하는 것은 거짓말을 하고 있다고 봐야 하기 때문이다.

보통 때는 조용하던 사람이 갑자기 활기를 띠며 말하기 시작하거나 혹은 활기차던 사람이 갑자기 조용히 말하거나 하는 것은 위험 신호다. 또한 빠른 속도로 부드럽게 말하던 사람이 갑자기 말을 신중하게 고르거나 혹은 딱 부러지게 말할 때도 속임수를 쓰려는 신호로 볼 수 있다.

단도직입적으로 민감한 질문을 던졌을 때 '예/아니오'로 대답하지 못하는 사람들도 거짓말을 하고 있을 가능성이 높다. "그거야 상황을 보시면 모르시겠어요?"라던가 "성격상 그런 일은 못합니다" 등 관련된 답변은 하지만 직접적인 답변을 피한다. 이는 거짓말에서 나오는 죄책감을 완화하고 유연하게 상황을 빠져나가고자 하는 시도일 가능성이 있다.

목소리는 제2의 관상이다

보험회사 콜센터에서 근무하는 김소연 씨는 요즘 스트레스가 이만저만이 아니다. 우선 고객들이 자신의 이야기를 듣지도 않고 전화를 끊어버리기 때문이다. 아무리 목소리를 친절하고 예쁘게 말해도 고객들은 자신의 말이 끝나기도 전에 전화를 끊거나 냉정하게 됐다고 하면서 대화 자체를 거부하는 것이었다. 소연 씨를 더 스트레스받게 만드는 것은 입사 동료인 희정 씨의 실적 때문이었다. 같은 내용으로 같은 상품을 판매하는데 친구 희정 씨는 항상 실적이 최고였고 매월 많은 인센티브를 받아가서 동료들에게 부러움을 샀다. 대부분의 상담 내용은 회사에서 정해준 스크립트Script대로 읽는데 어떤 기술이 있어서 성과가 좋은지 알 수가 없었다. 두 사람의 차이점은 무엇일까?

바로 목소리였다. 목소리는 제2의 관상이라고 하는데 목소리를 듣고 그 사람이 어떤 사람인지 쉽게 판단하는 경향이 있기 때문이다. 하버드대학교의 연구결과에 따르면 목소리는 사람의 인상, 이미지를 결정하는데 중요한 역할을 하는데 청중의 80퍼센트 이상은 말하는 사람의 목소리만 듣고도 신체적, 성격적 특성을 규정짓는다고 한다. 예를 들어, 목소리가 크고 우렁찬 사람은 적극적이고 외향적인 성격인 사람일 것이라 판단하고, 반대로 목소리가 작고 기어들어가는 사람은 내성적이고 소극적이면서 자신감 없는 사람으로 판단하게 한다. 또한 저음의 굵은 목소리는 신중하고 침착한 사람이라 판단하게 하고, 허스키하고 바람이 새는 듯 쇳소리를 내는 사람은 쾌활하고 명랑한 인상을 주며, 목소리 톤이 높고 말이 빠른 사람은 성격이 급할 것이라 생각하게 된다. 특히 말하는 사람의 목소리는 전달하려는 실제의 메시지보다 최대 2배까지 중요할 수 있다고도 한다.

그렇다면 자신의 목소리를 어떻게 바꿀 수 있을까? 다행히도 전문가들에 따르면 목소리는 선천적으로 생겨나는 것이 아니라, 발성습관이 오랜 기간 축적되어 형성되는 것이라고 한다. 더불어 이러한 발성습관은 표정과 자세, 그리고 말하는 방법과 상관관계가 있기 때문에 훈련을 통해 후천적으로 좋은 목소리를 만들 수 있다고 한다.

첫째로 표정을 바꾸면 목소리도 바꿀 수 있다. 얼굴이 굳어있는 사람은 목소리도 딱딱하다. 표정의 근육이 목소리의 근육에 영향을 미치기 때문이다. 말할 때 표정을 바꾸는 방법은 성우들처럼 말해 보는 것이다. 성우들은 더빙할 때 감정이입을 위해 캐릭터의 성격이나 상태 등을 고려해 표정을 만들며 말한다. 말할 때 자신의 감정을 얼굴에 먼저 나타내면서 말을 하면 목소리가 자신의 감정에 맞게 달라질 수 있다.

둘째로 자세를 바꾸면 자신 있는 목소리를 만들 수 있다. 누구나 간단히 할 수 있는데 뒤에 벽이 있는 상태에서 발뒤꿈치와 엉덩이, 어깨를 벽에 닿게 한 후 발뒤꿈치만 약 5센티미터 정도 앞으로 나온 자세를 만들어 보는 것이다. 처음에는 자세를 유지하기가 힘이 들지만, 이 자세에서의 발성은 목과 어깨의 긴장을 풀어주면 가장 좋은 목소리를 낼 수 있는 자세가 된다. 성악가들이 고음으로 올라갈수록 어깨를 펴고 턱을 내리고 목을 눌러주는 것도 좋은 목소리를 내기 위해서다.

셋째로 말하는 방법을 바꾸면 목소리를 바꿀 수 있다. 말할 때 평소보다 조금 높은 톤으로 말하고, 조금 더 크게 입을 벌려 말하고, 그리고 리듬감 있게 말하는 것이다. 톤이 높아질수록 더 명랑하고 쾌활하게 느껴지기 때문에 음계의 레나 미 정도의 톤을 유지하는 것이 좋고 입을 조금 더 크게 벌려 말하면 말이 또박또박해져서 자신의 메시지를 정확히 전달하는 데 도움이 된다. 또, 리듬감 있게 말하면 목소리가 지루하게 들리지 않고 자신의 감정을 제대로 전달할 수 있어 아주 좋다.

과거형으로 말하는 사람을 경계하라

수잔 리 본 스미스는 자녀들을 살해한 혐의로 현재 종신형을 선고받고 그린우드 근처 캐롤라이나 리스 교정시설에 수감 중인 미국 여성이다. 이 사건은 전 세계적인 주목을 받았는데, 이는 그녀가 어떤 흑인 남성이 그녀의 차를 훔치고 아이들을 유괴했다고 주장하며 국민들에게 도움을 호소했기 때문이다.

1994년 10월 25일, 수잔은 경찰에 차량탈취를 당했으며 그녀의 아이들이 차 안에 있는 채로 차를 몰고 도망갔다고 신고했다. 그녀는 TV를 통해 아이들의 구조와 귀환을 바라는 드라마틱한 호소를 하였다. 그러나 9일 후, 엄청난 반전의 결과가 발표되며 국민들은 경악을 금치 못했다. 공개 수사와 전국적인 수색 끝에 수잔은 자신이 존 디롱 호수에 차를 빠트려 그 안에 있던 아이들을 익사시켰다고 자백했다. 어떤 부유한 남자와 관계를 다시 시작하고 싶어서 방해가 되는 아이들을 살해했다는 것이다.

· · · · · · · · ·

수사관들은 처음부터 수잔의 이야기를 의심했다고 한다. 하지만 아이들이 아직 살아있을 것이라는 희망을 놓지 않고 주시하고 있던 것이었다. 전 국민을 속인 이 치밀한 범죄를 어떻게 알아봤을까?

수잔은 남편과 함께 아이들이 사라지고 이틀 후 거짓말 탐지기 테스트를 받았다. 결과는 불확실했지만 그녀가 아이들이 어디 있는지 모른다고 말할 때 거짓말을 하고 있는 것으로 나타났다고 한다. 특히 수잔은 자신의 범행 후 기자와의 인터뷰에서 '내 애들이 나를 원했어요. 필요로 했어요. 그리고 나는 이제 도울 수 없어요My children wanted me. They needed me. And now I can't help them.'라고 말했다.

만약 자신의 아이들이 진정으로 유괴를 당한 상태라면 '내 애들이 나를 원해요. 필요로 해요My children want me. They need me.'라고 함으로써 아이들을 찾고 있는 엄마의 절박한 현재 심정을 표출했을 것이다. 그런데 그런 대목에서 과거 시제를 사용함으로써 이미 애들이 자신을 원하거나 필요로 하지 않는다는 것을 인식하고 있음이 드러나 버린 것이다. 이 시제 표현 하나로 수잔은 유력한 용의자로 지목되고 나중에 모든 범행을 자백하기에 이르게 되었던 것이다.

미국 코넬대학교 제프 핸콕 박사와 캐나다 브리티시컬럼비아대학교 공동 연구팀은 최근 컴퓨터를 이용해 범죄자들의 말투를 분석했다. 그들의 연구는 캐나다 교도소에 수감돼 있는 14명의 사이코패스 살인자들과 정상적 정신을 가지고 있는 살인자 38명의 말투를 비교 분석하는 방식으로 진행됐다.

연구팀은 이들에게 살인 범죄 장면을 상세하게 설명해 달라고 요청한 뒤 이들의 묘사 내용을 컴퓨터를 통해 분석했다. 그 결과 사이코패스 살인자들은 범죄를 설명할 때 대부분 과거 시제를 사용했다. 마치 살인이 자신과는 한 발 동떨어진 독립적인 사건처럼 묘사한 것이다.

강한 표현은 강하게 의심하라

미애 씨는 신랑이 회사 동료들과 회식하다가 늦는다는 전화를 받았다. 그런데 자정이 훨씬 넘어서야 귀가한 남편에게서 여자들이 사용하는 향수 냄새가 희미하게 남아있는 것 같아서 혹시나 하는 마음으로 어디서 술을 마셨냐고 물어봤다. 그랬더니 신랑은 일식집에서 우아하게 회식을 했을 뿐이라고 갑자기 화를 내며 '나를 못 믿는 거냐?', '하늘에 맹세하는데 그냥 술만 마시다 왔다', '룸살롱 갔으면 내 손에 장을 지져라'는 강한 표현들을 내쏟기 시작했다. 스스로 당당하지 못하기 때문에 언성이 높아진 것이다.

･･･････

거짓말쟁이들은 자신들의 말이 설득력 있고 진심에서 우러나온 것처럼 들리기를 바란다. 그래서 대개 신뢰성을 높이기 위해 늘 문장 앞에 강조 문구를 덧붙이는 경향이 있다.

메이저리그의 타자 알렉스 로드리게스가 텍사스 레인저스에서 활약하고 있을 때 운동선수로서 복용하면 안 되는 스테로이드제 사용에 대해 스포츠 전문채널 ESPN과 인터뷰를 했는데 그는 기자 피터 개몬스에게 이렇게 말했다.

"**솔직하게 말해서** 제가 정확히 어떤 물질을 복용해서 혐의를 받고 있는지 모르겠습니다."

"**정말 솔직하게 말하는 건데** 며칠 전에 전문가 한 분이 체육관에 와서 '도핑 테스트를 통과하지 못했습니다'라고 말해줘서 제가 약물 양성반응을 보였다는 것을 알았습니다."

이러한 표현들을 한정적인 표현이라고 한다. 한정적인 표현이란 영어 문법의 한정적 용법처럼 자신의 무죄를 강조하기 위해서 뒤의 문장을 앞에서 강하게 수식하는 표현을 말한다.

또 다른 예를 들어서 르윈스키 스캔들 사건으로 클린턴 전 미국 대통령이 조사를 받을 때 "백악관에서 자정과 오전 6시 사이에 르윈스키를 만난 적 있습니까?"라고 물어 봤을 때 클린턴은 "**단언컨대** 그런 기억이 없습니다"라고 말한 것이나 "**절대로 믿지 못하시겠지만** 투자 수익률이 220퍼센트나 됩니다", "**사실대로 말할게**, 친구들이랑 당구를 쳤어. 정말이야"같은 표현들도 거짓말로 의심되는 한정적 표현들이다.

과도한 세금 체납으로 물의를 빚은 S그룹_{지금은 없어졌다}이 있었다. 단속반이 S그룹 최 모 전 회장의 집을 급습하자 최 모 전 회장이 "**내가 금덩어리 땅에 묻어 놓고 안 갚는 게 아니고 없어서 못 갚는 겁니다. 있으면 다 가져가세요**"라고 말했던 것도 마찬가지다.

그의 부인이 "이 돈은 하나님께 헌금으로 낼 돈이에요. **가져가시면 벌 받으실 겁니다**"라고 한 말도 거짓말로 의심되는 표현인데 이러한 표현을 종교적 어법이라고 한다.

종교적 어법이란 진실의 공개적 증거로 이용하기 위해서 숭고한 종교를 끌어들이는 표현법이다. 미국 작가 민나 앤트림_{Min-na Antrim}은 "위인과 위선자의 차이는 종교를 위해 거짓말을 하느냐 아니면 종교를 이용해 거짓말을 하느냐다"라고 말했다. "하느님께 맹세하건대 나는 절대로 그러지 않았어요"라고 하는 식으로 문장 앞에 종교식 표현을 덧붙이면 거짓말로 의심해 볼 필요가 있다.

주제와는 상관없는 내용으로 강하게 항의하는 표현도 거짓말로 의심할 수 있다. 최 모 전 회장이 세금 징수원들과 동행한 기자들에게 촬영을 하지 말라며 요구하다 갑자기 인터뷰를 자청하고는 "**이 나라가 제대로 된 나라 같으면 왜 내가 억울한 건 외면하고 있는 겁니까?**"라고 항의하는 것도 본질과는 상관없는 표현이기 때문이다.

3. 3단계: 제스처 읽기의 기술

입과 혀라는 것은 화와 근심의 문이요,
몸을 죽이는 도끼와 같다.
– 명심보감

제스처는 감정을 읽는 신호다

태혁 씨는 여자 친구가 직장생활이 힘들다며 가끔 울 때가 있는데, 그럴 때마다 어떻게 위로해줘야 할지 당황스러웠다. 여자친구의 우는 모습이 다 다르기 때문이었다. 어쩔 때는 슬픈 표정만 보여 줄 때도 있고, 때로는 소리 없이 눈물만 그냥 하염없이 흘릴 때도 있다. 가끔은 손으로 얼굴을 가리고 울 때도 있는데 항상 달래보기는 하지만 언제가 더 슬픈 마음인지를 알 수가 없다는 것이었다. 태혁 씨는 여자의 표정은 파악하기 힘들다며 머리를 절레절레 흔들었다.

눈물이 흐를 때와 흐르지 않을 때 전달되는 슬픔의 감정은 엄청난 차이가 있다는 실험 결과가 나왔다. 미국 메릴랜드대학교 Univ. of Maryland 신경과학자 로버트 프로바인 박사 팀은 18~49세 남녀 80명에게 여러 사진들을 5초 동안 보여주면서 사진 속 인물이 현재 어떤 감정 상태인지 말해 보게 했다. 사진들은 성인 남자와 여자, 또는 어린이가 우는 사진이었지만 사진 중 일부는 흐르는 눈물을 디지털 작업으로 지운 것들이었다. 실제로는 우는 모습이지만 이처럼 눈물 자국을 지운 사진들에 대해 실험 참가자들은 '두려워한다', '당황한 상태', '걱정에 싸여 있다' 등으로는 평가했지만 '슬퍼한다'고 평가한 경우는 드물었다.

이런 결과에 대해 프로바인 박사는 "만약 우리에게 눈물이 없다면 슬프다는 감정을 얼굴로 표현하기가 매우 힘들다는 사실을 알 수 있다"며 "눈물은 감정을 지극히 효과적으로 전달하기 위해 개발된 진화의 산물"이라고 밝혔다.

이처럼 자신의 마음을 정확히 전달하는 것은 무척 힘든 일이지만 제스처를 활용하면 자신의 감정을 더 쉽게 전달할 수 있을뿐더러 상대방의 몸짓을 보면 상대방의 감정의 정도도 쉽게 파악할 수 있다.

뭉크가 1983년에 그린 절규는 소리 지르면서 절규하는 뭉크 자신의 내면적인 고통을 그린 것으로 그의 작품 중 가장 유명하다. 뭉크의 '절규'를 한번 본 사람은 결코 그 강렬한 인상을 쉽사리 잊지 못할 것이다. 그런데 만약에 뭉크가 그림을 그릴 때 손으로 얼굴을 감싸지 않고 입으로만 절규하는 모습을 그렸더라면 과연 그렇게 강렬하게 그의 내면에 웅크리고 있는 소리 없는 공포를 표현할 수 있었을까?

우리는 배가 많이 아플 때 고통의 신음만 내는 것이 아니라 배를 잡고 고통스러워한다. 그렇기 때문에 타인의 감정을 파악하려면 얼굴 표정보다는 몸짓에 주목해야 한다는 연구결과가 나왔다. 예컨대 방금 카지노에서 잭팟을 터뜨린 사람과 주식시장에서 모든 것을 날려버린 사람이 있다.

두 사람의 얼굴 표정만 보고서 누가 어느 쪽에 해당하는지 가려낼 수 있을까. 정답은 '불가능하다'는 것이다. 오로지 몸짓, 즉 제스처를 봐야 구별이 가능하다.

실제로 격렬한 희로애락의 경우 얼굴만 봐서는 모른다고 한다. 그럴 땐 몸짓이 감정을 읽는 신호가 된다. 영국 윔블던 테니스 결승전에서 승패가 결정되는 순간이었다. 마침 TV 채널을 돌린 시청자 눈에 두 선수의 얼굴 표정이 눈에 들어왔다. 둘 다 기쁨인지 안타까움인지 도통 알 수 없이 얼굴이 일그러진 채 고함을 지르고 있다. 과연 누가 이긴 것일까.

이스라엘 히브루대학교와 미국 프린스턴·뉴욕대학교 연구진은 "극한적인 감정이 표출될 때는 표정만으로는 희로애락 喜怒哀樂을 구분할 수 없다"고 밝혔다. 연구진은 〈사이언스〉 최신호에서 일련의 실험을 통해 "그런 순간에는 몸동작이 감정을 읽어내는 정확한 신호 역할을 한다"는 결론을 내렸다.

연구진은 먼저 US오픈 등 프로테니스 대회에서 결정적인 득점이나 실점을 한순간 선수들의 표정을 담은 그림들을 세 그룹의 실험 참가자들에게 보여줬다. 한 그룹에겐 선수들의 표정이 담긴 얼굴만 오려낸 그림을, 다른 그룹에겐 얼굴을 지우고 몸동작만 보여줬다. 나머지 그룹에는 원래 그림을 가감없이 보여줬다. 실험 참가자들은 그림 속 상황이 얼마나 긍정적인지 1에서 9까지 점수를 매겼다.

예상대로 그림 원본을 그대로 본 그룹은 승자와 패자를 정확히 맞혔다. 얼굴이 지워진 그림을 본 그룹도 승자와 패자를 잘 구분했다. 반면 얼굴만 딴 그림을 본 사람들은 대부분 그림을 부정적인 상황으로 인식했다. 몸짓이 감정을 읽는 핵심 요소였던 것이다.

두 번째 실험에서는 승자의 얼굴을 패자의 몸에 붙이거나 패자의 얼굴을 승자의 몸에 붙인 합성 이미지를 각각 제시했다. 놀랍게도 패자의 몸 그림에 승자의 얼굴을 붙인 그림을 본 사람들은 부정적인 표정으로, 승자의 몸 그림에 패자의 얼굴을 붙인 그림에는 기쁜 표정으로 판단했다. 마지막으로 좀 더 일상에 가깝게 슬픔·쾌감·승리·패배·고통의 감정을 격하게 표현한 다양한 얼굴 그림을 준비했다. 장례식에 참석한 남성, 오르가슴을 느끼는 여성, 득점한 순간의 여성 테니스 선수, 실점한 순간의 남성 테니스 선수, 피어싱을 하는 순간 남성의 얼굴 등이었다. 이번에도 얼굴을 따서 상반되는 감정을 나타내는 몸동작과 합성했다. 실험 참가자들은 이번에도 표정이 아니라 몸동작에 따라 그림 속 인물의 감정 상태를 판단했다.

실점 직후의 남자 선수1번와 득점 직후의 여자 선수2번, 이들 그림에서 얼굴만 오려 득점한 남자 선수의 몸에 합성한 그림3번과 실점한 여자 선수의 몸에 합성한 그림4번이 있다. 3번 그림을 본 사람들은 '득점 순간'이라고 답

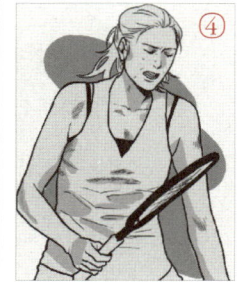

했고 4번 그림을 본 사람들은 '실점 순간'이라고 답했다. 표정이 아니라 몸동작이 판단을 좌우한 것이다.

이 실험은 희로애락이 극한적으로 표출되는 순간 인간의 표정은 이런 언어로서의 기능을 상실한다는 것을 보여준다. 연구진은 얼굴을 스피커에 비유해 설명했다. 적당한 음량을 낼 때 스피커에서 나오는 메시지는 또렷이 구분되지만, 음량이 매우 커지면 무슨 소리인지 알 수 없다. 마찬가지로 격렬한 감정을 표출하는 순간에는 표정으로는 어떤 상태인지 판단하기 어렵다는 말이다. 그렇기 때문에 표정뿐 아니라 상대방의 몸짓에 더 주의를 기울여야 한다.

제스처 덕분에 알게 된 짝퉁 핸드백

오랜만에 여고 동창회에 나가려고 준비하는 명희 씨는 속이 상했다. 입고 나갈 옷도 없고 남들 다 있다는 명품 핸드백 하나 없기 때문이었다. 여고 시절엔 예쁘다고 친구들이 모두 부러워했는데, 시집와서 가세가 기울면서 한동안 친구들 만나기도 꺼려졌었다. 그러다 친구들의 성화에 어쩔 수 없이 동창회에 나갔는데 하필 여고 시절 자신의 라이벌이었던 승혜를 만나게 되었다. 좋은 옷에 최고급 명품 백을 들고 도도하게 앉아 있는 승혜 주변에 친구들이 몰려들어 이게 그 유명한 백이냐며 만져보느라 난리가 났다. 명희 씨는 '이런 속물들' 하면서 혀를 찼지만 부러움을 감출 수는 없었다. 그런데 자신의 부를 자랑하던 승혜가 친구들에게 적은 돈으로 기가 막힌 투자수익을 올릴 수 있는 사업이 있다며 투자를 권유하는 것 아닌가? 너도 나도 끼워 달라며 승혜에게 매달렸고 명희 씨도 솔깃했지만 적지 않은 금액이라 남편에게 상의해 보겠다고 했다. 그랬더니 승혜는 네가 그러니까 가난하게 사는 것이라며 친구들 앞에서 면박을 주며 비웃었다. 자존심이 상했지만 명희 씨는 집에 돌아오는 길에 투자를 안 하기 정말 잘했다는 생각이 들며 기분이 풀렸다. 승혜의 핸드백이 짝퉁이라는 것을 눈치챘기 때문이었다.

・・・・・・・

감쪽같을 거라고 착각한 승혜의 짝퉁 핸드백은 제스처로 쉽게 탄로났다. 동창회를 마치고 돌아가는 길에 갑자기 비가 내렸다. 명희 씨는 비록 가격이 그리 비싸지는 않아도 진품인 자신의 핸드백을 비에 젖을까봐 품 안에 안고 가는데 최고급 명품백이라고 자랑하던 승혜는 자신의 핸드백을 머리에 쓰고 가는 것이 아닌가? 짝퉁이기 때문에 가능한 행동이었고 진품처럼 자랑하면서 친구들에게 사기를 치려고 했던 것이다.

실제로 짝퉁 명품을 지닌 사람은 스스로 부정직해지며 남을 불신하는 경향이 생긴다는 연구결과가 나왔다. 지난 8일 과학잡지 〈사이언티픽 아메리칸〉에 실린 내용이다. 하버드대 경영대학원 교수팀 프란체스카 지노, 마이크 노턴 은 같은 대학원 여학생들을 대상으로 '명품과 짝퉁' 실험을 했다. 명품은 20개의 '끌로에 Chloé' 선글라스, 개당 가격은 40만원 안팎이었다. 연구팀은 '진품', '짝퉁', '진품 여부 설명 없음'의 세 가지 상황을 조성하고 모두에게 진품을 나눠줬다. 참가자들은 이를 쓰고 복도에 나가 벽에 붙은 포스터와 창밖 풍경을 보면서 착용감과 품질을 느껴 보라는 지시를 받았다. 이어 산수 문제 20개를 5분간 푸는 과제가 제시됐다. 정답을 맞힌 수에 따라 돈이 지급되는 과제였다. 여기서 연구팀은 참가자들이 속임수를 쓸 수 있는 여건을 조성했다. 각자 답안지를 분쇄기에 넣은 뒤 정답 개수를 스스로 보고하게 한 것이다. 분쇄기는 작동하지 않았다.

그 결과 진품 그룹에서 실제보다 많이 풀었다고 보고한 학생은 30퍼센트로 나타났다. 이에 비해 짝퉁 그룹에선 거짓 보고 비율이 74퍼센트에 이르렀다. '설명 없음' 그룹에서는 42퍼센트였다. 이는 진품 그룹에 가까운 수치다. 그 의미는 진품의 정직성 효과가 미미하다는 것이다. 반면 짝퉁을 사용하면 자아의 윤리적 제약이 느슨해져 부정직의 길로 들어서기 쉽다는 의미다.

연구팀은 짝퉁이 타인의 정직성을 의심하게 만드는지도 알아봤다. 참가자들에게 진품이나 짝퉁 실제로는 진품 선글라스를 착용한 뒤 설문에 응답하게 했다. 설문은 "내가 아는 사람이 새치기 같은 행동을 할 가능성을 평가하라", "사람들이 '미안해, 차가 너무 밀려서'라는 변명을 할 때 이것이 거짓말일 가능성을 평가하라" 등이었다. 그 결과는 예상과 같다. 짝퉁 착용자는 지인이 윤리적으로 의문스러운 행동을 할 가능성이나 사람들이 흔히 하는 변명이 거짓말일 가능성을 진품 착용자보다 더 높게 평가했다.

잡지가 보도한 교훈은 간단하다. "주변에 짝퉁 명품을 지닌 사람이 있으면 그의 정직성을 믿지 말라. 그 또한 나를 신뢰하지 않고 있을 것이다." 짝퉁은 우리의 행태, 우리가 스스로에 대해 갖는 이미지, 타인을 보는 방식을 변화시킨다. 심지어 한 번 착용하는 것만으로도 이같은 영향을 미치는 것으로 확인됐다.

제스처를 읽으면 인생이 달라진다

● ● ● ● ● ● ●

길섭 씨는 고3 아들 때문에 걱정이 이만저만이 아니었다. 공부를 제법 잘해 은근히 명문대 진학을 기대하고 있는데 아이가 유독 영어 점수가 낮게 나오기 때문이었다. 독해나 어휘 문제는 그런대로 점수가 나오는데 듣기 문제에서 항상 점수가 너무 낮게 나와 전체 점수와 등급을 깎아 먹고 마는 것이었다. 듣기 전문 과외를 시켜 봐도 점수가 좀처럼 좋아지지 않았다. 길섭 씨는 속으로 영어를 못하는 자신을 닮아 아이도 점수가 안 나오는 것이라고 자신의 유전자를 탓하기까지 했다. 그렇게 속을 태우다 수능을 봤는데 놀랍게도 그렇게 걱정했던 영어 과목을 만점을 맞아서 아이는 명문대학에 진학했다. 어느 날 길섭 씨는 아이에게 조용히 어떻게 갑자기 영어를 만점을 맞게 되었는지 물어봤다. 아이는 영어 듣기 시험을 볼 때 다른 아이들이 열심히 듣고 있다가 정답이 나오면 갑자기 고개를 숙여서 답을 쓰는 것을 눈치채고 답을 따라서 썼던 것이라고 대답했다.

● ● ● ● ● ● ●

우리는 대화 시에도 상대방이 나를 좋아하는지 싫어하는지 그 기분을 쉽게 눈치챌 수 있는데 최근 발표된 한 연구가 이처럼 묘한 기분이 드는 이유를 설명한다.

숨은그림찾기를 할 때 숨겨진 그림을 아직 발견하지 못했음에도 불구하고 특정한 부분에 자꾸 시선이 간다거나 뭔가를 발견한 것 같은 기분이 들 때가 있을 것이다. 그 이유는 눈으로 발견하지 못한 정보를 뇌는 이미 눈치채고 인식하고 있기 때문이라는 것이다.

미국 애리조나대학교 연구팀에 따르면 직접적으로 보이지 않는다고 해서 뇌조차 이를 발견하지 못한 것은 아니다. 뇌는 이미 시각정보를 처리하며 의미를 부여하는 단계에 이르렀을 수도 있다. 이 대학에서 인지과학 프로그램을 책임지고 있는 메리 피터슨 연구원은 "많은 이론들이 우리 뇌는 눈으로 감지되는 물체에 한해 정보처리를 하는 것으로 분석한다"며 "뇌의 처리과정은 많은 에너지가 소모되는 작업이기 때문"이라고 말했다.

이어 "하지만 뇌는 사실상 앞으로 감지할 예정에 있는 정보도 미리 처리한다"며 "모든 정보들을 모아 가장 적절한 해석이 무엇인지 결정한다"고 말했다. 연구팀은 뇌파 N400이 최고조에 이르는 시점이 바로 뇌가 정보를 처리하고 의미를 부여하는 시점이라고 밝혔다.

연구원들은 실험참가자들에게 검은색 숫자가 적힌 그림들을 보여줬다. 하지만 사실상 이 그림들에는 숫자 외에 또 다른 물체의 실루엣이 담겨있다는 비밀이 숨겨져 있다. 숫자의 바탕이 되는 흰 공간이 특정 물체의 모양을 이루고 있는 것이다.

하지만 참가자들은 숫자가 담긴 그림이라는 고정관념 때문에 숨겨진 물체의 모양을 발견하지 못한다. 하지만 눈으로 물체를 감지하지 못하는 순간에도 사실 뇌는 그 모양을 인지하고 있다는 사실이 연구팀에 의해 포착됐다. 참가자들이 특정 물체의 모양을 발견하기도 전에 뇌파 N400이 정점에 이르는 현상이 발견된 것이다. 즉 눈으로는 아직 발견하지 못한 시각적 정보지만 뇌는 이를 눈치채고 해석하는 작업을 하고 있다는 것이다.

불안과 공포를 숨기는 제스처

노처녀인 민병숙 씨는 기분이 좋았다. 오랜만에 선을 보게 됐는데 꿈꿔왔던 이상형에 변호사라는 직업까지 마음에 쏙 들었다. 그 남자도 그녀가 마음에 들었는지 첫 만남부터 호감을 표시하더니 적극적으로 그녀에게 대시했다. 그렇게 뜨겁게 만난 지 석 달이 지난 어느 날 그는 변호를 맡은 소송 사건이 문제가 생겨서 급하게 돈이 필요하다며 병숙 씨에게 5,000만 원을 빌려 달라고 했다. 평소 사무실 직원들과 인사시키기도 하며 믿음을 줘 왔기 때문에 의심 없이 돈을 빌려줬다.

병숙 씨가 그날 집에 돌아와 TV를 보는데 마침 〈공공의 적〉이라는 영화가 나왔다. 무심코 영화를 보는데 갑자기 머리가 띵한 느낌을 받았다. 강철중설경구 형사가 용의자의 행동을 보고 "울면서 다리 떠는 거 봤냐? 저 새끼 슬퍼서 운 게 아냐. 금전관계 조사 한 번 해봐!"라고 한 장면 때문이었다. 병숙 씨의 애인이 항상 만날 때마다 다리를 심하게 떨고 있었던 것을 기억해냈기 때문이었다. 처음 만났을 때는 긴장돼서 그러나 했는데 생각해 보니 만날 때마다 다리를 심하게 떨고 있어서 약간 이상하게 생각되기도 했었다.

혹시나 해서 다음 날 일찍 애인이 다닌다는 서초동 로펌에 전화를 해보니 마침 그런 이름의 변호사가 있어서 전화를 바꿔주는 것이 아닌가? 다행이다 싶어 놀란 가슴을 쓸어내리고 반갑게 전화 통화를 하려고 했더니 수화기에 전혀 다른 목소리가 흘러나왔다. 이름은 맞지만 전혀 모르는 다른 사람이었다. 병숙 씨 애인은 변호사의 이름을 사칭한 사기 전과자였던 것이다.

다리를 떠는 이유는 정서적 측면에서 볼 때 불안하고 긴장된 상태이기 때문이다. 행동심리학자들에 따르면 다리를 잘 떠는 사람은 그렇지 않은 사람보다 정서적으로 불안한 경우가 많다고 한다. 주로 긴장감이나 불안감이 고조된 상태에서 다리 떨림이 일어날 가능성이 높다고 하는데 초조하거나 불안하면 몸이 그 상태를 벗어나고 싶어서 다리나 손가락에 있는 작은 근육이 움직이게 되는데 그 움직임이 중추신경을 통해 뇌신경에 도달해 긴장감을 완화시키는 것이다.

양쪽 발목을 포개는 것도 마음속으로 부정적 감정이나 불확실성, 공포 등을 억제하고 있는 상태일 수 있다. 변호사들을 상대로 조사한 결과, 법정 밖에서 차례를 기다리는 동안 원고보다 피고가 단단히 팔을 포개고 발을 의자 아래로 밀어 넣는 경우가 많았다. 이러한 행동은 불안한 감정을 통제하려고 노력하는 것이라고 한다.

치과환자 319명을 대상으로 한 연구에서도 88퍼센트가 치료를 받기 위해 의자에 앉자마자 양쪽 팔목을 포갰다. 단순 진찰만 받는 환자들의 69퍼센트가 발목을 포갠 것에 비해, 치과 의사가 주사를 놓으려 할 때는 무려 98퍼센트가 발목을 포개는 자세를 취했다.

경찰이나 세관원, 세무직원 같은 법 집행관이나 공무원들을 대상으로 한 연구에서 취조를 받는 사람들 대부분이 발목을 교차했다. 이것은 실제로 죄를 지었다기보다는 막연한 두려움 때문이라고 한다.

팔짱끼는 것에 대한 오해

● ● ● ● ● ● ●

김민식 씨는 여자 친구가 갑자기 화를 낼 때마다 도대체 왜 화를 내는 건지 알 수 없다. 여자 친구는 "어떻게 내가 왜 화났는지도 모를 수 있어?"라고 묻지만 김 씨는 무엇 때문에 화가 났는지 이해할 수 없을 뿐더러 정말 화가 나 있는 건지도 잘 모르겠다.

● ● ● ● ● ● ●

남자들은 자기가 하고 싶은 말을 직설적으로 하는데 반해 여자들은 복잡하게 빙 돌려서 말하는 경향이 있다. 그런데 의외로 여자들의 몸짓이나 태도는 솔직해서 조금만 주의 깊게 보면 마음을 쉽게 파악할 수 있다.

여자가 상대방에게서 몸을 가능한 한 멀리 하며 팔짱을 낄 때가 있다. 그것은 몸과 마음이 모두 상대에게 닫혀 있음을 뜻한다. 즉 상대방에게 관심이 없거나 상대방을 거부할 때이다. 여자는 관심이 없을 때처럼 화날 때도 자기 팔짱을 낀다.

그렇다면 팔짱을 끼는 이유는 무엇 때문일까? 팔짱을 끼면 마치 자기 자신을 껴안는 것처럼 편안한 느낌을 준다. 왜냐하면 팔짱을 끼는 것은 몸에서 가장 소중한 심장을 지키기 위한 자세라고도 할 수 있다. 즉 지금의 상태가 편안하지 않기 때문에 무의식적으로 자기 자신을 지키려고 하는 것이다. 그렇기 때문에 지하철에서 자리를 잡은 사람은 숙면을 취하기 위해 고개를 푹 숙이고 팔짱을 낀다. 미국 비언어 의사소통 전문가 토니야 레이맨Toniya Reiman은 '팔짱을 끼는 것은 외부로부터 자신을 보호함으로써 편안함을 느끼게 만든다'라고 주장했다.

하지만 여자들은 양팔로 팔짱을 끼는 자세를 취하면 자신의 속마음을 들키는 것 같아서 살짝 변형시킨 몸짓을 사용한다. 한 팔로 몸을 감싸듯 반대쪽 팔을 만지거나 붙잡으면서 마치 스스로를 껴안는 듯한 '부분적인 팔짱'을 끼는 것이다. 한 팔로 방어막을 만드는 몸짓은 낯선 집단에 처음 들어갔을 때나 자신감이 부족할 때 자주 나타난다. 그러나 긴장된 상황에서 한 팔로 자신을 껴안고 있는 여성들에게 왜 이런 자세를 취하는지 그 이유를 물어보면 대부분 편안하기 때문이라고 주장한다.

팔짱을 끼는 대신에 다른 물건을 끌어안는 것도 팔짱보다 더 강력한 자신만의 보호막을 만들기 위해서다. 1992년 FBI 요원들은 보스턴의 한 호텔에서 어느 청년과 그의 아버지를 조사했다. 그때 청년은 조사를 받는 세 시간 내내 소파 쿠션을 끌어안고 있었다. 아버지가 곁에 있었는데도 또 다른 보호막으로 자신을 보호하려 한 것이다.

그런데 그 청년은 자신이 참여한 스포츠 활동처럼 대화의 주제가 중립적일 때 쿠션을 옆에 내려놓았다. 그러다 강력범죄에 대한 그의 공모 가능성이 언급되자 다시 쿠션을 단단히 끌어안았다. 분명 그 질문에서 위협을 느끼고 있었기 때문에 자신을 보호해줄 무엇인가가 필요했기 때문이었다.

팔짱을 끼는 행동은 상대방에게는 폐쇄적이고 방어적으로 보일 수 있고 상대방에 대한 평가도 나빠질 수 있다. 한 강사가 비슷한 지적 수준의 수강생들에게 강의를 했다. 한 집단은 바른 자세로 앉아 상체를 앞으로 살짝 기울이게 했고 다른 집단은 의자를 뒤로 빼고 팔짱을 끼고 듣게 했다. 똑같은 강의를 했음에도 불구하고 강의 내용을 기억하는 비율은 팔짱을 낀 반이 현저하게 떨어졌다.

그러나 자신의 팔짱을 끼는 행동은 깊은 생각에 잠길 때 많이 나타나는 행동이기도 하다. 미드 열풍을 몰고 온 수사 드라마 〈마이애미 바이스 Miami Vice〉 등 범죄 수사극에서 강력 범죄를 저지른 용의자의 잡기 위한 회의 때 일선 수사 요원들로 턱을 괴고 팔짱을 끼는 행동을 보여준다. 조지 클루니, 브래드 피트 주연의 〈오션스 11〉에서 대니 오션 조지클루니은 뉴저지 교도소에서 출소한 지 불과 24시간이 지나기 전에 각 방면의 전문가들을 불러모아 라스베가스 MGM 실내 체육관에서 레녹스 루이스와 블라디미르 클리치코의 헤비급 복싱 경기가 열리는 날 현금 1억 5천만 달러 강탈 작전을 구상한다. 대니와 러스티 브래드피트는 인명을 해치지 말 것, 무고한 사람의 금품을 털지 말 것, 이판사판 정신으로 이번 작전을 임할 것 등을 모의하면서 팔짱을 끼고 심사숙고하는 장면을 보여준다.

콜롬비아대학교의 심리학자 리차드 프리드먼 교수의 조사에 따르면 '팔을 굽히고 있을 때 창의적인 생각이나 번뜩이는 아이디어가 더욱 촉진된다'는 것을 밝혀냈다. 반면 팔을 쭉 뻗고 있을 때는 순발력 있는 해결책을 얻어내기까지 다소 시간이 걸린다는 사실을 알아낸다. 프리드먼 교수의 오랜 실험 결과에 따르면 '몸과 생각은 밀접하게 결합되어 있기 때문에 자세에 따라 생각의 활성화가 증가하거나 감소할 수 있다'는 것을 밝혀낸 것이다.

기발하거나 난관에서 벗어날 수 있는 생각을 끄집어내기 위해서는 가슴 앞으로 팔짱을 낀 자세로 생각을 하면 머릿속에서 맴돌고 있던 잠재돼 있는 산뜻한 영감이나 생각이 떠오를 수 있는 확률이 높다. 반면 논리적인 문제, 냉철한 판단을 요구하는 문제의 해결책을 찾거나 혹은 차근차근 장기간에 걸쳐 생각을 정리하고 싶을 때는 팔이나 팔꿈치를 쭉 뻗고 생각하는 것이 좋은 결과를 얻을 수 있다.

생체학자들도 '인간이 팔을 똑바로 뻗고 있으면 두뇌가 이성적으로 움직이게 된다'는 프리드먼 교수의 실험 결과에 동조하고 있다. 즉, 창의적인 생각이나 신속한 의사 결정을 해야 할 때는 팔을 굽혀서 생각하는 것이 좋고, 시간이 지체되더라도 정확한 판단을 요구하는 상황이라면 팔을 뻗는 상태에서 생각하는 것이 효과적인 해결책을 얻을 수 있다.

배꼽의 방향으로 속마음을 읽을 수 있다

친구들과 단체 미팅을 나간 대학생 창호 씨는 미팅 내내 기분이 들떠 있었다. 앞에 앉은 여학생이 자신의 이상형에 가까웠기 때문이었다. 거기다 좋은 위치 때문에 그녀를 살펴볼 시간이 많았고 대화할 기회도 많았다. 식사를 하는데 물컵을 테이블 바로 앞에 놓아서 음식을 먹을 때마다 불편해 보였다. 그래서 다른 곳에 놓으라고 권유했지만 괜찮다며 미소를 지었다. 밝은 미소에 대화도 잘 통하는 것 같아 내심 기대가 컸지만 야속하게도 파트너 선택하기 게임에서 그녀는 창호 씨를 선택하지 않았다. 창호 씨는 그녀의 마음을 알 수 있는 중요한 것들을 놓치고 있었다.

속마음이 가장 잘 드러난 건 각자 컵을 둔 위치였다. '방어막 형성하기'라고 하는 일종의 거부 심리를 보여주는 방법 중 하나가 컵을 자신의 정면에 두는 것이다. 그렇게 되면 마주 앉은 상대방과의 사이에 자연스럽게 장애물을 두는 것과 같은 상황이 되어 상대방이 가까이 오는 것을 차단하고 싶은 속마음을 보여주게 되는 것이다. 상대방 여성에게 호감이 있던 창호 씨가 종이컵을 옆쪽으로 치워둔 것과는 대조적인 상황이 되는 것이다.

상대방이 나에게 호감이 있는지 없는지를 알 수 있는 또 다른 방법은 배꼽의 방향이다. 실제로 대형 도매 시장에서 오랫동안 의류 판매를 하는 후배는 물건을 사러 온 실제 구매자인지 그저 가격만 물어보는 구경꾼인지 아는 방법은 배꼽의 방향이라고 말한다. 물건을 구매하려는 의지가 있는 사람은 상품 쪽을 향해 똑바로 서서 배꼽이 사고자 하는 상품 쪽에 정확히 향해 있지만 그저 구경만 하러 온 사람은 약간 비껴서 배꼽의 방향이 다른 쪽을 향해 있다고 한다.

배꼽의 법칙은 제임스 박사의 연구에서 밝혀졌다. 그는 연구에서 다양한 포즈에서 350여 가지의 의미를 구분해 내는 실험을 통해 배꼽의 방향이 관심의 정도와 의도를 결정하는 핵심요소임을 발견했는데 배꼽의 방향성을 접근관심과 회피무관심, 팽창확신, 수축불안이라는 네 가지 그룹으로 구분했다. 그 이후 이어진 수많은 연구에서도 배꼽의 방향이 한 사람의 관심과 의도를 측정하는 가장 정확한 방법이라는 사실이 밝혀졌고 배꼽의 방향은 우리의 태도를 반영하고 감정 상태를 드러내 준다. 창호 씨가 놓친 것은 그녀가 자신의 얼굴을 보고 이야기를 나누고 있었지만 사실은 그녀의 방향특히 배꼽이 다른 사람에게 가 있었던 것을 몰랐다는 것이다.

빌 클린턴 전 대통령은 만난 지 얼마 안 되는 사람이라도 금방 긴장을 풀고 마음을 터놓게 만드는 사람으로 유명하다. 클린턴은 처음 사람을 만날 때 항상 배꼽의 법칙을 적용한다. 그의 배꼽은 정확히 상대방을 향하도록 마주보며 성의껏 악수하기 때문에 상대방은 자신에게 몰두하고 진심으로 대하고 있다고 느끼게 한다고 한다.

흔히 '배꼽을 맞춘다'는 표현은 남녀 간의 은밀한 성관계를 암시하는 속어인데 결국 배꼽의 방향이 가장 정확하게 일치하고 가장 가까이 있게 된다는 것의 의미로 해석할 수도 있지 않을까 싶다. 클린턴 전 대통령의 여성 편력은 어쩌면 배꼽을 잘 활용했기 때문에 가능하지 않았을까 생각되기도 한다.

상대방을 한 번에 제압하는 카리스마 악수법

진숙 씨 회사의 박 부장은 항상 웃는 얼굴로 회사 내에서 평판이 좋다. 거기다 보통 부장 이상의 관리자급과 같이 식사하는 것도 부담스러워하는 것이 일반적인데 박 부장은 위트 있는 말솜씨와 작은 키, 귀여운 동안 얼굴로 아래 직원들이 잘 따른다. 하지만 거래처 사람들에게는 '카리스마 박'으로 불린다. 박 부장을 처음 만난 사람들은 물론 오래 만난 거래처 직원들까지도 그의 카리스마에 기가 죽어 무섭다고 말한다. 사람들이 그를 만날 때 남다른 카리스마를 느끼는 데는 이유가 있다.

박 부장은 먼저 처음 만나 악수를 할 때 손바닥을 아래로 함으로써 상대방의 손이 자신의 손 밑에 오게 만든다. 이러한 악수법은 '상위 점유형 악수'라고 하는데 상대방에게 자신이 챔피언 혹은 보스라고 믿어 주게 한다. 주로 높은 지위에 대해 자부심을 드러낼 수 있는 악수법이다.

실제로 악수하는 습관을 통해 상대방 성격이나 심리 상태까지 엿볼 수 있다는 연구결과가 나왔다. 영국 맨체스터대학교Manchester Univ. 심리과학과 제오프리 베티 교수는 자동차 회사 쉐보레Chevrolet 직원들을 상대로 악수에 대해 설문조사를 했다. 보통 사람들은 평생 1만 5,000번쯤 악수를 하게 된다고 한다. 뜻밖에도 쉐보레 직원 10명 중 7명꼴로 압도적인 숫자가 악수를 해야 하는 상황에서 자신감이 없다고 답했다. 또 5명 중 1명은 악수하는 것을 아예 꺼려했고 어떻게 해야 하는지 잘 알지 못한다고 했다.

땀이 밴 손바닥, 축 처진 팔목, 너무 세게 쥔 손, 눈을 잘 마주치지 못하는 것 등은 악수를 요청하는 상대방에게 예의가 아니다. 악수를 할 때 상대방에게 아주 힘없이 하는 악수는 불안정감을 전달하며 너무 짧게 하는 악수는 상대에게 오만하게 비치기도 한다.

박 부장은 자신의 의견을 주장할 때도 손끝으로 책상을 짚고 말하거나 말할 때 항상 손바닥을 아래로 향하며 누르듯이 말한다. 손바닥을 누르며 이야기하는 것은 자신의 주장에 권위를 부여하는 방법이기도 하다. 실제로 2008년 미국 대선의 민주당 후보 지명전 초기에 힐러리 클린턴은 한 손의 손바닥을 아래로 향한 채 연설을 하곤 했다. 그건 그녀가 의식했든 의식하지 않았든 군중들에게 자신의 권위를 보여주기 위한 행동이었다는 것이 전문가들의 해석이다.

박 부장은 또 항상 양손을 허리에 올리고 대화하는 것을 좋아한다. 양 손을 위로 올린다는 것은 자신이 우위에 있다거나 진지하다는 표현이고 행동할 준비가 되어 있다는 메시지를 전하는 자세이기도 하다. 영화 속 슈퍼맨이 자주 이 자세를 취하는데 당당함을 나타내기도 한다. 반면 허리에 한 손만 올리는 자세는 약간 신랄하고 건방진 느낌을 주기 때문에 조심해야 한다. 한 손만 올리는 자세는 상대방의 의견에 반격을 가할 때나 사람들과 거리감을 유지하고 싶을 때 나타나는 제스처이기도 한데 상대방 입장에서는 비뚤어진 성격이나 반항심으로 받아들여지기도 하기 때문이다.

박 부장의 카리스마는 손가락에서도 나타난다. 그는 보고를 받을 때 책상 위에 자신의 손가락 끝을 붙여 산처럼 뾰족하게 만드는 스티플steeple: '첨탑'이라는 뜻 자세를 취하는데 이 스티플 자세는 내가 모든 정보를 꿰뚫고 있다는 무의식적 암시를 주어 상대방에게 강한 인상을 줄 수 있다. 오프라 윈프리가 토크쇼를 진행할 때 자주 보여주는 자세이기도 하다.

박 부장은 회사 체육대회 때 청바지를 입고 있을 때도 카리스마를 보여주었다. 청바지 호주머니에 손을 집어넣는데 엄지손가락만 빼놓고 나머지 손가락은 호주머니 속에 집어넣는 후킹hooking이라는 제스처를 사용한 것이다. 후킹은 자신감과 권위, 힘과 우월감이라는 메시지를 전달한다. 서부 영화 속에서 카우보이들이 많이 취하는 자세이기도 한데 실제로 케네디 전 대통령이나 배우 존 트라볼타, 브래드 피트 등이 많이 활용한 자세이다.

또, 박 부장은 항상 회의를 할 때마다 회의장에 가장 먼저 도착해 제일 좋은 자리를 차지한다. 항상 일찍 도착해 자기 공간을 미리 확보하고 늦게 도착한 상대방의 마음에 미안함을 심어주면 상당히 강하고 유리하게 대화를 이끌어 나갈 수 있기 때문이다.

재미있는 실험이 있다. 영화관의 팔걸이는 하나다. 그래서 옆 사람과 같이 사용한다. 그런데 같이 사용하는 사람은 거의 없다. 보통 누군가 한 사람이 독점하면 끝이다. 과연 팔걸이는 누가 차지할까? 정답은 남자나 여자도 아니고 먼저 온 사람이 차지한다고 한다. 먼저 온 사람은 팔걸이를 독차지하고 여유 있게 다리 뻗고 앉아있게 마련이다. 늦게 온 사람은 왠지 거북하고 몸을 웅크리게 된다. 전철에서 남아있는 한 좌석에 앉기가 마치 미안한 마음이 들어서 자리 좀 같이 앉자고 말도 못 꺼내고 그냥 남겨 두거나 끼어서 앉아도 마치 죄 지은 것처럼 웅크리고 앉게 마련이다. 손자병법에 보면 '전쟁터에 미리 도착해서 적을 기다리는 군대는 편안하지만 전쟁터에 늦게 도착해서 전투에 나서는 군대는 힘이 들 수밖에 없다'고 했다.

협상에 성공하고 싶다면 상대방의 동공을 살펴라

● ● ● ● ● ● ●

총각인 양수 씨는 명절날만 되면 가족 친지들의 원성을 듣는다. 가족들 사이에서 양수 씨의 별명은 '타짜'다. 명절날 심심풀이삼아 치는 고스톱 게임에서 상금을 항상 독식하기 때문이다. 그러나 그의 기술은 전문적인 타짜처럼 사기를 치는 것이 아니라 상대방의 패를 쉽게 읽을 수 있었기 때문이었다.

예를 들어서 상대방이 패를 받았을 때 눈을 크게 뜨느냐 작게 뜨느냐만 봐도 패가 좋게 들어왔는지 아닌지를 알 수 있었다. 남자들이 예쁜 여자를 보면 눈이 커지듯 좋은 패가 들어왔다면 순간적으로 눈이 커지게 마련이고 나쁜 패가 들어오면 어떻게 쳐야 피박을 면할지 고민하기 때문에 눈이 작아진다는 것이다.

● ● ● ● ● ● ●

눈 크기뿐만 아니라 행동 습관으로도 상대방의 생각을 눈치챌 수 있는 방법이 많다. 고대 중국의 보석상들은 손님의 동공을 유심히 살피면서 가격을 협상했다. 사람의 동공은 흥분을 하거나 기분이 좋을 때 평소 크기의 4배까지 확대된다. 반대로 화를 내거나 부정적인 기분일 때는 동공이 축소된다. 이 사실을 알고 있던 상인들은 보석 값을 불렀을 때 손님의 동공 크기를 보고 손님이 속으로 생각해 둔 가격을 짐작하면서 흥정을 했다.

그리고 화투를 잡은 손을 봐도 좋은 패와 나쁜 패를 구분할 수 있다. 패를 잡은 손에 힘이 들어가 꽉 움켜지면 좋은 패가 들어간 것이고 패가 넓게 벌어져 있다는 것은 손에 힘이 덜 들어갔으므로 패가 좋지 않다는 증거가 되는 셈이다.

또 화투를 치기 전에 받은 패를 누구나 정리하게 마련인데 예를 들어서 하나만 옮기면 같은 패가 두 장 들어온 것이고 세 장을 옮기면 청단이나 고스톱 같은 패를 정리하는 것이라고 추측이 가능했다. 그리고 처음에 무엇을 따느냐가 상대방 화투의 전반적인 전략이라는 것을 양수 씨는 눈치챌 수 있었을 뿐이었다. 왜냐하면 사람들은 자신의 화투 전략을 원활하게 끌고 가기 위해 항상 첫 패를 확보하려고 노력하기 때문이었다.

인기를 끌었던 영화 〈타짜〉는 몇 푼 안 되는 월급에다, 누나의 이혼 위자료까지 얹어 전 재산을 몽땅 화투판에서 잃은 한 남자가 전문도박꾼으로 변모하는 과정을 그렸다. 보기만 해도 눈이 휘둥그레질 돈뭉치가 오가고, 손이 잘리고도 화투판을 기웃거리는 온갖 인간 군상들이 등장한다. 모두 마흔여덟 장의 화투패에 '목숨'을 거는 사람들이 나온다.

사기 화투의 기술은 역시 손놀림에서 승부가 난다. 아무리 들여다보아도 알아차릴 수 없을 정도로 빠른 손놀림을 위해 타짜들은 오랜 시간동안 연습을 한다. 그들은 '손은 눈보다 빠르다'고 말한다. 카메라도 잡기 힘든 현란하고 빠른 손놀림을 가지고 있기 때문에 상대가 돈을 잃을 수밖에 없다는 것이다. '사기'를 치기 위해서는, 즉 상대방을 속이고 자신이 유리한 패를 갖기 위해서는 적정 수준의 연기력도 필수다. 마술사가 관객의 시선을 분산시키기 위해 현란한 제스처를 벌이는 것과 같은 맥락이다.

실제로 〈타짜〉에서는 사기치려는 손놀림밑장빼기이 들켜서 손목을 잘릴 위기에 처하는 장면이 나오기도 한다. 이렇게 '손'을 잘 읽을 줄 알면 상대방에 대해서 많은 것을 알 수 있다.

보통 대화를 할 때 손바닥을 보여주면 개방적인 사람이고 손바닥을 잘 보여주지 않으면 폐쇄적인 사람이라고 해석할 수 있다. 클린턴은 연설할 때 항상 손바닥을 보여주면서 말하지만 고 스티브 잡스Steve Jobs는 항상 손등을 보여주며 연설을 하는 폐쇄적인 제스처를 많이 보여줬다. 실제로 스티브 잡스는 생활 또한 폐쇄적이기도 했다. 마찬가지로 손을 호주머니 속에 집어넣고 대화하는 사람도 폐쇄적인 느낌을 줄 수 있다.

손바닥을 위로 하여 펼쳐 보이는 사람은 '자, 난 감추는 거 없어'라는 의미로 나를 믿어달라는 몸짓이다. 결백을 주장하는 논리가 부족하기 때문에 진실을 말하겠다고 주장하는 대신 믿어달라고 부탁을 하는 것이다. 이런 맥락에서 보면 손바닥을 위로 하여 내보이는 행동은 대답에 스스로 자신이 없다는 의미일 수도 있다. 또 손바닥을 내보이는 것은 자신 없는 부탁이나 요청의 신호일 수도 있고 잘 모르겠다는 뜻의 무지의 신호일 수도 있기 때문에 가능하면 피해야 한다. 반대로 손을 아래로 누르는 자세는 강한 주장을 펼칠 때 사용하는데 2차 세계대전 당시 히틀러는 팔을 쭉 뻗고 손바닥을 아래로 향하게 하는 경례 방식을 사용했다. 손바닥을 아래로 향한 자세는 힘과 권위를 나타낸다.

존 케네디John F. Kennedy는 당시 대선의 경쟁자였던 리처드 닉슨Richard Nixon과 악수하는 사진을 찍을 때 사진의 왼쪽에 서려고 노력했다. 악수를 할 때 사진의 왼쪽에 서 있는 사람의 손바닥이 아래로 향하게 되어 통제력과 우월감을 보여줄 수 있기 때문이다. 현대에도 대통령 선거에 나온 후보들은 이미지와 상징의 힘겨루기에서 승리하기 위해 상대의 손을 위에서 누르는 자세를 선호한다.

손의 사용에 관해 재미있는 연구결과도 있다. 사람들은 긍정적인 것을 말할 때는 일상생활에서 주로 쓰는 손을, 부정적인 것을 말할 때는 잘 쓰지 않는 손을 많이 사용한다는 연구결과가 나왔다. 사람이 말을 할 때 손짓을 잘 관찰하면 그 사람의 본심이 긍정적인지 부정적인지 알 수 있다는 것이다.

네덜란드 막스플랑크연구소Max Planck Institute 다니엘 카사산토 박사팀은 2004년과 2008년 미국 대통령 선거 후보들이 마지막 토론 연설을 할 때 무의식적으로 사용하는 손짓과 연설 내용을 분석했다. 2004년 대선 후보였던 존 케리John Kerry와 조지 W. 부시George W. Bush는 오른손잡이, 2008년 대선후보 버락 오바마Barack Obama와 존 매케인John McCain은 왼손잡이였다.

분석 결과 오른손잡이였던 케리와 부시는 정직, 지성과 같은 긍정적인 생각을 표현할 때는 오른손을 더 많이 사용했고 부정적인 생각을 표현할 때는 왼손을 더 많이 썼다. 반면 왼손잡이였던 오바마와 매케인은 긍정적인 생각에서는 왼손을, 부정적인 생각에서는 오른손을 더 많이 썼다. 오바마는 긍정적인 표현을 쓸 때 오른손을 한번 사용했지만 부정적인 표현을 할 때는 오른손을 2번 사용했다. 매케인은 부정적인 표현을 할 때 12번이나 더 썼다.

서양 전통 문화에서는 오른쪽은 좋고, 왼쪽은 나쁘다고 생각한다. 마찬가지로 고전적인 논문에서는 정치인들이 오른손으로 대부분의 몸짓을 하며 나쁜 소식을 전달할 때만 왼손을 사용한다고 밝히고 있다. 연구진은 "사람은 자신이 좋아하는 것은 거침없이, 유창하게 사용할 수 있는 신체방향으로 표현한다"고 설명했다. 또 "말하는 사람은 보통 자신이 말을 할 때 어떤 몸짓gesture을 하고 있는지 알지 못한다"라며 "정치인의 손을 보는 것이 그들의 본심을 알고자 하는 유권자에게 도움이 될 수 있을 것"이라고 밝혔다.

III

마음을 설득하는 전략적 대화법

부드러운 말로 상대를 설득하지 못하는 사람은
위엄있는 말로도 설득하지 못한다.
- 안톤 체호프 Anton Chekhov

1. 내 말이 통하지 않는 이유

> 만난 사람 모두에게서 무언가를
> 배울 수 있는 사람이 제일 현명하다.
>
> — 탈무드Talmud

일방적으로 말하기 때문에

엘리베이터, 버스, 식당에서 휴대전화로 누군가와 통화하고 있는 사람 옆에 있게 되면 누구나 "조용히 좀 해!"라고 소리를 지르고 싶은 적이 있었을 것이다. 그 이유는 한쪽의 이야기만 계속 들리기 때문에 다음 상황을 예측할 수 없어 뇌가 부담스럽고 혼란스러워지기 때문이다.

미국 코넬대학교Cornell Univ. 심리학 연구팀은 독백 형식의 이야기와 전화통화처럼 반쪽 내용만을 들려줬을 때 각각 듣는 사람의 반응에 대해 연구했다. 연구팀은 참여자에게 컴퓨터 화면에 나타나는 움직이는 점을 마우스로 따라가는 것과 4개의 글자를 기억한 뒤 화면에 그 글자가 나타나면 버튼을 누르는 것으로 두 가지 일을 부여했다.

이들이 과제를 하는 동안 연구진은 4가지의 환경을 제시했다.

> 1. 아주 조용하고 아무 소리도 들리지 않는 환경
> 2. 두 사람의 대화 내용이 또렷이 들리는 환경

3. 어떤 스토리를 주제로 한 독백이 들리는 환경
4. 통화 상대편의 말은 들리지 않고 한쪽 편만의 통화만 들리는 환경

참가자들은 조용한 방에서 일을 할 때는 능숙하게 업무를 수행했다. 두 사람의 대화를 들을 때나 한 사람이 독백으로 이야기를 할 때도 조용한 방에서 일할 때와 비슷한 업무 수행 능력을 보였다. 그러나 통화하는 사람 옆에 있을 때와 같이 대화 한쪽만의 말소리를 들었을 때 참여자는 집중력이 떨어지고 작업 실수 횟수가 많아졌다.

연구진은 "사람의 뇌는 다른 사람이 얘기할 때 들리는 내용과 문법 등을 조정해 다음에 이어질 문장을 예측한다"면서 "그러나 한쪽 말만 들릴 때는 이러한 예측이 훨씬 어렵고 혼란스러워진다"고 분석했다.

즉, 누군가 "맛있는 것이 먹고 싶다"고 말하면 다음에는 "어디에 뭘 좀 먹으러 가자"는 말이 이어질 것으로 뇌는 추측하게 되고 실제 그런 말이 들려올 때 이런 대화를 듣는 뇌는 안정감을 갖게 되는 것이다. 하지만 한쪽 말만 들리면 이러한 추측 과정이 흐트러지고 따라서 듣는 뇌가 혼란스러움을 느끼게 된다.

영국 요크대학교 게리 알트만 교수는 "전화통화의 한쪽 말만 듣고 있는 것은 울퉁불퉁한 자갈길을 걷는 것에 비유할 수 있다"며 "전화통화 건너편에 있는 사람이 무슨 말을 하는지 알 수 없으므로 그 내용을 예측하기 위해 주의력을 훨씬 뺏기게 되는 것"이라고 말했다.

대부분의 사람들은 '내가 어떻게 말할 것인가?'를 먼저 생각한다. 그러

다 보니 항상 내가 좋아하는 말만 떠올리게 되고 '상대방이 무엇을 듣고 싶어 할까?'를 생각하지 못한다. 그렇게 우리는 듣고 싶은 말은 어떻게든 들으려 하고 듣고 싶지 않은 말은 언제든 듣지 않을 수 있게 된다. 사람들은 자기의 필요에 따라 관련되는 정보를 더 잘 받아들이기 때문이다 Postman & Schneider, 1951.

예를 들어 어느 날 당신이 직장 동료와 회사 근처의 술집에서 즐겁게 떠들며 술 한 잔하고 있다고 하자. 그런데 동료가 무척 좋아하는 여성이 다른 친구들과 함께 그 술집에 들어와 저쪽에서 무엇인지 조용히 이야기를 나누는 것을 보았다면 그때부터 당신 친구의 귀는 기능과 능력이 바뀌기 시작한다. 조금 전까지만 해도 앞자리에 앉은 나와의 유쾌한 이야기들을 주의깊게 들었다면 이제는 관심 있는 여자의 이야기로 인해 나의 이야기는 친구의 귀에 하나도 들리지 않게 된다.

사람들은 모든 것을 다 보고 들을 수는 없다. 정보처리 능력에 한계가 있기 때문이다. 그래서 사람들은 정보를 선택적으로 받아들여 처리한다. 그렇기 때문에 사람들은 시끄러운 파티장, 나이트 클럽, 공사장에서도 서로 대화가 가능하다. 자기에게 의미 있는 정보만을 선택적으로 받아들이는 이런 현상을 '선택적 지각 Selective Perception'이라고 한다.

만약 내 말이 여자 친구의 말보다 친구의 주의를 끌 수 없다면 당신의 말은 어쩌면 상대방의 귀에 닿기도 전에 그저 허공에서 사라지고 마는 죽은 말이 될 수도 있다.

상대방에게 관심이 없는 말이기 때문에

　모 기업의 지방공장에 조직 커뮤니케이션 강의를 간 적이 있다. 공장장은 강의 내용이 너무 좋았다고 하면서 저녁을 꼭 대접하겠다고 하는 바람에 사양하기가 어려워 간부급들 30여 명과 함께 바닷가 횟집으로 갔다. 예약을 해 놨는지 싱싱한 회와 푸짐한 밑반찬이 식탁마다 가득했다.

　그런데 공장장이 한마디 한다더니 일장 훈시를 하는 것이었다. 강의 주제와 연결하여 공장 내의 의사소통 문제와 관련된 내용으로 상하간의 의사소통이 원활하기 위해서는 간부들부터 솔선수범해야 한다는 아주 좋은 내용이었다. 훈시가 금방 끝나나 했는데 10분이 지나고 20분이 다 되도록 계속되는 것이었다. 참석한 사람들 전부 공장장의 말에는 관심이 없고 회에만 자꾸 눈길이 가는 것은 당연했다. 하지만 공장장의 열변에 어느 누구도 그만 하시라고 말하지 못하고 있었는데, 어느 배고팠던 간부 한 사람이 젓가락을 들어 조심스럽게 회를 한 점 찍어 먹었다. 그 때 모두가 깜짝 놀랄 정도로 공장장이 소리를 지르는 것이었다. "김 부장, 지금 중요한 이야기를 하는데 먹을 것이 넘어갑니까?"

　순간 횟집의 분위기는 싸늘해졌고, 화가 난 공장장과의 회식은 어색할 수밖에 없었다. 회식에 참석해 있던 사람들에게는 식탁에 차려진 싱싱한 회가 더 관심 있는 대상이었기 때문에 공장장의 말이 아무리 좋은 내용일지라도 마음에 들지 않았던 것이다. 그렇기 때문에 공장장의 말은 부하 직원들에게 맛있는 회보다 더 관심 가는 내용이 되었어야 했다.

　사람들은 자신에게 관심이 있는 말은 언제 어디서든 들으려고 애쓰고 들어내고 만다고 한다. 1953년에 콜린 체리Colin Cherry는 이것을 '칵테일파티 효과Cocktail-party Effect'라고 이름붙였다. 인간은 자신이 원하는 소리만을 골라들을 수 있는 능력이 있는데, 이는 마치 온갖 잡음이 산재하는 칵테일파티에서도 자신의 이름을 부르는 소리는 똑똑하게 들을 수 있는 것과 같다는 것이다. 그래서 내 말이 상대방의 마음에 들게 하려면 내가 관심 있는 말보다 상대방이 더 관심 있는 말을 해야 한다.

거부감을 주는 단어를 사용하기 때문에

〈미드나이트 카우보이Midnight Cowboy〉라는 영화가 있다. 존 보이트라는 순박한 텍사스 사람 이야기다. 그가 뉴욕의 거리를 걸을 때 나오는 음악은 이 복잡한 세상에서 사람들이 어떻게 대화하는지를 표현한 것이다. 그 노래 가사 중에는 다음과 같은 내용이 있다.

"모든 사람이 나에게 이야기를 하지요."

그렇게 되면 어떤 일이 일어나겠는가? 노래의 다음 구절이 그 정답을 말해준다. "난 그들이 말하는 것은 전혀 듣고 싶지 않아요."

이처럼 사람들은 자신이 원하지 않으면 그 말을 피할 수 있다.

재미있는 실험이 있다. 어떤 글자를 보여주고 글자가 보여진 순간부터 그것을 소리 내서 읽을 때까지의 시간을 재어보면 평범한 단어보다 '창녀', '유방' 등과 같은 평상시 잘 사용하지 않는 단어를 발음하는데 시간이 더 걸린다고 한다. 물론 듣는 사람도 거부감과 불쾌감을 느끼게 마련이다. 이유는 우리가 평소에 입 밖으로 소리 내서 말하고 싶지 않은 단어들이라 의식적으로 피하려고 하기 때문이다.

그 원인은 상대방이 가지고 있는 믿음이나 태도에 따라 내가 전달하는 정보가 왜곡되는 '지각의 방어현상Perceptual Defence'으로 설명할 수 있다Spence, 1967. 지각의 방어현상이란 어떤 말은 평소만큼 잘 듣지 않으려는 현상을 말한다. 자기의 믿음과 상반되는 말이나 듣기 싫은 말에 대해서는 자신을 보호하고자 하는 심리가 작용하기 때문에 의도적으로 피하려고 하는 것이다.

이와는 반대로 사람들은 자기의 필요에 따라 관련되는 정보를 더 잘 받아들이게 된다. 며칠 굶은 사람들에게 음식 이야기를 하면 같은 말이라도 굶은 사람들이 음식 이야기에 더 빠른 반응을 보이게 마련이다. 이것을 '지각의 탐색현상Perceptual Vigilance'이라고 한다.

지각의 탐색현상이란 사람들이 어떤 사물을 평소보다 더 잘 지각하는 현상을 말하는데 예를 들어 배가 부른 사람보다 배가 고픈 사람들은 음식에 관계된 단어들에 대해 더 빨리 지각하고 민감하게 반응한다는 것이다. 이처럼 사람들은 자기의 필요에 따라 관련되는 정보를 더 잘 받아들이게 된다Postman & Schneider, 1951.

그래서 마키아벨리는 "사람들을 다루는 가장 좋은 방법은 그들에게 듣고 싶은 말을 해주는 것이다"라고 했다. 사람들에게 내 말이 마음에 들게 하려면 상대방이 듣고 싶지 않은 표현 대신에 원하는 표현을 해주는 것이다.

이해할 수 없는 말이기 때문에

● ● ● ● ● ● ●

집사람과 나는 큰마음 먹고 TV를 바꾸기로 했다. 이사도 하고 그동안 쓰던 LCD TV가 너무 오래돼 화질이 좋다는 LED TV를 하나 들여놓기로 한 것이다.

유명한 대형 가전제품 대리점을 방문했다. 이것저것 구경을 하고 있는데 종류가 너무 많고 어떤 게 좋은지 도무지 감을 잡을 수가 없었다. 그 때 젊은 종업원 한 사람이 다가와 인사를 하면서 찾는 제품이 있느냐고 물어봤다.

"글쎄요. 뭐가 좋은지 모르겠네요. LCD TV와 LED TV는 뭐가 다릅니까? 둘 다 두께가 얇은데 LED TV는 왜 저렇게 비싸죠?"

나는 정말 몰랐기 때문에 LED TV에 대해 자세히 물어봤다. 그 때 나는 종업원의 얼굴에 스쳐가는 작은 경멸의 표정을 봤다. 그런 것도 모르고 TV 사러 나왔느냐는 듯한 한심하다는 표정이었다. 작은 한숨을 쉰 종업원은 불쌍한 중생들을 구제하기로 마음먹었는지 우리를 자리에 앉게 하였다. 그리고는 약 20분에 걸쳐 능숙하게 설명을 해줬다.

"LED TV란 Light Emitting Diode Television의 약자로 LCD TV의 일종이지만 백라이트유닛BLU으로 냉음극형광램프CCFL대신 LED를 사용한 것으로 저전력, 친환경, 고화질 등의 장점을 가졌어요. 이는 광원 위치에 따라 직하형후면과 에지형측면으로 나뉘죠. 직하형은 밝기와 색상 조절에 유리하며, 에지형은 더 적은 수의 LED를 채용해 통상 두께가 더 얇고 가격도 저렴해요."

대부분 전문 용어였지만 나와 집사람은 고개를 끄덕거렸다. 종업원의 얼굴에는 한 수 가르쳐 주었다는 뿌듯함과 우리가 바로 살 것 같다는 기대감이 역력했다.

그는 친절하게도 저렴한 상품까지 추천을 해주었다. 우리 부부는 미소를 지으며 고맙다는 말과 함께 대리점을 나섰다. 하지만 집에 돌아오는 길에 투덜거렸다.

"도대체 뭐라고 하는 거야?"

그러자 집사람이 말했다.

"나도 무슨 말인지 하나도 모르겠던데요. 머리에 쥐나는 줄 알았어요. 그런데 난 당신이 다 아는 줄 알았는데. 몇 번이나 머리를 끄덕거렸잖아요. 당신은 공대 나오고 대학원까지 졸업했는데 그것도 몰라요?"

"공대 나온다고 다 알면 공장 차려야겠네? 그런데 왜 당신은 모르면서 계속 머리를 끄덕였어?"

집사람이 수줍게 웃으며 말했다.

"난 모른다고 말하기 창피해서."

우리 부부는 모르면서도 우리가 점원에게 멍청하게 보이는 걸 원치 않았기 때문에 고개를 계속 끄덕거렸던 것이다.

･･････

이처럼 대부분의 사람들은 자기 수준에서 말한다. 그러면서 상대방이 당연히 자기의 말을 이해하고 있으리라 착각한다. 내가 무슨 말을 했을 때 상대방은 다 이해했을 거라는 생각은 오해다. 몰라도 알아들은 척 하거나 아니면 가만히 있게 된다. 실제로 사람들은 새로운 정보를 취득하게 되면 그 정보와 관련된 자신의 기존 지식과 연관시켜 정보를 정리하게 되기 때문Greenwald, 1967이다. 그래서 상대방에게 내 말이 마음에 들리면 내 수준이 아니라 상대방의 지식 수준에서 쉽게 이해되어야 한다.

2. 마음을 설득하는 전략적 대화의 기술

아무 반응도 없는 것보다는 어떤 반응이든 있는 것이 좋다.
– 게빈 로스데일 Gavin Rossdale

상대방이 좋아하는 주제를 골라라

혁재 씨는 얼마 전 맞선 자리에서 이상한 경험을 했다. 맞선볼 때마다 늘 재미없는 사람이라고 애프터 신청을 못 받아 속상했는데 이번 맞선에서는 신기하게도 상대 여성이 대화를 굉장히 재미있어하고 다음 만남까지 약속하게 된 것이다. 그동안 혁재 씨는 여성들에게 교양 있게 보이려고 대화의 주제도 가능하면 책 이야기나 취미 이야기를 주로 했었다. 하지만 이번에는 얼마 전 혼자 다녀온 몽골의 배낭이야기를 했더니 상대 여성이 너무 재미있어하며 계속 해달라고 했다. 짐을 잃어버려서 고생한 이야기나 몽골의 끝없는 초원 이야기, 별이 쏟아지던 사막의 밤 이야기를 신나게 했는데 다음번에 더 듣고 싶다며 자연스럽게 애프터가 약속이 됐다.

이처럼 여행이야기는 사람들에게 호감을 불러일으키는 대화의 주제이기도 하다.

에든버러 국제과학축제Edinburgh International Science Festival의 일환으로 실험이 하나 있었다. 배우자를 찾을 때 이성과 어떤 대화를 나누는 것이 좋은지를 연구하기로 했던 것이다. 이 연구는 대규모의 미팅을 중심으로 진행되었다. 홍보를 통해 유혹의 심리학에 관심이 있는 싱글들을 구했고, 남자 50명, 여자 50명을 실험실로 초대했다. 에든버러의 가장 오래되고 가장 호화로운 호텔들 가운데 한 곳이 실험실이 되었다. 남녀가 5개의 테이블에 임의로 나눠 앉았다. 첫 번째 테이블부터 네 번째 테이블까지는 미팅이 진행되는 동안 취미, 영화, 여행, 책을 화제로 해야 했고, 다섯 번째 테이블에서는 어떤 주제로도 대화를 나눌 수 있었다.

모든 남녀는 대화를 나눈 이성을 평가했다. 대화의 주제에 따라서 성공률은 달라졌다. 영화 이야기를 할 때에는 9퍼센트의 남녀가 서로를 다시 만나고 싶어 했다. 반면 여행 이야기를 할 때에는 이 비율이 가장 높은 18퍼센트로 올라갔다.

우리는 연인으로 발전할 가능성이 있는 사람들이 왜 영화와 관련된 대화를 피하는지를 알아보았다. 그날 저녁 실험을 시작하기 전에 모든 남녀에게 좋아하는 영화 장르가 무엇인지 물었었다. 그 결과 남자가 좋아하는 영화와 여자가 좋아하는 영화는 딴판이었다. 영화를 화제로 대화를 나누는 테이블은 지나칠 때마다 말다툼 소리만 들렸다. 반면 여행과 관련된 대화는 연휴와 휴가지를 중심으로 이루어지면서 사람들의 기분을 들뜨게 했다.

상대방이 마음에 들어 하는 주제란 상대방이 좋아하는 주제를 말한다. 낚시를 좋아하는 김 부장은 사람들만 만나면 낚시 이야기를 꺼낸다. 자신이 굉장한 고생 끝에 큰 고기를 낚았다는 것을 자랑하고 낚시 정보는 물론 '낚시는 고기를 낚는 것이 아니라 세월을 낚는 것'이라는 낚시 철학까지 들먹이며 낚시 이야기에 열을 올린다. 문제는 부서 사람들은 물론 처음 본 고객이나 관심도 없는 여직원에게까지 낚시 이야기를 한다는 것이다.

그러나 핵심은 고기를 잡을 때 자신이 좋아하는 삼겹살이나 냉면을 사용하지 않고 고기가 좋아하는 지렁이나 떡밥을 사용하는 것이 얼마나 중요한지 알면서도 대화에서도 상대방이 좋아하는 미끼를 사용하는 것이 얼마나 중요한지는 잊었다는 것이다. 고기를 잡기 위해서는 고기가 좋아하는 미끼를 쓰듯이 좋은 인간관계 형성을 위해서는 상대방이 좋아하는 말을 해줘야 한다.

심리학자 존스는 "상대방이 나를 좋아한다는 '사실'이 아니라 상대방이 나를 좋아한다는 '느낌'만으로도 상대방을 좋아하게 되는 법"이라고 말했다. 프리츠 하이더Fritz Heider는 "다른 사람이 자신을 좋아하거나 존경한다는 생각이 들면, 그 감정에 보답하겠다는 마음을 갖게 된다"고 주장했다. 그리고 니콜로 마키아벨리Niccolo Machiavelli는 자신이 저술한 《군주론》에서 '다른 사람에게 좋은 인상을 주려면 언제나 그들이 듣고 싶어 하는 말을 하라'고 충고하고 있다.

예를 들어서 이성과 대화할 때 상대방이 마음에 든다면 상대방이 좋아하는 주제만 골라서 하면 된다는 것이다. 실제로 최근 한 연구에 따르면,

남성이든 여성이든 자신이 듣고 싶은 부분만 추려 듣는 경향이 있어 이 같은 현상이 일어나는 것으로 나타났다.

노픽&노위치 대학병원 재단 연구팀은 맥주, 축구처럼 남성의 사회적 활동과 연관이 깊은 단어들과 초콜릿, 쇼핑처럼 여성과 보다 밀접한 단어들을 한데 묶어 목록을 만들었다. 그리고 남성 40명, 여성 40명으로 구성된 80명의 실험참가자들에게 해당 목록을 읽도록 했다. 그 결과, 남성 참가자들은 여성과 연관이 있는 단어보다 남성과 연관된 단어들을 더 정확히 기억해내는 경향을 보였고 여성은 반대로 여성과 관련된 단어들을 더 잘 기억해냈다.

좋은 목소리로 말하라

광고회사에 근무하는 혜숙 씨는 경쟁 프레젠테이션을 할 때마다 속이 상한다. 자신이 준비한 기획서를 프레젠테이션하는데 왜 꼭 다른 팀의 팀장이 프레젠터가 되어야 하는지 이해할 수가 없다. 그런데 강하게 항의하지 못하는 이유는 자신이 직접 프레젠테이션을 했을 때 경쟁에서 져서 광고를 수주하지 못한 적이 여러 번 있기 때문이다. 하지만 좋은 목소리를 가진 그 팀장이 하면 이상하게도 경쟁에서 이기기 때문에 팀장은 회사 전문 프레젠터로 인정받아 여기저기 다른 팀의 프레젠테이션까지 도맡아 하고 있다. 목소리 때문이라면 단지 그것 때문에 자신이 손해를 본다고 생각하니 억울하기까지 하다.

목소리는 정보를 전달하거나 자신의 매력을 전달할 때 굉장히 중요한 역할을 한다. 또 목소리는 외모와 함께 첫인상을 좌우하는 주요 변수다. 목소리를 통해 카리스마가 발산되기도 하고 타인을 설득하는 힘이 생긴다.

듀크대학교의 생물학자 린디 앤더슨은 이에 대해 "우리가 무엇을 말하느냐보다 목소리가 더 많은 정보를 갖고 있다"고 말했다. 사람들은 특히 낮은 목소리에 더 호감을 갖는 것으로 나타났다. 미국의 생물학자들과 정치학자들로 구성된 연구팀이 목소리의 음역과 유권자들의 선호도를 조사한 결과 선거에서 이기려면 저음역대의 목소리를 개발해야 한다고 한다.

연구팀은 똑같은 내용을 남성과 여성의 목소리로 말하는 것을 녹음했다. 또 이를 높은 음역대와 낮은 음역대로 조작한 다음 사람들에게 이를 듣고 투표하도록 했다. 마이애미대학교에서는 37명의 남성과 46명의 여성이 여성의 목소리를 듣게 했고, 듀크대학교에서는 49명의 남성과 40명의 여성이 남성의 목소리를 듣게 했다. 그 결과 양쪽의 참가자들 모두 저음역대의 목소리를 가진 남성과 여성을 더 선호했다.

이 실험은 사람들이 후보자에 대해 전체적인 정보를 갖지 않은 상태에서 어떤 점에 이끌려 판단하는지를 일부 설명해 준다. 다른 동물들이 음성 신호 정보에 반응하는 것으로 알려져 있지만 사람들 역시 마찬가지라는 점을 이번 연구결과는 보여준다. 앤더슨 박사는 정치인 중에 왜 여성들이 남성보다 드문지를 시사해준다고 말했다. 여성들은 대체로 남성에 비해 고음역이기 때문에 여성들의 정치인 진출에 불리하게 작용하는 것으로 볼 수 있다고 설명했다.

이성을 유혹하고 싶다면 외모에 투자하는 것보다는 매력적인 목소리가 필요하다는 조사 결과가 나왔다. 취업포털 스카우트가 1,128명을 대상으로 '사랑과 연애'에 대해 설문한 결과 10명 중 8명은 이성의 '목소리'에 가장 가슴 두근거리는 것으로 답했다.

그렇다면 이성을 쉽게 유혹하려면 어떤 목소리를 가져야 할까? 남자든 여자든 중저음으로 깔고 말하면 상대 이성은 본능적으로 '매력적인 사람'이라고 생각한다는 연구결과가 나왔다.

영국 스코틀랜드 애버딘대학교 Aberdeen Univ. 연구팀에서 남성의 목소리가 여성의 선호도와 기억력에 어떤 영향을 미치는지를 조사했다. 그 결과 여성은 낮고 굵은 남성적 목소리를 선호할 뿐 아니라 그런 목소리로 전해진 정보를 더 정확하게 기억하는 것으로 나타났다.

연구팀은 두 가지 실험을 했다. 첫 번째 실험에서는 45명의 여성에게 한 물체의 사진을 보여주면서 그 물체의 이름을 녹음된 목소리로 들려주었다. 녹음은 낮은 톤이나 높은 톤의 남자 목소리, 남자처럼 변형시킨 여자 목소리 등 세 종류였다. 그리고 여성들에게 앞서의 물체 사진, 그리고 이와 비슷하게 생긴 물체의 사진을 함께 보여주고 둘 중 어느 것이 앞서 보았던 것인지를 가려내게 했다. 연구팀은 또 여성들에게 앞서 들었던 목소리들 중 어느 것이 더 마음에 들었는지 점수로 나타내도록 했다.

두 번째 실험은 또 다른 46명의 여성에게 남성과 여성의 실제 목소리를 들려주면서 앞서와 비슷한 내용으로 진행했다. 그 결과 두 실험 모두에서 여성들은 낮은 톤의 목소리를 일관성 있게 선호하는 것으로 나타났다. 그리고 낮고 굵은 목소리로 이름을 들려준 물체를 더 잘 가려냈다.

연구팀은 "남성의 낮고 굵은 목소리는 여성의 기억력을 강화시키는 것으로 확인됐다"면서 "이번 실험은 남성의 목소리 톤이 여성의 잠재적 배우자 후보 선호만이 아니라 기억력에도 영향을 미친다는 것을 확인한 최초의 사례"라고 말했다.

그러나 항상 저음의 목소리가 필요한 것은 아니다. 시대나 직업에 따라서 요구하는 목소리는 모두 다르기 때문이다. 조선 시대에는 느리고 낮은 음으로 늘어지는 목소리를 가져야 양반답다고 인식됐다. 미국인은 약간 높은 음의 영국 악센트를 선호하며 북한에서는 강하고 선동적인 목소리를 좋아한다. 현대에서 일반적으로 좋은 목소리란 명료하고 깨끗하며 톤이 약간 높고 하모닉스와 울림이 좋아 느낌이 풍부한 소리를 말한다.

사람을 매료시키려면 상황에 따라 적절한 목소리를 낼 수 있어야 한다. 타고난 연설가였던 히틀러는 악센트가 강하고 톤이 높은 목소리로 청중들을 선동했다. 연설을 할 때는 듣는 이가 긴장하도록 톤을 높여 강하게 해야 한다. 반면 카운슬러나 컨설턴트는 부드럽고 중성적인 목소리로 말해야 안정감을 준다. 면접 때에는 원래의 목소리와 속도를 유지하면서 톤을 일정하게 하되 강조하고 싶은 부분을 먼저 말하면서 약간 악센트를 주어야 한다.

프레젠테이션을 할 때는 목소리를 다양하게 구사해야 한다. 데이터를 말할 때는 소리를 높이고 성과를 말할 때는 짧게 끊듯이 강하게 말해야 하며 제안할 때는 톤을 낮춰 부드럽게 말해야 설득의 효과가 커진다. 설득할 때는 낮은 목소리로 부드럽게 하는 것이 기본이지만 구매를 유도하기 위한 설득은 다르다. 홈쇼핑의 쇼 호스트들은 매우 주파수가 높은 목소리로 톤을 다양하게 변화시키면서 말을 빨리 한다. 시청자를 자극해 '꼭 사야 할 것 같은' 구매욕을 끌어내기 위한 전략이다.

힘차고 당당하게 샤우팅하라

혜숙 씨에게 프레젠테이션 기회를 빼앗아 간 팀장이 어느 날 점심을 같이 먹자고 찾아왔다. 속이 상해 처음에는 거절할까 했지만 이번 기회에 프레젠테이션을 잘하는 비결이나 들어보자 싶어 점심 약속을 했다. 그런데 점심 먹으러 간 곳이 유명 맛집이라 손님이 줄을 서야 할 정도였다. 주문하고도 한참이나 걸려서 식사가 나와 여기저기서 불만의 목소리들이 쏟아져 나왔다. 그런데 그 팀장이 주문을 하자 신기하게도 미리 시킨 다른 테이블보다 훨씬 빠르게 음식이 나왔다. 거기서도 그의 프레젠테이션 기술이 먹힌 것이었다. 그런데 그가 음식점 종업원들에게 주문을 할 때 보니까 말투가 달랐다. 그는 다른 손님들보다 더 힘차게 말을 했다. 종업원을 부를 때도 마치 군대의 신병처럼 씩씩하게 말을 하고 주문을 할 때는 시간이 없으니 빨리 가져다 달라고 당당하게 요청했다.

미국의 심리학자 에릭슨은 애매한 비단정적인 말투보다 확실하게 단정을 내리는 말투가 훨씬 설득 효과가 있다고 했다. 즉, 힘차게 이야기하는 것이 설득력이 있고 다른 사람의 마음을 움직일 수 있다고 했다. 설득력이 없는 힘없는 말투란 다음과 같이 확실히 단정하지 않는 말투다. '그렇다고 생각합니다', '맞는 것 같은데요', '그런 것 같습니다.' 반면 힘찬 말투란 다음과 같이 확실히 단정하는 말투다. '예, 그렇습니다', '예, 틀림없습니다', '아니요, 전혀 그렇지 않습니다.'

이와 관련하여 미국의 심리학자 에릭슨 등은 모의재판 실험을 했다. 두 가지 말투 가운데 어느 쪽이 설득력이 있는지 조사하기 위한 실험이었다. 그는 먼저 피실험자에게 모의재판의 배심원을 맡겼다. 그리고 확실히 단정적인 말투를 가진 증인과 거꾸로 애매하고 비단정적인 말투를 가진 증인을 출정시켰다. 결과는 물론 힘찬 말투를 가진 쪽이 설득 효과도 컸다. 이 말은 무엇이든 억지로 밀어붙이라는 뜻이 아니라 자신 있는 일에 관해서는 분명히 단정적인 어조를 사용해야 한다는 뜻이다. 상대 역시 혼란스러울 때는 누군가 다른 사람이 단정을 내려주었으면 하고 바라게 마련이다.

나약한 말투가 상대방에게 어필하지 못하는 이유가 몸의 건강 상태와도 관련이 있기 때문이라는 주장도 있다. 실제로 말투나 억양 등 목소리를 분석하면 그 사람이 얼마나 피로한지 그 정도를 측정해 수치화할 수 있다는 연구결과가 나왔다.

호주 멜버른대학교 Melbourne Univ. 아담 보겔 교수는 18명의 성인에게 하루동안 잠을 자지 못하게 하고 2시간마다 말을 하게 했다. 그리고 말하는 도중 잠깐 멈추는 길이, 말을 끝낼 때까지 걸리는 시간 등의 변화를 분석했다. 연구대상 성인들은 피로가 쌓여가면서 말하는 속도가 느려졌고 음의 높이pitch가 올라갔으며 음색tone도 약해졌다. 피곤함이 더해질수록 말을 소리 내어 하는 근육 통제력이 줄어들게 된다.

연구진은 "영화를 보거나, 책을 읽거나 이야기할 때 말투의 변화를 관찰하면 그 사람이 얼마나 피곤한 상태인지 알 수 있다"며 "사람 말투와 단어 사이사이 쉬어가는 시간 변화를 수량화하면 피로도를 측정할 수 있다"고 설명했다.

힘찬 말투는 대중을 설득하는데도 큰 효과가 있다. 주말에 대형마트에 가보면 판매사원들의 목소리로 시끌벅적하다. '샤우팅 마케팅Shouting Marketing' 때문이다. 샤우팅 마케팅은 고객이 많이 몰리는 오후 2~6시 사이에 소리를 내어 제품을 판매하는 것을 말한다. 농축수산물과 같은 신선식품을 판매할 때 주로 이용하는 판매기법이다.

대형마트에서 샤우팅 마케팅을 애용하는 이유는 간단하다. 소리를 내어 홍보하고 판매할수록 매출이 올라가기 때문이다. 소리를 크게 내면 고객들의 관심을 집중시킬 수 있고, 제품에 대한 호기심을 유발할 수 있어서다. 또 제품의 품질과 가격이 더 나을 것이라는 이미지를 형성하기 때문이다. '얼마나 괜찮은 상품이기에 저렇게 열성적으로 홍보를 할까'라는 생각이 들게 하기 때문이다.

실제로 대형마트에서는 "직원들이 소리치며 판매를 할 경우 그렇지 않을 때보다 매출이 30퍼센트 이상 오른다"고 설명했다. 실제로 모 대형 마트에서 각각 다른 날 같은 시간오후 2~6시 사이에 소리 내서 판매했을 때와 그렇지 않았을 경우의 수산코너 매출을 분석한 결과, 소리를 지르면서 판매한 경우 매출이 그렇지 않은 날보다 30퍼센트 상승한 것으로 나타났다.

그렇지만 무작정 소리 낸다고 매출이 상승하는 것은 아니다. 샤우팅 마케팅 비법은 첫째, 상품명과 가격을 정확하게 전달해야 한다. 그러기 위해서는 정확한 발음이 중요하다. 둘째, 상품 설명은 5분에 2회만 해야 한다. 너무 길게 설명을 하거나 너무 자주 하면 오히려 상품 전달이 되지 않기 때문이다. 셋째, 고객이 둘 이상 모였을 경우 판매를 시작해야 한다. 사람이 많아 보이면 더 많은 고객들이 관심을 갖기 마련이다.

좋은 향기로 유혹하라

창덕 씨는 아침 출근길이 황홀했다. 늘 붐비던 지하철도 그날따라 행복했다. 사람들 틈에 끼어서 이미 밀리고 저리 밀리면서도 짜증이 나기보다는 눈앞이 아득할 정도로 기분이 좋았다. 그 이유는 자신의 앞에 서 있는 긴 생머리의 여성에게서 풍기는 향긋한 샴푸 냄새 때문이었다. 향수처럼 진하지 않으면서 은은하게 풍겨 나오는 샴푸 냄새는 창덕 씨의 말초신경을 자극해 앞에 있는 여성을 와락 껴안고 싶은 충동이 들 정도여서 조심하느라 진땀이 날 지경이었다. 얼굴도 보지 않은 상태에서 상대방에게 그 정도로 빠져본 적이 없었기 때문에 혹시 자신이 변태가 아닌지 의심이 될 정도였다.

실제로 모 결혼정보업체가 전국 20~39세 미혼남녀 278명을 대상으로 '섹시함의 기준'을 조사한 결과에 따르면 남성응답자의 경우 33.6퍼센트가 여성의 샴푸 냄새가 가장 섹시하다고 답했으며 이어 향수 냄새28.8퍼센트, 비누 냄새18.4퍼센트였다. 특이한 것은 미혼 여성의 절반51퍼센트은 남성의 '비누 냄새'를 섹시함의 기준으로 여기는 것으로 조사됐다.

커뮤니케이션은 꼭 말로만 하는 것은 아니다. 냄새도 중요한 커뮤니케이션의 일종이다. 아프리카에는 놀라운 특성을 보여주는 아카시아 나무들이 있다. 그 나무들은 영양과 같은 초식 동물들이 자신들을 뜯어먹으려 하면 나뭇잎의 수액이 화학 반응을 일으켜 독성으로 변화시킨다. 그 나뭇잎을 먹으려던 동물은 나무의 맛이 달라졌음을 깨닫고 다른 나무를 뜯어 먹으러 가게 된다. 그러면 아카시아 나무는 즉각 냄새를 발산하여 근처의 다른 아카시아 나무들에게 조심하라는 경고를 보낸다.

그렇게 되면 몇 분만에 그 주위의 아카시아 나무들은 모두 동물들이 뜯어먹을 수 없는 것들이 되고 초식동물들은 어쩔 수 없이 그곳을 떠난다. 너무 멀리 떨어져 있는 탓에 경고 신호를 감지하지 못한 아카시아 나무를 찾아가는 것이다. 더욱 놀라운 사실은 무리를 지어서 초식동물들이 갑자기 한꺼번에 나뭇잎들을 뜯어먹기 시작하면 뜯어 먹힌 아카시아 나뭇잎들끼리 서로 연락을 하여 한꺼번에 수액을 독성으로 바꿔버린다고 한다. 안심하고 아카시아를 먹던 초식동물들은 한꺼번에 독성에 중독돼 집단으로 폐사하였다. 이렇게 나무들도 냄새를 이용해 의사소통을 한다.

냄새는 상대방에게 호감을 불러일으키는 커뮤니케이션 수단이다. 미국 브라운대학교 심리학과 레이첼 헤르츠Rachel Herz 교수는 "냄새에 의해 떠오른 기억은 시각적인 자극에 의해 기억이 떠올랐을 때보다 그 기억이 더 감정적으로 느껴질 뿐만 아니라 기억을 상기하는 과정 동안 더 많은 감정을 느끼게 된다"고 말했다. 그는 냄새만으로 이성에게 호감을 느끼는 정도를 실험함으로써 후각이 이성을 선택하는 중요한 요인으로 작용한다는 사실을 입증했다. 실험은 다음과 같이 진행됐다.

우선, 실험에 참가한 20대 초반의 남성 6명에게 새 옷 냄새를 완전히 제거한 티셔츠를 제공하고 각자의 체취가 충분히 배도록 24시간 동안 입고 생활하도록 했다. 6명의 실험 대상자들은 한 장소에서 함께 생활했고 체취 이외의 다른 냄새의 개입을 막았다. 담배 사용이나 비누, 샴푸 사용을 금하고 오직 물로만 몸을 씻도록 했다.

하루가 지난 후 실험팀은 남성들의 티셔츠를 각각의 비닐에 담아 밀봉하고 6명의 여성에게 차례대로 냄새를 맡게 한 후 자신이 선호하는 냄새의 순위를 매기게 했다. 그런 다음, 여성들이 티셔츠 주인인 남성을 실제로 볼 수 있도록 자리를 마련해 냄새의 주인공이 누군지 모르는 상태에서 외모만으로 특별히 호감 가는 남성을 선택하도록 했다.

결과는 놀라웠다. 6명의 여성 중 무려 4명이 자신이 선호한다고 선택했던 냄새의 주인에게 실제로도 호감을 느꼈던 것이다. 이는 후각이 이성을 선택하는데 결정적인 영향을 미칠 수 있음을 보여주는 결과였다.

헤르츠 교수는 이 같은 결과에 대해 "여성은 자신의 면역체계를 보완해주고 자신에게 있는 나쁜 형질을 가지고 있지 않으며 장점을 최대화시켜

줄 수 있는 면역체계를 가진 남성을 찾게 된다"며 "그것을 알 수 있는 방법이 바로 체취인 것이다"라고 설명했다.

또한 냄새는 상대방에게 신뢰감을 주는 언어가 된다. 10만 원이 당신에게 있다고 치자. 이 돈을 다른 사람에게 투자하면 3배를 벌게 된다. 그러나 투자받은 사람이 번 돈을 당신과 나눌지, 아니면 독식할지는 알 수 없다. 당신은 그냥 10만 원에 만족할 것인가, 아니면 상대를 믿고 투자를 할 것인가. 과학자들은 최근 이런 형태의 투자게임을 통해 상대에게 신뢰감을 느끼는 이유가 무엇인지, 어떻게 하면 신뢰감을 높일 수 있는지를 알아냈다. 스위스 취리히대학교Univ. of Zurich 에른스트 페르 교수팀은 특정한 호르몬을 코에 뿌리면 상대에 대한 신뢰감이 증대한다는 연구결과를 2일자 〈네이처〉지에 발표했다. 이들이 뿌린 호르몬은 옥시토신oxytocin이었다. 동물의 경우 상대에 대한 경계감을 누그러뜨려 짝짓기를 유도하고 사람에게는 분만과 수유를 촉진시키는 호르몬이다.

연구팀은 128명의 남성에게 40스위스 센트미화 32센트를 주고 투자게임을 실시했다. 그 결과 옥시토신 냄새를 맡은 참가자들은 45퍼센트가 수익을 나누어 줄 것을 믿고 돈을 맡겼다. 반면 냄새를 맡지 않은 사람들에게서는 투자하는 비율이 21퍼센트에 그쳐 옥시토신이 상대에 대한 신뢰감을 두 배나 높게 증대시키는 것으로 나타났다.

이성에게 사랑받고 싶다면 빨간 옷을 입어라

● ● ● ● ● ● ● ●

대학원생 민지 씨는 소개팅을 앞두고 남자 동기인 병민 씨와 함께 쇼핑을 하러 갔다. 맘에 드는 원피스를 발견했는데 빨간색이라 너무 튀지 않을까 고민이 됐다. 망설이다 병민 씨에게 의견을 물어보니 빨간색이니까 무조건 사라며 부추기는 것이었다. 그러면서 재밌는 이야기를 들려주었다. 중국유학 시절 학교 기숙사에서 방을 함께 쓰는 중국인이 있었는데 그 친구가 몇 달째 빨간 팬티만 입고 지내는 것이었다. 남자가 특이하게 빨간 팬티를 그것도 하루 이틀도 아닌 허구한 날 두 장의 팬티를 번갈아 빨아가며 입고 다니는 걸 보고 왜 저럴까 하며 슬며시 물어보았다고 했다. 그랬더니 중국인 친구가 이렇게 말했다고 한다. "이거? 엄마가 사주신 거야. 올 1년은 이것만 입어야 해. 올해가 용띠의 해인데 내가 용띠거든."

중국인들의 풍습으로 자기 띠에 해당하는 해가 오면 액땜을 위해 무엇이든 빨간 물건을 몸에 두른다는 것이었다. 그래서 정초가 되면 빨간 허리띠, 빨간 내복, 빨간 속옷처럼 겉으로 안 보이는 물건들이 선물용으로 불티나게 팔린다고 한다.

● ● ● ● ● ● ● ●

중국에서 빨간색은 행운을 안겨주는 동시에 액운을 막아주는 기능까지 하는 색깔이다. 우리나라에서는 빨간색이 꽤 오랫동안 불온한 색깔이었다. 해방 이후 남북이 갈라진 뒤부터 줄곧 그래왔다. 그러한 금기를 깬 것이 'Be the Reds!'로 대표되는 2002년 월드컵이었다. 월드컵 이후 거리에서도 빨간색 옷을 입고 다니는 사람들이 훨씬 많아졌으며, 금기시되던 빨간색이 '레드 열풍'으로 인해 새롭게 사랑받는 컬러로 떠올랐다.

'빨간색' 하면 가장 강렬하게 떠오르는 것이 바로 스페인의 투우 경기다. 투우사가 빨간색 천을 흔들면 투우는 천을 향해 돌진한다. 과연 투우는 빨간색을 보고 흥분해 돌진하는 것일까. 정답은 '아니다'이다. 소는 색맹이므로 색깔은 전혀 상관이 없고 흔들리는 천을 보고 달려드는 것이다. 빨간색을 보면 흥분하는 것은 소가 아니라 사람으로, 투우사가 빨간색 천을 흔드는 이유는 관객인 사람들을 더욱 열광하게 만들기 위함이다.

실제로 빨간색 옷을 입으면, 남성과 여성 모두 상대방에게 좀 더 호감을 느끼게 된다는 연구결과가 나왔다. 데이트를 할 때 이왕이면 빨간색 옷을 입는 것이 데이트를 성공으로 이끄는 한 가지 방법이 될 수 있다. 더욱이 빨간색 옷을 입으면 자신감이 높아지는 효과가 있다는 흥미로운 분석도 나와 있다.

미국 뉴욕에 소재한 로체스터대학교Univ. of Rochester의 연구팀은 남성들이 빨간 옷을 입은 여성에게 좀 더 매력을 느낀다는 연구결과를 발표했다. 이 연구팀은 남학생 그룹을 대상으로 빨간 상의와 파란 상의를 입은 여성의 사진 2장을 각각 보여준 뒤 반응을 체크했다. 그 결과, 남학생들은 빨간 옷을 입은 여성의 사진을 볼 때 의자를 좀 더 가까이 끌고 가서 보는 것으로 나타났다. 또 이들은 여성에게 묻고 싶은 질문을 할 때도 빨간 옷을 입은 여성에게 좀 더 추파를 던졌다.

영국의 데일리메일Dailymail 등은 로체스터대학교의 앤드루 엘리어트 교수가 젊은 여성을 대상으로 실시한 실험 결과를 발표했다. 여성들 또한 빨간색 셔츠를 입은 남성에게 호감을 느낀다는 것을 밝혀낸 것이다. 이 실험에서 엘리어트 교수는 미국, 중국, 영국, 독일의 19~22세 여성들에게 보통 수준의 매력을 가진 한 남성의 사진을 그가 입은 셔츠와 배경의 색을 달리하며 보여줬다.

　실험은 7차례에 걸쳐 이뤄졌으며 각각의 실험에는 20~57명의 여성들이 참여했다. 그 결과, 여성들은 이 남성이 빨간색 옷을 입고 있거나 빨간색 배경을 뒤로 한 사진에서 가장 성적인 매력을 느낀 것으로 나타났다. 이에 대해 엘리어트 교수는 "동물들의 세계에서 빨간색은 힘, 열정, 생식력 등을 상징하는데 이 점에서 사람도 예외가 아니다"라고 설명했다.

　더욱 흥미로운 것은 빨간색 옷이 여성의 눈길을 끌 뿐만 아니라 남성 스스로 자신감을 갖게 하는 효과도 있었다는 분석이다. 연구진은 "남성이 빨간색 옷을 입으면 행동에 변화가 온다"며 사람들 앞에서 좀 더 자신감 있게 발표하기 위해서는 빨간색 넥타이를 하는 것도 좋다고 조언했다. 엘리어트 교수는 빨간색의 이 같은 위력을 십분 활용한 사람의 예로 골프 황제 타이거 우즈를 들었다. 우즈는 골프 토너먼트 마지막 날이면 빨간색 셔츠를 입고 나타나고는 하는데 이는 그가 골퍼로서 갖는 최고의 지위를 상기시켜주면서 경쟁자들을 압도한다는 것이다.

중요한 말은 몸짓과 섞어서 말하라

초등학교 친구들을 동창회에서 오랜만에 만난 재구 씨는 기분이 들떠 있었다. 초등학교 때 짝사랑하던 미진 씨가 더 예뻐진 모습으로 나타난 것이었다. 어떻게든 남들보다 잘 보여서 아직까지 변치 않은 자신의 사랑을 이번 기회에 고백하리라 마음먹고 있는데 회식을 끝낸 동창회 총무가 2차로 노래방을 가자고 일행을 부추겼다. 재구 씨는 속으로 쾌재를 불렀다. 재구 씨는 노래에 자신이 있었기 때문이다.

드디어 자신의 차례가 되자 마치 테너 가수 플라시도 도밍고Placido Domingo처럼 가슴을 한껏 끌어올려 열창을 하는데 미진 씨는 물론이고 동창 친구 녀석들도 하나같이 딴짓만 하고 자신의 노래를 경청하지 않고 있는 것이 아닌가? 열성이 부족한가 싶어 목에 무리가 가도록 소리를 끌어 올렸지만 허무하게 노래는 끝나고 미진 씨와 친구들은 건성으로 박수를 쳐주었을 뿐이었다. 그런데 다음 순서인 창환 씨가 나와서 노래를 부르는데 조용하던 분위기는 갑자기 즐거운 웃음으로 뒤덮이고 박수와 환호성이 노래방을 흔들었고 앵콜 요청이 빗발쳤다. 창환 씨는 가수 현철의 트로트 '앉으나 서나 당신 생각'을 부를 때 노랫말 그대로 앉았다 일어섰다를 반복하거나 자신의 머리를 돌리며 헤드뱅잉을 하는 제스처를 취하며 불렀을 뿐이었는데 모두들 재미있어했다. 재구 씨가 봤을 때는 수준 이하의 노래 실력이었는데 왜 모두들 뒤집어졌는지 도저히 이해할 수가 없었다.

실제로 연주자가 긴 머리를 휘날리며 땀방울을 무대에 뿌리자, 정신을 잃고 쓰러지는 여성 관객이 속출했었다. 일부 여성은 입고 있던 옷을 무대로 던졌다. 록그룹 콘서트 현장이 아니었다. '피아노의 왕' 프란츠 리스트의 1842년 베를린 연주회에서 일어난 일이다.

리스트가 관객을 사로잡았던 비결이 심리 실험으로 밝혀졌다. 클래식이든 록이든 관객에게 더 중요한 것은 음악 자체보다는 연주의 열정이 드러나는 화려한 시각적 자극이란 것이다.

영국 런던대학Univ. of London의 사회 심리학자이자 전문 피아노 연주자 치아 중 차이Tsay 교수는 일반인 1,164명에게 세계적인 피아노 경연대회 열 곳에서 각각 최종 결선에 오른 3명 중 1등을 고르도록 했다. 예상대로 사전 설문조사에서는 83.3퍼센트가 판정의 기준으로 '소리'를 꼽았다. 클래식 전문가들도 비슷한 비율을 보였다.

연구진은 피아노 연주 녹음을 들려주거나, 소리가 나오지 않는 연주 영상을 각각 제시했다. 소리 또는 영상 중 어느 쪽이 우승자를 맞히는 데 결정적인 정보가 되는지 알아본 것이다. 예상과 달리 영상만 본 경우 52.5퍼센트가 실제 대회 우승자를 1등으로 골랐지만, 녹음을 들은 사람들은 25.5퍼센트만이 성공했다.

전문가 역시 마찬가지였다. 이번엔 녹음 영상, 무음無音 영상, 소리가 제대로 나오는 영상 세 가지를 제시했다. 여기서도 영상만 봤을 때 정답 비율이 47퍼센트로 가장 높았다. 다음은 소리가 나오는 영상29.5퍼센트, 녹음 25.7퍼센트 순이었다. 결국 대회 심사에서 귀보다는 눈이 우선이었던 셈이다.

신경과학자들은 시각이 청각보다 더 원초적인 감각이라고 본다. 인간이 외부로부터 받아들이는 정보의 가장 큰 부분도 시각 정보다. 차이 교수는 "시각 정보는 사람들이 연주자의 자질로 중요하게 보는 음악적 열정이 어느 정도인지 알려준다"고 설명했다.

말을 하면서 손과 발을 이용해 행동도 함께 하면 상대방의 이해도가 높아지고 대화능력이 향상된다는 연구결과도 나왔다. 미국 콜게이트칼대학교Colgate Univ. 스펜서 켈리 교수팀은 사람들에게 말과 행동이 일치하거나 일치하지 않는 두 가지의 영상을 보여줬다. 예를 들어 'chop자르다, 썰다'이라는 단어를 설명하면서 단어와 일치하는 자르는 행동을 하는 영상과 단어와 일치하지 않게 몸을 비트는 행동을 하는 영상을 보여줬다.

그 결과 말과 행동이 일치하는 영상을 본 사람들이 그렇지 않은 영상을 본 사람들보다 더 빠르고 정확하게 단어의 의미를 이해했다. 말과 행동을 다르게 전달할 때보다 같게 전달할 때 더 쉽게 이해할 수 있다는 것이다. 연구진은 "말과 행동은 사람들이 언어를 이해하는 데 도움을 줄 수 있는 통합된 시스템이라는 것을 보여준다"고 설명했다.

적당한 술로 분위기를 주도하라

철규 씨는 그때를 떠올리면 지금도 후회하고는 한다. 직장 동료와 술 한 잔 나누다 친구의 제안으로 즉석 미팅을 한 것이 화근이었다. 술자리에서 변죽 좋은 친구가 건너편에 앉아있던 여성들에게 가벼운 농담을 던지다 술김에 합석을 하게 되었는데 상대 여성들이 술이 제법 세서 폭탄주를 계속 돌리게 되었다. 그런데 철규 씨는 따로 사귀는 애인이 있었을 뿐 아니라 옆에 앉은 여성도 본인 스타일이 아니라 크게 관심도 없었는데 술이 취하기 시작하자 상황이 달라지기 시작한 것이다. 너무 예뻐 보이고 사랑스러워서 자신도 모르게 충동적으로 사랑 고백까지 한 것이었다. 명함까지 건네며 꼭 다시 만나고 싶다며 안달을 하고 밤늦은 시간인데도 집까지 바래다주는 기사도 정신까지 발휘했다.

술이 깬 다음날 그녀에게서 전화가 오고 그녀 자신도 철규 씨가 마음에 든다며 진지하게 사귀고 싶다고 고백을 해오자 그때서야 정신을 차리고 후회하기 시작했다. 머리를 쥐어뜯으며 아무리 생각해 봐도 자신이 왜 그런 이야기를 느닷없이 하게 됐는지 이해할 수 없었다.

술을 마시고 난 후 여성이 더 예뻐 보이는 현상, 남자라면 누구나 한번쯤 경험해 봤을 법한 일이다. 최근 한 온라인 커뮤니티에 이 같은 현상을 표현한 만화가 올라와 화제가 되고 있다.

해당 만화는 '술의 무서움'이라는 이름의 게시물로 술을 한잔 두잔 걸치면서 같은 여성이 미인으로 변하는 모습을 그려내고 있다.

술에 취했을 땐 아름답던 그녀가 술 깬 뒤엔 왜 이리 달라 보일까? 취한 사람의 눈에 추녀도 미녀로 보이는 현상을 영어로 '비어 고글Beer Goggles: 맥주 안경'이라고 한다.

영국 로햄턴대학교Roehamton Univ. 루이스 핼시Lewis Haelsi 박사 연구팀은 지난 8월 비어 고글의 원인을 밝히기 위해 음주측정기와 노트북을 들고 학내 주점을 찾았다. 연구팀은 남녀손님 64명에게 좌우대칭이 좋은 얼굴과 그렇지 않은 얼굴 사진 40장을 보여주고 '가장 매력적인 얼굴'과 '좌우 균형이 가장 좋은 얼굴'을 고르게 했다. 진화유전학에 따르면 사람은 좌우대칭이 완벽한 얼굴일수록 아름답다고 느낀다. 실험 결과, 취하지 않은 그룹은 대칭이 좋은 얼굴을 압도적으로 선호했다. 반면 취한 학생들은 대칭적인 얼굴과 그렇지 않은 얼굴을 잘 구분하지 못했다. 술로 인해 대칭성을 감별하는 안목이 떨어지는 것이 비어 고글의 원인임을 보여준 것이다.

영국의 데일리메일은 비어 고글 현상이 특정인에게만 나타나는 현상이 아니라, 음주 후 대부분의 사람들에게 나타나는 일반적인 현상이라고 보도했다. 데일리메일에 따르면, 영국 연구진은 남녀 지원자들에게 술과 비알코올성 음료를 무작위로 나누어 마시도록 했다. 음주 30분 뒤 남성에게는 여성들의 얼굴 사진을, 여성들에게는 남성들의 얼굴 사진을 보여주며 매력점수를 부여하게 했다. 연구 결과, 비알코올성 음료를 마신 사람들은 변화가 없었다. 하지만 술에 취한 사람들은 '미'의 판단 기준이 변했다. 음주 후 이성을 더욱 매력적으로 보게 된 것이다. 비 알코올성 음료를 마신 사람들보다 10퍼센트 정도 더 높은 점수를 부여했다. 연구팀은 맥주

500cc 정도의 비어 고글 효과가 나타난다고 밝혔는데 술을 많이 마신 사람은 비어 고글 효과가 24시간 정도 지속됐다.

연구팀은 "비어 고글 효과는 흥분이나 쾌락 등 매력과 관련된 정보를 처리하는 뇌 영역인 '선조체striatum'를 알코올이 자극하기 때문"이라며 "술이 후회할 수 있는 성관계를 부추길 수 있다. 상대방이 매력적으로 보이는 것이 비어 고글 현상 때문인지 분별해야 한다"고 말했다.

상대방의 영역을 존중하고 거리를 유지하라

대학생 민혜 씨는 남자 친구를 이해할 수 없었다. 남자 친구가 처음으로 자신에게 화를 냈기 때문이었다. 수업이 끝나고 남자 친구가 보고 싶어서 어디 있냐고 물었더니 수업이 끝나고 친구들과 PC방에서 게임을 하고 있는데 한 시간 뒤에 게임이 끝나면 만나자고 했다. 그런데 그때까지 기다리기 싫던 민혜 씨는 어디 PC방인지 물어보고 자신이 그곳으로 가겠다고 했다. 그런데 남자 친구는 자신이 금방 갈 테니까 절대 오지 말라고 말했다. 하지만 민혜 씨는 PC방으로 직접 남자 친구를 찾아갔다. 그런데 평상시 자상하고 부드럽게 말하던 남자 친구가 여긴 왜 왔냐며 민혜 씨가 놀랄 정도로 불같이 화를 내는 것이었다. 평소와 전혀 다른 모습을 보여주는 남자 친구가 낯설게 느껴졌다.

보통 사랑을 시작하는 연인은 상대의 시시콜콜한 모든 것을 알고 싶어 한다. 가족도 예외는 아닐 것이다. 친밀함을 내세워 부부간에 또 자녀의 모든 것을 알려고 하고 심지어 간섭 및 통제를 하고 싶어 한다. 직장에서도 상사와 부하직원간 또는 동료 간에도 비슷한 일들이 일어날 수 있다. 누구나 자신만의 사적인 영역이 있기 때문에 아무리 친한 사이라도 임계_{臨界}거리, 즉 적정거리를 유지해야 한다.

이렇게 사람들에게는 남에게 침범받기를 싫어하는 개인 공간이 있다. 이 개인 공간은 어느 정도 확보되어야 할까? 영국 유니버시티칼리지런던 UCL의 연구팀이 실험한 바에 따르면 20~40센티미터 정도이며, 평소에 불안감을 많이 느끼는 사람일수록 더 많은 공간이 필요한 것으로 나타났다. 연구팀은 사람들이 자신의 얼굴에 뭔가 자극이 가해질 때 그 자극과의 거리에 따라 어떤 반응을 보이는지를 관찰했다. 연구팀은 사람들이 무의식적으로 눈동자를 깜박이는 것을 통해 자극에 대한 반응을 살폈다. 눈을 깜박이는 것은 어떤 자극에 대해 얼마나 위험하게 느끼는지를 보여주는 신호로 받아들여지고 있다.

그리고 참가자들에게 자신이 평소에 불안감을 얼마나 느끼는 성격인지에 대해 스스로 1~4단계의 등급을 매기도록 했다. 그 결과, 불안감 지수가 높은 사람들일수록 더 많은 개인 공간을 필요로 한다는 것이 드러났다. 이는 불안감을 잘 느끼는 이들은 외부의 자극에 대해 실제보다 더 가깝게 생각하기 때문이라는 것이 연구팀의 설명이다. 이번 연구에 참여한 치아라 삼보 박사는 이에 대해 "불안해하는 성격의 사람들은 외부의 잠재적인 위협에 대해 실제보다 더 위험한 것으로 생각한다"고 말했다.

미국 노스웨스턴대학교 Northwestern Univ. 인류학과 에드워드 홀 교수는 인간관계에는 다양한 거리가 존재한다고 주장하고 있다. 그는《숨겨진 차원 The Hidden Dimension》이라는 저서에서 공간과 인간행동의 관계에 대하여 연구하고 타인과의 거리를 구분하였다.

1. 밀접한 거리

상대방과의 거리가 45센티미터 이내 되는 거리를 말하는데, 타인의 체온이나 숨소리, 냄새까지 느껴진다. 타인이 이 거리를 침범하면 불쾌감을 느낀다. 하지만 사랑하는 사람이라면 이야기는 달라진다.

2. 개인적 거리

45센티미터~1.2미터의 이내의 공간을 말한다. 팔을 뻗으면 닿는 거리로 신체적 지배의 한계점이다. 시각 정보가 정확하면서도 자세하다. 가족이나 친구가 이 영역 안에 머물러 있을 때에는 별 문제가 없지만 낯선 사람이라면 불편하다.

3. 사회적 거리

1.2~3.6미터의 공간이다. 상대의 세부적 모습을 볼 수 없지만 몸 전체를 파악할 수는 있다. 보통 사무실에서 일하는 사람들의 자리는 이 거리를 유지하게 되어있다. 다른 사람이 있어도 별로 의식하지 않고 자기 일을 할 수 있다.

> **4. 공적인 거리**
> 3.6미터 이상의 거리를 말한다. 위험을 느낄 때 본능적으로 유지하고자 하는 거리다. 상대의 모습이 평면적으로 보인다. 대화를 위해서는 목소리가 과장되어야 하고 몸짓 같은 비언어적 의사소통이 중요하다.

이렇게 거리감을 두려고 하는 이유는 안전거리와 자기 영역을 지키려는 본능이 있기 때문이다. 안전거리와 자기영역은 동물들이 야생에서 살아남기 위해 가장 중요한 두 가지 공간인데 안전거리는 특히 초식동물들에게 중요하다. 만약 사자나 하이에나 같은 포식자들이 접근할 때마다 놀라서 도망간다면 먹이 활동도 못하고 체력은 금방 바닥이 드러나고 말 것이다. 그래서 초식 동물은 포식자로부터의 안전거리를 확보하고 그 안전거리 이내로 포식자가 침입했을 때 쉽게 도망가기 위한 중요한 공간이 되는 것이다.

자기 영역은 포식자들, 즉 육식 동물에게 필요하다. 좁은 공간에 많은 포식자가 있다는 것은 자신의 사냥 활동에 심각한 타격을 주기 때문에 자기영역을 확실히 해 두지 않으면 불리해질 수밖에 없다. 그래서 기회가 될 때마다 자신의 영역을 침범한 다른 포식자를 공격하거나 자신의 공간임을 확실히 표시하는 영역 표시를 하게 된다. 그런데 사람도 동물인지라 다소 완화되고 포장은 달라졌지만 '안전거리'와 '자기영역'은 존재한다. 간단하게 지하철에 앉는 순서만 봐도 알 수 있다.

EBS에서 '지하철에 앉는 순서' 실험을 통해 사람들이 지하철 의자에 앉는 순서를 관찰한 모습을 보면 사람들은 처음에 의자 가장자리 쪽에 먼저 앉는다. 그 다음 사람은 반대쪽 가장자리, 다음 사람 중앙 바로 옆 자리에 앉는다. 이어 그 다음 사람은 중앙 바로 옆 빈자리에 앉는다. 마지막으로 빈 두 자리에 차례대로 사람들이 앉는다.

이처럼 일반적으로 사람들은 지하철에 앉는 순서로 양옆이 아닌 한 쪽에만 옆 사람이 앉는 끝 좌석을 가장 선호하며, 대부분 옆에 사람이 없는 자리를 우선순위에 두는 것으로 드러났다. 이는 사람들이 밀집된 상황보다 그렇지 않은 상황을 더 좋아하는 심리적인 요인이 작용된 것임은 물론, 자신의 영역을 확보하려는 동물적 욕구와도 관계가 있기 때문이다.

쇼펜하우어는 "사람과 사람 사이에는 거리가 있다. 떨어져 있을 때의 추위와 붙으면 가시에 찔리는 아픔 사이를 반복하다가 결국 우리는 적당한 거리를 유지하는 법을 배우게 된다"고 말하기도 했다.

특히 거리감에 대해 민감한 쪽은 남성이다. 실제로 남성과 여성은 거리감에 관해 큰 차이를 보이는 데 그중 한 곳이 영화관이다. 최근 모 영화 예매사이트 4,300여 명을 대상으로 '동성과 극장에서 자주 영화를 보는가'라는 질문을 던져 보았다. 설문에 응한 여성은 '대부분 본다'31퍼센트와 '종종 본다'63퍼센트를 택했다. 94퍼센트의 여성들이 동성 친구와 영화 보는 것을 자연스럽게 여기고 또 영화를 보러 가는 것이다. 반면 남성들은 같은 질문에 '거의 보지 않는다'39퍼센트, '전혀 보지 않는다'17퍼센트를 택해 남성의 절반 이상이 동성과 영화 관람을 탐탁지 않게 여기는 것으로 나타났다.

친구들과 놀이를 통해 관계를 돈독히 하는 여성들에게 영화관은 적절한 공간으로 해석된다. 나란히 밀착해 앉아 같이 울고 웃으며 영화를 보는 것 자체가 서로를 알아가고 공감대를 키워나가는 공간인 셈이다. 학교에서 친한 여학생들이 화장실을 같이 갈 뿐만 아니라 화장실 칸 안까지 함께 들어가기도 하는 것이 이러한 특성을 잘 보여준다.

반면 남성들은 놀이를 할 때 독립성과 자율성을 중시해 자기 테두리 안에 다른 사람이 들어오는 것을 싫어한다. 예를 들어서 PC방도 영화관처럼 깜깜하고 좁은 것은 비슷하다. 그러나 PC방에는 영화관보다 동성끼리 놀러온 남성들이 압도적이다. 영화관과는 다르게 소리를 지를 수도, 서로 게임실력을 겨룰 수도, 또 자기의 남자다움을 표출할 수도 있기 때문에 서로의 거리를 허용한다는 것이다.

그렇기 때문에 대화할 때 서로의 거리를 인정해 주는 것이 중요하다.

함께 있되 거리를 두라.
그래서 하늘 바람이 너희 사이에서 춤추게 하라.
서로 사랑하라. 그러나 사랑으로 구속하지는 마라.
그보다 너희 혼과 혼의 두 언덕 사이에 출렁이는 바다를 놓아 두라.
서로의 잔을 채워주되 한쪽의 잔만을 마시지 마라.
서로의 빵을 주되 한쪽의 빵만을 먹지 마라.
함께 노래하고 춤추며 즐거워하되 서로는 혼자 있게 하라.
마치 현악기의 줄들이 하나의 음악을 울릴지라도

> 줄은 서로 혼자이듯이……
> 서로 가슴을 주라. 그러나 서로의 가슴속에 묶어 두지는 마라.
> 오직 큰 생명의 손길만이 너희의 가슴을 간직할 수 있다.
> 함께 서 있으라. 그러나 너무 가까이 서 있지는 마라.
> 사원의 기둥들도 서로 떨어져 있고
> 참나무와 삼나무는 서로의 그늘 속에선 자랄 수 없다.
> - 칼릴 지브란, 〈함께 있되 거리를 두라〉

사랑의 밀어는 왼쪽 귀에 속삭여라

형태 씨는 가끔씩 집사람과 산책을 한다. 그런데 신기하게도 부인의 오른쪽 편에 서서 싸우면 왠지 불편하고 말다툼이 많은 편인데 왼쪽 편에 서서 걸어가면 마음이 편하고 집사람과의 대화도 즐거웠다. 그리고 더 신기한 것은 상사에게 보고할 때도 오른쪽에서 보다 왼쪽 편에 서서 보고하면 훨씬 더 쉽게 컨펌을 받아낼 수 있었다.

실제로 사랑의 밀어는 왼쪽 귀에 대고 속삭여야 더 큰 효과를 발휘할 수 있다고 미국 텍사스 샘휴스턴주립대학교 연구진이 11일 밝혔다. 이 대학 연구진이 감성적인 말들을 녹음해 왼쪽 귀와 오른쪽 귀를 통해 들려주는 실험을 한 결과 사람들은 왼쪽 귀를 통해 들은 말들을 더 정확하게 기억하는 것으로 나타났다는 것이다. 연구진은 100명에게 녹음된 내용을 들려주고 내용을 글로 적도록 한 실험에서 오른쪽 귀로 밀어를 들은 경우 58명이 그 내용을 정확히 적어냈으나 왼쪽 귀로 들은 경우에는 70명이 제대로 받아 적었다며 이는 왼쪽 귀가 감정 조절에 관여하는 우뇌의 지배를 받기 때문이라고 설명했다.

이번 연구책임자인 신경의학자 심 터우충 박사는 "이번 연구결과는 왼쪽 귀와 연결되어 있는 우뇌가 감정을 인식하는 일에 더 적합하다는 이론을 뒷받침하는 것"이라고 말했다.

얼굴도 오른쪽보다 왼쪽 편 얼굴이 더욱 호감을 준다는 연구결과가 나왔다. 사진을 찍을 때는 고개를 오른쪽으로 돌리고 왼 뺨을 내미는 것이 좋다는 것이다. 최근 미국 웨이크포레스트대학교Wake Forest Univ. 연구팀이 〈실험적 뇌 연구Experimental Brain Research〉 저널에 발표한 논문의 내용이다.

연구팀은 일반인 남녀 각각 10명의 얼굴 사진을 실험 참가자들에게 보여주고 왼쪽과 오른쪽 얼굴 중 어느 쪽이 마음에 드는지 점수로 평가하게 했다. 원본 사진은 얼굴의 왼쪽이나 오른쪽 중 하나만 촬영한 것이었다. 연구팀은 좌우를 역전시킨 복사본을 만들어 원본과 함께 흑백 형태로 제시했다. 그 결과 얼굴 왼쪽을 보여주는 사진이 더욱 큰 심미적 호감을 느끼게 한다는 사실이 확인됐다. 사진 주인공의 성별이나 원본의 촬영 방향은 영향을 미치지 않았다.

왼쪽 선호는 실험 참가자들의 눈동자 크기를 측정한 결과에서도 확인됐다. 눈동자는 관심의 크기를 무의식적으로 나타내는 믿을만한 지표다.

흥미로운 자극을 대하면 확장되는 반면 비호감 이미지를 대할 때는 축소된다. 측정 결과 호감도 평가점수가 높을수록 눈동자도 더욱 확장된 것으로 나타났다.

연구팀은 "우리의 연구결과가 보여주는 바는 감정을 표현할 때 얼굴 왼쪽 근육이 오른쪽보다 더욱 밀도 있고 활발하게 움직인다는 것"이라며 "사람들은 왼쪽 얼굴 감정이 더 잘 드러나는 을 선호한다"고 말했다. 이들은 "감정은 뇌의 좌반구와 우반구에서 각기 다르게 처리되며, 감정표현에서는 얼굴 왼쪽을 관장하는 우반구가 지배적 역할을 한다는 관점을 우리의 연구결과는 뒷받침한다"고 설명했다. 오른쪽 얼굴은 뇌의 좌반구가 관장한다.

왼쪽 선호는 서구의 초상화 1,474점을 분석한 연구에서도 확인된다. 얼굴 왼쪽을 드러낸 것이 64퍼센트였고 오른쪽을 드러낸 것은 33퍼센트에 지나지 않았다. 이같은 편향은 여성의 초상화에서 더욱 강하게 나타났다. 렘브란트는 사람들의 왼편을 그리는 쪽을 특히 선호한 것으로 알려져 있다. 정치인이나 연예인의 이미지를 홍보하는 사람들뿐만 아니라 기념사진을 촬영하는 일반인도 알아두어야 할 정보다.

왼쪽은 마케팅에도 영향을 미친다. 몇 해 전 LG경제연구소는 재미있는 자료를 내놨다. 소비자의 구매심리를 자극하기 위해서는 왼쪽을 노려야 한다는 것이다. 이 자료에 따르면 "백화점 에스컬레이터에서 내리면 왼쪽으로 향하는 경우가 많다"며 "백화점의 신상품과 마네킹 등을 배치할 때 진행 방향의 왼쪽에 설치하고, TV 홈쇼핑도 가격이나 조건 등 민감한 정보 등을 화면 왼쪽에 둔다"고 주장했다.

오른발잡이의 보폭은 오른쪽이 더 넓다는 주장도 한국인의 '좌회전 특성'을 설명하고 있다. 오른발잡이는 오른쪽 다리에 더 힘이 실리기 때문에 자연스레 왼쪽 다리를 축으로 회전하려는 경향이 있다. 실험적으로 증명된 결과로 오른발잡이가 눈을 감고 걸으면 왼쪽 방향으로 도는 경우가 많다는 사실도 이 같은 주장을 뒷받침하고 있다.

또 다른 근거는 한국인에게 깊숙이 박혀있는 '좌측통행' 문화다. 좌측으로 다니는 것에 대한 자연스러운 습관이 왼쪽으로 시선을 돌리게끔 한다는 것이다. 실제로 우측통행을 생활화하는 미국이나 캐나다의 경우는 우측 주시율이 높다는 연구결과도 나온 바 있다.

따라서 오른손잡이가 많은 한국인의 특성상 왼쪽 공략은 국내시장에서 충분히 먹혀들 수 있는 이야기다. 소비자의 특성을 파악하면 흐름이 보이고 이는 곧 매출증대의 원인으로 작용할 수 있다. 유통업계는 한국인의 특성을 이용한 '왼쪽 마케팅'을 이미 보편화했다. 경기도 부천의 GS백화점의 한 의류매장은 주 동선이 있는 곳의 왼편에 마네킹을 전시하면서 10배에 가까운 매출을 올렸다. 물론 백화점 외부의 쇼윈도에 전시한 효과도 있었지만 이곳의 위치도 유동인구가 이동하는 경로에서 왼편에 위치한 것으로 나타났다.

반대로 상대방에게 부탁할 일이 있으면 오른쪽 귀에 대고 말해야 더 좋은 효과를 볼 수 있다는 연구결과가 나왔다. 오른쪽 귀가 들은 내용을 뇌가 더 잘 처리하기 때문에 상대방에게 영향을 미치기 좋다는 의미다.

이탈리아 가브리엘레 단눈치오대학교Gabriele D'Annunzio Univ.의 루카 토마시, 다니엘 마조리 교수 팀은 시끄러운 클럽 안에서 176명에게 간단한 실험을 했다. 오른쪽 또는 왼쪽 귀에 대고 "담배 한 개피만 달라"고 부탁한 것이다. 그 결과 오른쪽 귀에 대고 얘기했을 때 더 쉽게 담배를 얻는 것으로 나타났다.

이 밖에도 연구진이 시끄러운 클럽 안에서 사람들이 대화하는 것을 관찰한 결과 286명 중 72퍼센트는 듣는 사람의 오른편에서 얘기했으며 클럽 안 사람들에게 조용히 다가가 웅얼거렸을 때 160명 중 58퍼센트가 다시 듣기 위해 오른쪽 귀를 내밀었다. 연구진은 "오른쪽 귀로 들은 내용은 왼쪽 뇌가 처리하는데, 왼쪽 뇌는 오른쪽 뇌보다 더 논리적이고 언어 정보를 잘 처리한다"고 설명했다.

달콤한 것으로 마음을 끌어라

수희 씨는 사내에서 차갑기로 소문난 여성이었다. 너무 냉정해 별명이 얼음공주였다. 그럼에도 불구하고 그녀는 인기가 끊이지 않았다. 연예인급 미모에 날씬한 몸매 때문이었다. 그런데 언제부터인지 그녀의 마음을 사로잡는 남자가 있다고 소문이 퍼졌다. 구매팀 김 대리가 그 주인공이었는데 그는 그렇게 잘나 보이거나 좋은 조건이 아니었음에도 불구하고 그녀를 애인으로 만들고 말았다. 그의 비밀은 달콤한 '카라멜 마끼아또'였다. 점심을 먹고 나면 김 대리는 항상 카라멜 마끼아또를 사들고 그녀에게 찾아가 이런저런 대화를 나눴다. 처음엔 불편해하던 그녀도 언제부터인지 김 대리의 달콤한 커피가 기다려졌는데 김 대리는 매일 나가는 커피 값을 손해 보는 대신 사내 최고의 미인을 얻게 되었다.

● ● ● ● ● ● ●

왜 여성들은 남성보다 달콤한 디저트를 더 좋아할까. 최근 한 연구팀이 그 이유를 밝혀냈다. 당분이 많이 든 음식에 끌리도록 만드는 유전자가 여성들로부터 발견됐다는 것이다.

캐나다 맥길대학교McGill Univ. 연구팀에 따르면, 여성들이 단 음식을 즐겨 찾고 살이 찌는 데는 그만한 이유가 있었다. 비만은 유전적 요인, 환경적 스트레스, 심리적 불안감 등으로 나타나는데 단 음식에 쉽게 매혹되도록 유도하는 유전자가 여성에게 많이 있다는 것이다.

페트리샤 실베라 연구원은 "여성에게서 행복 호르몬인 도파민의 활성화를 조절하는 유전자 변형체가 발견됐다"고 밝혔다. 이 대립유전자는 도파민의 기능을 저하시키기 때문에 여성들은 이에 대한 보상 심리로 아이스크림, 캔디, 과자 등의 단 고칼로리 음식을 섭취하게 된다는 설명이다.

반대로 쓴맛은 상대방에 대해서 부정적인 영향을 준다. 실제로 쓴맛이 도덕적인 판단을 할 때 사람을 더 비판적으로 만든다는 연구결과가 나왔다.

미국 뉴욕시립대학교 켄달 에스킨 박사팀은 미각이 도덕적 판단에 미치는 영향을 알아보기 위해 57명의 지원자를 대상으로 조사했다. 연구진은 쓴맛이 나는 음료, 달콤한 주스, 물을 마시게 한 후 몇 가지 도덕적 판단과 관계된 질문에 대해 1부터 100까지 답하도록 했다. 연구진은 각각의 지원자들의 정치적 성향을 파악하는 한편 죽은 자기 애완견을 먹는 것, 사촌과 결혼하는 것 등 가상의 질문을 하고 도덕적 평가를 물었다. 조사 결과 쓴 음료를 마신 사람들이 가장 도덕적 판단이 엄격했는데 물을 마신 사람들보다 평균 27퍼센트 가량 더 엄격하게 반대했다. 또 보수적인 사람들이 진보적인 사람보다 쓴맛이 나는 음료를 마셨을 때 도덕적으로 더 엄격한 태도를 취했다.

연구진은 "미각과 행동 사이에 어떤 상관관계가 있는지 아직 불명확하지만 쓴맛이 영향을 미치는 것은 확실하다"며 "판사나 배심원과 같은 사람들은 판결 전에 쓴맛이 진한 음료나 음식을 피해야 할 것 같다"고 말했다.

달콤한 가사의 음악도 상대방에 대한 평가에 영향을 준다. 데이트 도중 다툼이 생겼을 때, 좀처럼 열리지 않는 이성의 마음을 얻고 싶을 때, 사랑을 속삭이는 음악을 여성에게 들려주면 성공도가 높다는 연구결과가 저널 〈음악심리학〉에 실렸다. 프랑스 남브르타뉴대학교 니콜라스 게강 교수팀은 폭력적인 비디오 게임이나 공격적인 가사의 노래를 접했을 때 사람들의 행동은 공연히 공격적으로 변할 수 있다는 연구결과와 관련, 로맨틱한 음악에 대한 여성들의 반응을 연구했다.

연구진은 18~20세 여성 87명에게 대기하다가 토론방에서 모르는 남성과 2가지 음식에 대해 토론할 것이라고 일러줬다. 연구진은 여성을 두 그룹으로 나눠 한쪽 대기실에는 사랑을 속삭이는 노래, 다른 쪽 대기실에는 로맨스와 무관한 노래가 흘러나오게 했다.

각 여성이 남성과 토론을 마치고 대기실로 돌아갔을 때 남성은 여성을 따라가 "당신이 마음에 듭니다. 당신에 대해서 알고 싶은데 연락처를 주시겠습니까?"라고 말했다.

여성들의 반응은 어떤 음악이 나오는 대기실에 있느냐에 따라 크게 달랐다. 사랑 노래가 흘러나오는 대기실의 여성은 52퍼센트가 자기 연락처를 내놓았다. 평이한 음악이 나오는 대기실의 여성은 28퍼센트만 연락처를 줬다. 연구진은 "로맨틱한 음악은 감정과 기분을 긍정적으로 만든다"며 "긍정적인 마음이 되면 감수성은 더 예민해지고 구애를 더 잘 받아들이게 된다"고 말했다.

게강 교수는 "사람들의 미디어에 대한 반응이 폭력적인 것에만 한정된 것은 아니다"며 "이번 연구는 개인의 행동에 배경음악이 영향을 끼칠 수 있다는 것을 보여 준다"고 말했다.

그래서 우리는 말도 음식처럼 다양한 맛으로 표현한다. 어떤 사람이 별로 멋이 없는 말을 하면 그 사람 참 싱거운 소리한다고 표현하고 애인에게 부드럽고 속삭이듯 말하면 우리는 달콤하게 말한다고 표현한다. 호되게 혼을 낼 때 매운맛 좀 보여준다고 하고, 야한 농담을 하면 너무 진하다고도 한다. 옛날 이야기나 고향 이야기를 하면 구수한 맛이 나고, 재치 있는 사람의 말은 레몬처럼 상큼하고 거침없는 사람의 말은 시원한 맛이 나고 색다른 말은 신선한 맛이 난다고도 한다. 듣고 싶지는 않지만 옳은 말 잘하는 사람을 쓴소리 잘하는 사람이라고 말하고, 재미있게 말하는 사람을 두고 감칠맛 나게 말한다고 하는 것 보면 분명 말에도 맛이 있다는 증거다.

흐린 날씨에 사랑을 고백하라

상문 씨는 짝사랑 중이다. 아직 사랑 고백을 못해 그녀에게 자신의 본심을 제대로 보여주지 못한 것 같아 안타까웠다. 사랑을 고백하기 위해 상문 씨는 언제 어디서 어떻게 말할 것인가를 한참 고민하다가 드디어 집으로 바라다 주는 길에 차 안에서 기회를 잡았다.

먼저 자신의 애끓는 마음을 전하기 위해 "난 너를 너무 사랑해서 미쳐버리겠다"고 강하게 표현을 했는데 그녀는 부담스럽다는 표정을 지었다. 이게 아닌가 싶어 잠깐 머뭇거리다 전에 유행하던 TV 드라마 주인공의 대사를 흉내 내 "어디 타는 냄새 안나요? 제 마음이 타고 있잖아요?"라고 말했다. 그녀는 너무 느끼하다는 표정을 지었다. 안 되겠다 싶어 마지막 히든카드로 그녀의 손을 잡아다가 가슴에 대게 한 뒤 "이 안에 너 있다"고 말하자 그녀는 진저리치며 차문을 박차고 나가고 말았다.

이처럼 사랑 고백에 있어서 염두에 둘 것은 장소와 분위기다. 효과적인 장소와 분위기는 훨씬 높은 성공률을 자랑할 수 있다.

사랑 고백을 하는 날은 아무리 분위기가 좋은 곳이더라도 가급적이면 지하에 있는 곳은 피하도록 하는 것이 좋다. 야경이 황홀한 스카이라운지 같은 곳도 좋다. 왜냐하면 여성들은 낮은 곳보다는 높은 곳을 본능적으로 좋아한다고 한다. 여성의 심리 중에는 지하실 같은 어두운 곳에서는 견제 심리가 강해서 마음을 열지 않다가도 높고 무드 있는 곳에서는 쉽게 마음의 문을 연다고 한다.

실제로 높은 곳에서는 상대방에게 더욱 이끌린다는 연구결과가 있다. 캐나다 밴쿠버의 자연공원 캐필라노 캐니언에는 세계에서 가장 긴 보행자용 현수교가 있다. 이 다리는 폭이 1미터 남짓한데 비해 길이는 140미터나 된다. 거대한 삼나무들에 둘러싸인 채 좔좔 소리를 내며 흐르는 캐필라노 강 위로 70미터 높이에 매달려 있다. 난간은 낮고 다리는 끊임없이 기우뚱거리고 흔들린다. 강 상류에는 다리가 하나 더 있다. 단단한 삼나무 목재로 되어 있고 강 위로 3미터 높이에 있으며 흔들거리거나 기우뚱하는 위험 요소는 없다.

연구자들이 고용한 예쁜 여성이 간단한 설문지를 들고 공원에 가서 각각 두 개의 다리 위에서 남자들에게 설문지를 작성해달라고 부탁한다. 대부분의 남성은 부탁을 흔쾌히 들어준다. 실험 도우미는 자연 풍광이 창조적 표현력에 미치는 영향을 연구 중이라고 하면서 연구에 대한 자세한 사항이 궁금하면 '시간이 더 있을 때' 전화하라며 설문지를 다 작성한 남자들에게 종이 한 귀퉁이에 전화번호를 적어준다.

실험 결과, 현수교 위에서 설문에 응한 남성 18명 가운데 절반인 9명이 다시 전화를 걸어온 반면, 나무다리에서 설문에 응한 남성 16명 중 단 2명만이 프로젝트가 궁금하다는 핑계로 수화기를 들었다.

높은 곳에서 이성에 대해 호감도가 높아지는 이유는 뇌의 작용과 관련이 있다. 높고 흔들리는 현수교는 우리 뇌에 '조심해, 위험해!'라는 메시지를 전한다. 위험을 감지한 뇌는 몸에게 경계 태세를 취하도록 신장 위에 위치한 부신에 신호를 보낸다. 부신은 아드레날린을 저장하고 있으며 신경계가 명령하면 이 흥분 호르몬을 분비해, 눈 깜짝할 사이에 신체의 힘이 활성화된다. 그러면 뇌는 이러한 각성 상태를 설명하기 위해 이유를 찾는데, 이처럼 혼란스러운 상황에서는 엉뚱한 원인을 선택하기 쉽다. "이 여자가 내 무릎이 후들거리고 뱃속이 울렁거리게 만드는 걸 보면, 내가 이 여자를 아주 매력적으로 생각하는 게 분명해!"라고 말하는 것이다.

날씨 또한 중요한 요소로 작용한다. 사람들은 날씨에 따라 심리가 많이 변한다고 한다. 비가 오면 기분이 우울해지고 날씨가 맑으면 기분이 상쾌해지는 느낌을 갖는 사람들이 많다. 그런데 실제로 의학적으로도 2명 중 1명꼴로 날씨에 따라 기분이 바뀐다는 연구결과가 나왔다. 네덜란드 위트레흐트대학교Utrecht Univ. 연구팀은 최근 500명의 청소년들과 그들의 엄마를 대상으로 날씨가 이들의 기분에 실제 어떤 영향을 미치는지에 관한 연구를 진행했다. 그 결과 조사 대상자 가운데 17퍼센트가 맑은 날씨에 기분이 좋아졌고 27퍼센트는 반대로 햇볕이 따가운 날씨에 불쾌한 감정을 느낀 것으로 나타났다.

또 참가자 가운데 9퍼센트는 비가 오는 날 기분이 우울해지는 현상을 보였다. 즉 실험 대상자의 53퍼센트가 날씨에 의해 감정의 변화를 느낀 셈이다. 반면 날씨가 감정에 아무런 영향을 주지 않은 경우는 전체 참가자 가운데 47퍼센트에 그쳤다.

예를 들어 아이스크림은 어떤 날씨에 제일 많이 팔릴 것 같은가? 대부분 해가 쨍쨍한 더운 날 많이 사먹을 것 같지만 의외로 날씨가 흐리고 꾸물꾸

물할 때 제일 많이 팔린다고 한다. 이렇듯 날씨가 심리에 미치는 영향이 굉장히 큰데 특히 날씨에 따라 심리 변화가 심한 것은 여성들이다. 여성들은 아지랑이가 피어오르고 개나리 진달래가 만발하는 봄날에는 어디론가 훌쩍 떠나고 싶은 욕망이 생겨서 우울해하기도 한다. 이럴 때 화창한 야외로 나가서 활짝 핀 꽃밭에서 꽃보다 아름다운 당신을 사랑한다고 하면 듣는 여성들이 얼마나 황홀하겠는가?

예부터 봄바람이 꽃향기를 싣고 살랑살랑 불어 올 때면 처녀들의 가슴에는 사랑의 봄기운이 가득해 '봄바람이 난다'고 하였다. 봄비라도 주룩주룩 내리는 흐린 날에는 괜히 외로워지며 누군가에 대한 그리움으로 울적해지기도 하는데 이럴 때 저음의 목소리로 사랑을 고백하면 굉장히 효과적이라고 한다. 그래서 계절적으로 봄에 사랑을 고백하는 것이 가장 좋은 때라고 하는 것이다.

엄동설한에는 자신도 모르게 누군가의 따스한 보살핌을 받고 싶어 하는 것이 여성의 심리라고 하는데 그래서 겨울에는 따뜻한 손으로 상대의 손을 꼭 잡으면서 사랑을 고백하면 정말 효과적이다. 부슬부슬 안개비가 내리거나 함박눈이 펑펑 내리는 날은 이성의 균형이 무너져 마음 한구석에 공허함을 느끼기 때문에 이럴 때 사랑을 고백하면 금상첨화다.

이처럼 여자들은 날씨에 따라 심리 변화가 아주 다양하게 표출되는데, 대부분의 남자들은 여자들이 날씨에 민감하다는 것을 잘 모르기 때문에 적절하게 이용하지 못하는 경우가 많다. 그래서 맑은 날을 잡아서 그녀의 표정이 매우 밝고 기분이 좋아 보인다고 해서 사랑고백을 받아 줄 것이라고 생각하면 오산이다. 쾌청한 날씨는 사랑고백하기 어울리지 않아 성공 확률이 그리 높지 않다. 우중충한 날씨보다 맑게 갠 화창한 날씨에 기억력, 판단력이 떨어지기 쉽기 때문이다.

호주 뉴사우스웨일스대학교Univ. of New South Wales 조 포가스 교수 팀은 가게 손님을 상대로 날씨에 따라 달라지는 기억력 차이를 측정했다. 연구진은 플라스틱 동물 모형, 장난감 대포, 돼지 저금통, 빨간 이층버스, 장난감 트랙터, 성냥갑 크기의 자동차 4개 등 10가지 물건을 계산대에 올려놓고 고객들이 이 물건들을 얼마나 잘 기억하는지를 조사했다.

비오는 날에 연구진은 실내 음악으로 쇼팽의 느리고 슬픈 음악을, 햇빛이 화창한 날에는 비제의 경쾌한 음악을 틀었다. 기분에 더 큰 영향을 주기 위해서였다. 쇼핑을 마친 사람들에게 계산대에 올려진 장식품을 얼마나 기억하는지 확인한 결과, 흐린 날의 쇼핑객이 맑은 날의 쇼핑객보다 훨씬 잘 기억했다.

이에 대해 연구진은 "우중충한 날씨는 기분을 우울하게 만들지만 이렇게 약간 우울한 상태일 때 기억력은 좋아지고 옛날 일을 추억하는 능력도 높아진다"며 "반면 맑은 날은 사람을 쾌활하게 만들지만 기억과 판단력은 떨어지기 쉽다"고 결론을 내렸다.

포가스 교수는 "맑은 날 사람은 들뜨기 쉬워 주변 사물에 신경을 덜 쓰고, 처음 만난 사람에 대해 성급히 판단하는 경향이 있다"며 "이렇게 성급한 결정을 내리고도 맑은 날 사람들은 자신감이 넘쳐 결정을 잘했다고 생각한다"고 말했다.

그렇기 때문에 사랑 고백은 기분이 좋아 균형 감각이 확실하게 잡혀 있을 때보다는 심리적인 변화나 동요가 있을 때 흔들리는 그 감정에 호소하는 것이 가장 효과적이다.

유혹하고 싶다면 몇 번의 눈길을 보내라

증권사 애널리스트인 유부녀 진양 씨는 도저히 이해가 가질 않았다. 일이 힘들 때 가끔씩 가는 단골 호프집에서 이상하게도 남자들이 자꾸 치근덕거려서 화가 날 지경이었다. 맥주 한 잔으로 하루의 피로를 풀기 위해 찾은 단골 호프집에서 진양 씨는 단 한 번도 그냥 넘어간 본 적이 없을 정도로 남자들의 대시를 받았다. 처음에는 아직도 내가 젊어 보이나 싶어 기분도 좋았고 친구들도 부러워했지만 이제는 자신이 너무 우습게 보이나 싶어 화가 나고 친구들이 너무 헤프게 보는 것 같아 속상하다. 그녀에게 반하는 이유는 무엇일까?

그녀는 애널리스트라는 직업의 특성상 TV를 자주 본다. 그날의 뉴스에 따라 주가의 변화가 달라지기 때문에 그녀는 호프집에서도 습관적으로 TV를 보는 경우가 많다. 사회 변화를 눈여겨봐야 주식 분석에 도움이 되기 때문이다.

그런데 이러한 습관이 남자들의 오해를 사고 만 것이다. 진양 씨는 TV를 본다고 고개를 돌렸는데 호프집 TV 밑에 있는 남자들이 자신을 본다고 오해한 것을 몰랐던 것이다. 여성들의 시선에 관해 재미있는 실험이 있다.

실험1. 여자가 눈길을 먼저 주면 다가온다.

심리학자 데브라 월시와 제이 휴이트는 매력적인 여성이 매일 저녁 8시에서 9시까지 칵테일 라운지에 앉아 있으면서 남자들에게 각기 다른 세 가지 태도를 취하도록 하고 반응을 관찰하는 실험을 했다.

1. 바에 있는 특정 남자를 반복해서 쳐다보고 그와 눈을 마주치면 미소를 짓는다.
2. 1과 같은 행동을 취하지만 미소는 짓지 않는다.
3. 남자에게 시선을 한 번도 주지 않는다.

결과는 매우 명백했다. 1번의 경우 60퍼센트의 남자가 실험 도우미의 테이블로 왔다. 2번의 경우는 다가오는 확률이 20퍼센트로 떨어진다. 그렇다면 자신에게 한 번도 눈길을 주지 않는 여성에게 다가가는 남성은 몇 명이나 되었을까? 단 한 명도 없었다.
결과적으로 남자는 여자가 자신을 쳐다봐주어야만 다가온다.

실험 2. 눈길을 주는 데도 요령이 필요하다.

독일 막스플랑크 인간행동학연구소의 트라미즈 연구원은 다음과 같은 실험을 실시했다. 실험 도우미 에스테르는 아름다운 여배우다. 뮌헨의 잘나가는 술집으로 가서, 연구자는 사전에 유혹하는 요령을 훈련받은 에스테르를 바에 앉히고 카메라로 그녀의 모습을 촬영했다.

에스테르는 정해진 시간 간격에 따라 카메라가 남자인 양 유혹했다. 연구자는 촬영한 필름을 가지고 연구소로 돌아와 일군의 남성들에게 비디오를 보여주었다. 남자들은 화면 속에 있는 여배우의 모습을 보면서 그녀가 자신을 유혹하고 있다는 생각이 강하게 들수록 준비된 레버를 세게 밀도록 했다. 레버 옆에는 버튼이 있는데, 이것은 미모의 여배우가 자기와 사귀고 싶어한다고 100퍼센트 확신할 때 누르도록 했다. 그 결과는?

- 미모의 여배우가 맨 처음으로 수줍은 듯한 시선을 한 번 보내는 것만으로도 8퍼센트의 남성이 그녀가 자신에게 관심이 있다고 확신하고 레버를 밀었다. 영상이 시작된 지 고작 29초만이었다.
- 여배우가 두 번째로 잠깐 눈길을 주자 다시 11퍼센트의 남성들이 '이 여자는 나를 원해'라고 생각했다. 36초만이다.
- 48초에 다시 한 번 시선을 주자 세 번째로 '누르기 물결'이 몰아쳤다. 그중 몇몇 남성들은 다른, 더 미묘한 유혹 신호에 반응했는데, 바로 고개를 비스듬히 기울이는 행동이었다.
- 77초째에 다시 네 번째 시선을 보내자 남자들의 50퍼센트가 화면 속의 낯선 여자가 자기에게 관심이 있다고 생각했다.
- 2분이 지날 무렵, 다시 한 번 시선을 주자 남자들의 71퍼센트가 여배우가 자신을 사귀고 싶어한다고 확신했다. 맨 마지막까지 남아있던 신중한 남성 한 명도 5분이 지나자 버튼을 눌렀다.

결론적으로 여자가 딱 한 번만 쳐다봐도 그녀에게 꿍꿍이가 있다고 믿는 남자들이 있지만, 대부분 몇 번의 도발이 필요하다. 이때 버튼을 빨리 누르는 남성과 늦게 누르는 남성의 차이는, 남성 본인이 이성 교제에 대해 갖고 있는 자신감과, 상대 여성에 대한 그의 취향의 차이뿐이었다. 그리고 또 다른 특징적인 점은 남성들은 일단 어떤 여성이 자기에게 마음이 있다는 생각이 굳어지면 이런 확신을 절대로 버리려 하지 않는다는 것이다. 즉 여성 실험 도우미가 거절의 신호로 등을 돌렸을 때도, 남자들은 자신의 판단을 믿어 의심치 않았다.

싸움을 줄이고 싶다면 생각과 관련된 단어를 사용하라

순애 씨는 최근에 결혼을 한 신혼부부다. 그런데 결혼한 지 얼마 되지 않았는데도 말다툼을 한 것이 한두 번이 아니다. 두 사람은 같은 직장에서 오랫동안 같이 지내다 사내결혼을 했기 때문에 그 누구보다도 서로에 대해서 잘 알고 있고 그래서 서로를 잘 이해해줄 줄 알았는데 실제로 결혼을 해보니 그게 아니었다.

의사소통 전문가인 미국 시카고대학교 심리학과의 보아즈 케이자Boaz Keysar 교수는 "사람들은 일반적으로 낯선 사람보다는 친구와 더 잘 통한다고 생각하지만 친밀감 때문에 실제 소통을 과대평가하고 있다"며 "이런 현상을 '친밀함과 소통의 편견Closeness-communication Bias'이라고 부른다"고 말했다. 케이자 교수는 "가까운 사람은 자기가 알고 있는 것을 잘 알고 있으므로 '긴 설명이 필요 없다'고 여길 때 의사소통의 문제가 싹튼다"고 설명했다.

그는 "사람들은 '친밀함의 선입관'이 없는 낯선 사람과는 더 많은 정보를 주고받지만 친한 사람이 무언가를 이야기하거나 요청하면 두 사람의 공통 정보를 근거로 말한다고 추측하기 때문에 낯선 사람에게는 하지 않을 실수를 한다"고 말했다.

그러나 말다툼을 하더라도 말다툼 도중에 "내 생각에는think", "왜냐하면 because", "이유는why" 등 생각과 관계있는 단어를 사용하면 소통에 관한 스트레스 반응이 덜 생겨 갈등이 풀리기 쉽다는 연구결과가 나왔다.

미국 오하이오대학교Ohio Univ. 재니스 글레이서Janice Glaser 교수팀은 결혼한 남녀 42쌍에게 두 차례 논쟁을 유도하고 'think', 'why', 'because' 등 인지-추론과 관련한 단어가 얼마나 사용되는지 분석하면서 논쟁 전후의 인테루킨-6와 종양괴사인자TNF-alpha: tumor necrosis factor-alpha 등 염증유발 사이토킨의 수치가 어떻게 변하는지 관찰했다. 사이토킨은 스트레스가 쌓일 때 많아지는 단백질로 면역 반응을 촉진하기도 하지만 심장혈관질환이나 당뇨병, 관절염 등의 원인이 되는 물질이다. 연구진은 첫 번째 논쟁에서는 협력적 주제를, 두 번째 논쟁에서는 갈등을 유발할 수 있는 민감한 주제를 던졌다.

예상대로 두 번째 논쟁에서 커플들의 사이토킨 수치가 첫 번째 논쟁에서보다 훨씬 많이 증가했다. 어떤 단어를 쓰느냐에 따라서도 달랐다. 협력적인 대화를 하면서 생각과 관련된 단어를 많이 사용한 커플에서는 사이토킨 수치가 전혀 증가하지 않았으며 싸우는 도중이라도 인지 추론과 관련된 단어를 많이 사용한 커플의 사이토킨 수치는 좀 더 느리게 증가했다.

사이토킨의 변화는 성별에 따라 약간 달랐다. 말싸움 도중 생각과 관계있는 단어를 사용한 남자는 시간이 지남에 따라 가파르게 증가했던 인터루킨-6 수치가 적어졌다. 여성은 인지 추론적 단어를 쓰지 않아도 시간이 지남에 따라 인터루킨-6이나 종양괴사인자 중 하나의 수치는 줄어드는 것으로 확인됐다. 연구진은 "인지·추론적 단어를 사용하는 것은 평소 여성이 더 숙달되어 있기 때문에 남성에게서 더 변화가 도드라진 것 같다"고 평가했다. 펜실베이니아 주립대의 제니퍼 그라함은 "지금껏 부부 싸움이 스트레스를 유발해 건강을 악화시킨다는 연구결과가 있었는데, 이를 줄일 수 있는 방법이 제시된 것"이라고 의의를 부여했다.

그리고 상대방에게 자신의 생각을 전달할 때 단어의 양과 사용 방법을 이해하면 훨씬 더 효과적이다. 실제로 설득력 있게 말하기 위해서는 1초에 3.5개의 단어를 사용하고 4~5번은 잠깐씩 쉬면서 말하는 것이 가장 좋다는 연구결과가 나왔다.

미국 미시간대학교 사회연구소 조세 벤키 교수팀은 성인남녀 100명이 1,380명에게 전화를 걸어 설문조사에 참여하도록 설득한 테이프를 가지고 말하는 속도, 목소리의 높낮이, 유창함 등과 설득 성공률의 관계를 분석했다. 연구결과는 말의 속도가 너무 빠르면 뭔가 속이려는 듯한 느낌을, 너무 느리면 똑똑하지 못하거나 현학적인 느낌을 준다는 기존의 생각과 큰 차이가 없었다. 그리고 1초에 약 3.5개의 단어를 말하는 것이 가장 적절한 속도로 나타났다.

그러나 뜻밖에 목소리의 높낮이 변화가 설득에 미치는 효과는 적었다. 벤키 교수는 "목소리의 높고 낮음은 성별, 후두의 크기 등 다양한 요인에 영향을 받는다"면서 "목소리의 높낮이 변화가 크고 잦으면 부자연스럽고 지나치게 열성적이라는 느낌을 주어 역효과를 냈다"고 설명했다. 또 막힘없이 술술 이야기하는 사람보다는 말을 하면서 잠깐씩 쉬면서 말하는 사람의 성공률이 더 높았다. 그는 "말을 하는 도중 1분에 약 4, 5차례씩 자연스럽게 잠깐 말을 중단하고 쉬는 기간을 두는 편이 이번 대화 맥락에선 가장 효과가 좋았다"면서 "쉬지 않고 유창하게 말하는 사람은 설득 성공률이 가장 낮았다"고 말했다.

연구진은 "지나치게 자주 말을 중단하는 사람은 어눌하다는 느낌을 주었지만 그래도 가장 유창하게 중단 없이 말을 했던 사람보다 설득 성공률이 더 높았다"면서 "말이 너무 유창하면 미리 짜여진 대본을 읽는 것 같은 느낌을 주기 때문"이라고 분석했다.

벤키 교수는 "활기차고 생생하게 목소리에 많은 변화를 주며 이야기를 하는 사람들이 비교적 설득 성공률이 높았다"고 말했다.

상대방의 말을 따라하며 맞장구쳐라

김 대리는 까다롭기로 소문난 고객을 만나러 갔다. 납품처 중에서 가장 융통성이 없을 뿐더러 빈틈 하나 없어 영업하기 가장 피곤한 사람으로 알려진 사람이었다. 그런데 상담 중에 나눈 대화로 인해 그 고객과 굉장히 친해지고 말았다.

그는 고객이 상품 단가가 너무 비싸다고 하자 비싼 이유를 대는 다른 영업 사원들과 달리 "맞습니다. 솔직히 저도 좀 비싸다고 생각합니다"라고 말했다. 어떻게든 트집을 잡으려던 그 고객은 약간 당황하면서 턱을 만지며 생각에 잠기자 김 대리도 무심코 턱을 만지며 고객이 다음에 무슨 말을 할 것인가 하고 지켜보고 있었다. 그러자 그 고객은 처음으로 조금 웃으며 "그러면 이렇게 비싼 상품을 어떻게 팔겠다고 왔습니까?"하고 물어봤다. 그러자 대답이 궁한 김 대리는 눈을 깜빡이며 "글쎄 말입니다. 저도 지금 그게 이해가 안 됩니다. 고객님께서 좋은 방법이 있으면 좀 가르쳐 주십시오" 하고 말했다. 그러자 그 고객은 크게 웃음을 터뜨리며 "이 친구 아주 웃기는 친구구먼" 하면서 호감을 보이더니 결국은 상품을 쉽게 구매해줬다.

실제로 비즈니스를 할 때도 소비자의 모방심리를 이용하면 효과적이라고 한다. 미국 듀크대학교 Duke Univ. 경영학과 제임스 베트맨 James Bettman 교수 연구팀은 〈소비자연구저널〉에 발표한 논문에서 소비자는 다른 사람들의 소비 행동을 모방하는 경향이 있으며, 반대로 영업사원이 자신의 말투와 행동을 따라 할 때도 지갑을 더 잘 연다는 실험결과를 발표했다.

먼저 연구팀은 실험참가자에게 광고에 대해 설명하는 비디오를 보게 했다. 광고를 설명하는 사람 앞에는 각각 물고기 모양 크래커와 네발동물 모양 크래커가 담긴 그릇 두 개가 놓여 있었다. 비디오를 보는 사람에게도 마찬가지로 두 크래커가 담긴 그릇이 제공됐다. 광고를 설명하는 사람은 도중에 특정 크래커만을 집어 먹었다. 실험 결과 비디오 속 인물이 물고기 크래커만을 먹는 경우 이를 본 참가자들도 비디오 시청 시간의 71퍼센트 동안 물고기 크래커를 선택한 것으로 나타났다. 물론 사전 선호도 조사에서 참가자들은 물고기 크래커를 더 좋아했다.

그런데 비디오 속 인물이 네발동물 크래커만을 먹을 때는 물고기 크래커를 먹는 비율이 전체 시간의 44퍼센트로 줄어들었다. 연구팀은 "무의식 중에 다른 사람의 소비 행동을 모방하면서 상품 선호도가 변한 것"이라고 설명했다. 신제품 출시에 바람잡이를 동원하면 시장진입이 훨씬 쉬워질 수도 있는 것이다.

모방은 영업사원에게도 좋은 판매 전략이다. 연구팀은 스포츠 음료를 판매하는 영업사원이 은연중에 소비자의 말투와 몸짓을 흉내 내면 그렇지 않은 영업사원보다 판매량이 증가한다는 실험결과도 발표했다. 다른 사람을 따라 물건을 사거나 아니면 나를 따라 하는 사람의 물건을 살 때 더 큰 만족감을 느끼는 셈이다.

이처럼 다른 사람이 내 의견에 동조를 하고 내말을 거들 때 저절로 입가에 미소가 번지고 기뻐하는 이유는 돈을 받았을 때나 맛있는 것을 먹을 때처럼 보상에 관련된 뇌 부위가 활성화되기 때문이라는 연구결과가 나왔다.

덴마크 오르후스대학교 다니엘 캠벨-메이클존 Daniel Campbell - Meiklejohn 박사팀은 연구 참여자 28명에게 20곡의 노래를 주고 그 안에서 각자 좋아하는 노래 10곡을 골라 순위를 매기게 했다. 그리고 음악 전문가가 매긴 순위를 보여주면서 연구 참여자들의 뇌 활동을 기능성 자기공명촬영fMRI으로 살폈다.

참여자들은 자기가 뽑은 좋은 음악과 전문가의 선곡이 같았을 때 참여자의 뇌 앞쪽줄무늬체Ventral Striatum 부위가 활성화되면서 기쁨을 느꼈다. 앞쪽줄무늬체는 사회적 보상과 관계되는 부분으로 음식 또는 돈 같은 보상을 받으면 활성화된다. 이와 함께 사회적으로 좋은 평판을 받거나 타인에게서 사랑을 받을 때 이 영역이 활성화되는 것으로 알려져 있다.

한편 연구진이 전문가가 보는 좋은 음악 순위를 참여자들에게 보여준 뒤 다시 좋은 음악 순위를 매기게 했을 때 참여자들은 이번에는 대부분 전문가의 평가와 비슷하게 바꿨다.

캠벨-메이클존 박사는 "이번 연구는 다른 사람의 생각이 내 생각과 같을 때 뇌가 어떻게 반응하는지를 살펴본 것"이라며 "상대방과 의견이 일치하면 양쪽 다 만족감을 느끼게 된다"고 말했다.

이것을 '유사성의 법칙'이라고 하는데 유사성의 법칙이란 팔이 안으로 굽게 만드는 법칙이다. 사람들은 서로간의 유사성을 찾게 되면 친밀감을 느끼게 되어 설득력이 높아진다고 하였다. 브록Brock은 말하는 사람과 듣는 사람 사이의 유사성이 설득력에 미치는 영향에 대한 연구를 통해 자신과 비슷한 처지의 사람의 말을 더 잘 믿는 경향이 있음을 밝히기도 했다.

상대방과의 대화에서 유사성 찾기의 기본은 먼저 말투를 비슷하게 하는 것이다. 두 사람이 대화를 시작하면 보통 몇 초 안에 서로 말투가 닮아가기 시작한다. 책 또는 영화에 대해 이야기할 때 스스로 작가나 주인공인 것처럼 이야기하게 된다. 이러한 경향을 '언어 구사 유사성LSM: language style matching'이라고 한다.

말의 속도가 같거나 톤이 비슷한 사람에게 더 끌린다는 연구결과도 있다. 예를 들어서 상사가 빠른 말투로 업무를 지시하는데 후배 직원이 느리게 대답하면 답답하다. 그렇기 때문에 만약 내가 비록 말이 느리다고 해도 상사의 말의 속도에 맞춰 빠르게 말을 빠르게 해 주는 것이 의사소통에 도움이 된다. 또, 자주 쓰는 말을 같이 자주 써주면 쉽게 친해진다. 단, 말투는 흉내 내지 말자. 자신을 무시하거나 놀리는 줄 안다.

이명박 전 대통령이 아끼는 측근 중에는 말을 빨리 하는 사람이 많았다고 한다. 이 대통령 본인도 실제로 말이 빨랐다고 하는데 이 전 대통령은 "느릿느릿 보고하는 사람은 답답하다"고 말한 적이 있다고 한 측근은 전했다.

두 번째는 상대방과 생각이 비슷하다는 것을 보여주는 것이다. 이것을 언어 조절법이라고도 하는데 그린스푼 박사가 실험을 했다. 그는 대화할 때 상대방의 의견에 동조를 해주면 상대방에게 우호적인 사람으로 인정받게 되고 자신도 상대방에게 맞춰주려는 무의식적인 노력을 기울이게 된다는 것을 발견했다.

즉 상대방이 말할 때 '좋아', '그래', '바로 그거야', '오케이'라는 공감의 표현을 해주거나 머리를 끄덕거리고 무릎을 치거나 박수를 치거나 엄지손가락을 들어주거나 하는 공감의 제스처를 취할수록 상대방은 호흡이 잘 맞고 마음이 잘 통한다는 의미로 받아들여 대화가 부드러워질 수 있다.

긍정적인 단어를 사용하라

대학 졸업반 명석 씨는 대기업에 입사하기 위해서 학교에 다닐 때부터 열심히 공부하고 철저히 준비를 했다. 그 결과 우수한 성적으로 졸업을 하고 여기 저기 대기업에 원서를 내 대부분의 회사에서 서류전형에 통과하는 기쁨을 누렸다. 하지만 그 기쁨도 잠시, 면접을 볼 때마다 탈락의 고배를 겪고 말았다. 외모도 준수하고 물어보는 말에 대답도 잘했는데 왜 떨어졌는지 이해할 수 없어 필자가 운영하는 클리닉을 찾아왔다. 분석을 해보니 명석 씨의 면접 탈락의 원인은 자기소개 때 부정적인 단어를 사용하기 때문이었다. 그는 자신을 소개할 때 불우했던 가정환경을 극복하고 어려웠던 학창시절을 이겨냈던 스토리를 강조했는데 이야기 속의 부정적인 단어들이 면접관들의 마음을 불편하게 했던 것을 몰랐던 것이었다.

심리학자 존 바그John Bargh가 고안해 낸 사전주입실험priming experiment이라는 것이 있다. 먼저 학생들에게 교수 연구실로 와 달라고 요청했다. 교수 연구실로 가기 위해서는 긴 복도를 따라 걸어가야 한다. 출입문을 통과해 테이블 앞에 앉으면 5개의 단어가 한 묶음으로 된 목록 10개와 종이 한 장을 준다. 그리고는 각각의 묶음에서 가능한 한 빨리 4개의 단어를 골라 문법에 맞는 문장을 만들어 달라고 요청한다. 이른바 뒤죽박죽 문장 테스트라는 것이다.

별로 어렵지 않은, 단순한 테스트처럼 느껴질지도 모르지만 실제로는 단순한 테스트가 아니다. 테스트를 마치고 사무실에서 걸어 나갈 때는 걸음의 속도가 들어올 때와는 달라진다는 것을 발견할 수 있다. 바로 제시된 단어가 당신의 행동 방식에 영향을 미쳤기 때문이다. '걱정했다worried', '낡은old', '외로운lonely', '잿빛의gray', '쭈글쭈글한wrinkle' 같은 노년과 관련된 단어를 제시하면 학생들의 걸음 속도는 갑자기 느려진다고 한다.

학생들은 단지 언어 테스트를 하고 있을 뿐이라고 생각했겠지만, 실제로는 노년과 관련된 단어를 보게 되면 뇌 속의 커다란 컴퓨터, 즉 적응 무의식이 노년에 대해 생각하도록 만들게 되고 무의식적으로 노년에 관한 모든 단어들을 진지하게 받아들여 테스트를 마치고 복도로 걸어 나갈 때쯤에는 노인처럼 행동하게 만들고 결과적으로 그래서 천천히 걷게 된 것이다.

존 바그는 동료 마크 첸, 라라 버로스와 함께 단어 제시에 관한 또 다른 실험을 했다. 그들은 대학생들을 대상으로 두 가지 뒤죽박죽 문장 테스트 중 하나를 실시했다. 첫 번째는 '공격적으로aggressively', '대담한bold', '무례한rude', '괴롭히다bother', '어지럽히다disturb', '강요하다intrude', '침해하다infringe' 같은 무례한 느낌을 주는 단어들을 흩어놓았고, 두 번째는 '존경하다respect', '사려 깊은considerate', '감사하다appreciate', '참을성 있게patiently', '양보하다yield', '예의 바른courteous' 같은 공손해 보이는 단어를 흩어놓았다. 그렇게 5분 정도의 짧은 테스트가 끝나면 복도를 지나 연구실에 있는 실험 진행자를 만나 다음 과제를 받으라고 지시했다.

한편, 바그는 학생들이 연구실에 도착할 즈음 일부러 실험 진행자를 바쁘게 만들었다. 한 공모자를 시켜 실험 진행자의 연구실 입구를 떡하니 가로막은 채 실험 진행자와 이야기를 나누도록 한 것이다. 바그가 알고 싶었던 것은 공손한 단어에 노출된 학생들이 무례한 단어에 노출된 학생들보다 얼마나 더 오래 그들의 대화를 참아낼 수 있느냐였다. 공모자와의 대화를 최대 10분으로 제한하기는 했지만, 처음 생각에는 참아야 몇 초, 아니면 기껏해야 1분일 것이라고 예상했다.

그런데 바그와 동료들의 예상은 빗나갔다. 공손한 단어에 노출된 학생들은 압도적 다수인 82퍼센트가 대화를 전혀 방해하지 않고 예의바르게 계속 그 자리에 서 있었다고 한다. 반면, 무례한 단어에 노출된 학생들은 평균적으로 5분 정도가 지나면 참지 못하고 대화에 끼어들었다고 한다.

결국은 은연중에 학생들은 사전에 제시된 무례한 느낌을 주는 단어와 공손한 느낌을 주는 단어에 영향을 받아서 대화 방법이 달라졌다는 이야기가 되는데 심리학적 표현으로는 의식 이하의 지각이라는 메커니즘이 작용하기 때문이다. 즉, 어떤 단어를 스스로 의식하지 못하는 무의식 수준에서도 그 단어가 사람의 대화에 큰 영향을 미치게 된다는 이야기다.

그렇기 때문에 처음에 만났을 때 경제나 정치 이야기를 꺼내는 것보다는 좋은 날씨나 아름답고 감동적인 이야기로 시작하면 무의식적으로 그 사람을 좋게 평가할뿐더러 계속해서 좋은 느낌을 주고 대화 또한 즐겁게 전개된다는 것이다.

반대로 멀쩡하던 사람이라도 "너 어디 아프니? 얼굴색이 안 좋아 보인다"는 이야기를 세 사람한테서 연달아 들으면 '내가 정말 아파 보이나 보다'고 생각하게 되고, 결국 정말 아프게 된다. 바로 우리가 자신도 모르는 사이, 상대방으로부터 듣게 되는 부정적인 말들로부터 끊임없이 암시를 받기 때문에 생기는 일이다. 그러므로 항상 주의를 기울여, 자신에게 알게 모르게 영향을 끼치는 부정적 대화로부터 자신을 보호할 필요가 있다.

애정표현은 마음껏 보여주어라

대구의 한 아가씨를 여자 친구로 사귀던 서울 남자의 이야기다. 거리가 너무 멀어 주말에 가끔 만나고 주로 메일과 문자로 사랑을 주고받는 사이였는데 언젠가 여자 친구가 몸살에 걸려서 '이렇게 아플 때 곁에 있었으면 좋겠다'는 메시지를 남겼다. 때는 겨울이었는데 남자는 바로 퇴근하자마자 기차를 타고 밤새 달려가 새벽녘에 여자의 집 앞에서 아침까지 기다렸다. 여자 친구가 부모님과 살고 있어서 벨을 누르지도 못하고 혹시 잠이 부족할까봐 전화로 깨우지도 않은 채 흰 눈을 맞으며 아침 일찍 꽃집을 두드려 사간 장미꽃과 감기에 좋은 따뜻한 유자차를 들고 서서 마냥 서 있었다. 아픈 몸을 이끌고 출근을 하려고 나서던 여자 친구는 흰 눈을 맞아 꽁꽁 얼은 채 장미다발을 들고 있던 남자 친구를 발견하고는 놀라움과 감동으로 아침부터 눈물을 흘렸다.

대화란 말로만 하는 것이 아니다. 어떨 때는 직접 보여주는 것이 더 효과적일 때도 있다. 1971년 버지니아주 알렉산드리아 주민들에게 풋볼은 삶의 하나였다. 크리스마스보다 더 큰 의미를 지니고 있었다. 그 당시는 아직 흑인, 백인 간에 인종 차별이 심했었고 풋볼에서의 차별은 더욱 심했다.

그런데 지역 교육청이 인종 차별을 철폐하기 위해 모든 흑인 고등학교와 백인 고등학교를 통합하라고 지시를 받았을 때, 지역의 풋볼 활동은 혼란에 빠진다. 이러한 잠재적 불안이 큰 가운데, 워싱턴 정부는 흑인인 허만 분Herman Boone: 덴젤 워싱턴 분을 윌리엄스 고교 타이탄스 팀의 헤드 코치로 임명하는데, 그가 전임 백인 헤드코치인 빌 요스트Bill Yoast: 윌 패튼 분를 자기 밑의 코치로 두려고 하자, 윌리엄스 고교는 일촉즉발의 분위기에 놓인다. 하지만 허만 분 감독은 편견과 편협함으로 분리되었던 선수들에게 직접 보여주는 방법으로 흑백 갈등을 해결해 나간다.

그는 합동전지훈련 도중 흑인 선수들과 백인 선수들을 데리고 링컨의 명연설이 있었던 새벽안개 자욱한 게티스버그 국립묘지로 데려가 다음과 같이 힘차게 연설을 한다.

"여기서 죽은 5만 명의 증언이 들리는가. 내 원한이 형제를 죽였고, 내 증오가 가족을 파괴했다. 죽은 자의 충고를 받아들이지 못한다면 여기서의 비극은 다시 반복될 것이다."

감동을 받은 선수들은 이를 계기로 하나로 뭉치고 그들만의 방식을 역사로 만들어 13승 0패의 완벽한 기록으로, 주 우승을 차지했고 처음으로 전국 결승전까지 올라갔다.

그래서 세계적 경영사상가 짐 콜린스Jim Colins는, 전하려는 메시지를 '상징적 행동Symbolic Action'으로 보여주라고 말한다. 상징적 행동으로 위대한 인물이 인듀어런스 호의 선장이자 위대한 항해사인 어니스트 섀클턴Ernest Shackleton, 1872~1922 경이다. 섀클턴은 영국 BBC 방송에서 발표한 지난 1,000년 동안 가장 위대한 탐험가 10인 중에는 유일하게도 탐험에 실패한 인물이다.

섀클턴은 남극 탐험을 위해 28명의 대원을 공개 모집한 후 1914년 8월 1일 야심차게 영국을 떠난다. 마치 생존을 위한 635일간의 사투를 암시하듯이 남극 탐험을 위해 준비한 배의 이름은 '인듀어런스Endurance 호'였다. 탐험 초반에 남극해에서 인듀어런스 호가 부빙에 갇혔다가 난파하면서 28명의 대원들은 연락이 두절된다. 28명의 탐험대는 남극 탐험이라는 목표를 버리고 오직 살아서 돌아가기 위한 기나긴 여정을 시작한다. 인듀어런스 호는 사람들의 기억 속에서 사라지고, 아무도 대원들이 살아 있다고 상상하지 못했는데 그는 혹독한 추위 속에서 대원 27명을 이끌고 무려 634일을 버티면서, 남극점에서 불과 155킬로미터 떨어진 지점까지 도달한 후, 단 한 명의 낙오자도 없이 금의환향했다.

전문가들은 1909년, 당시 기록으로는 그 누구보다 남극점에 가깝게 도달했던 섀클턴이 살아 돌아온 비결은 '강력한 팀워크'라고 말한다. 실제로 섀클턴이 탐험 중에 가장 우려했던 것은 팀원 사이의 분열이었다. 이성적이고 신중한 과학자와 직관적이고 감수성이 예민한 예술가 등 다양한 기질을 가진 사람들이 섞인 구성원들이 한 팀으로 단합하지 못한다면, 위험천만한 남극에서 모두 죽음을 맞을 수도 있기 때문이다.

단합을 강조하고 싶었던 섀클턴은 메시지를 단지 말이 아닌, '상징적 행동'으로 전달했다. 어느 날 밤, 섀클턴은 팀원들을 한자리에 불러 모으고 말했다. "우리는 한배를 탄 동지입니다." 그리고 손에 든 면도칼로 자기 머리를 삭발하기 시작했다. 비장한 표정으로 머리카락을 잘라나가는 그를 본 팀원들은 자기들의 리더가 얼마나 절절한 마음으로 팀워크를 강조하는지 실감할 수 있었다. 마음을 모은 팀 전원은 그 자리에서 함께 삭발에 동참했다. 그리고 이 일을 통해 팀워크를 다진 일행은 역사에 길이 남을 기록을 함께 쓰게 됐다.

보여주기가 강한 효과를 주는 이유는 감각전이 현상 때문이다. '감각전이Sensation Transference'란 미국의 유명한 마케팅 전문가 루이스 체스킨이라는 사람이 한 말로 "사람들이 슈퍼마켓이나 백화점에서 물건을 고를 때, 자신도 의식하지 못하는 사이에 제품의 포장에서 받은 느낌이나 인상을 제품 자체로 전이시킨다"고 했다. 백문이 불여일견이라는 말과 같다. 실제로 사람들은 대화하는 순간에 한 가지 감각만 동원하지 않는다. 눈과 기억과 상상력도 동원된다. 복숭아 통조림이 유리병에 담겼을 때 더 맛있다고 생각되고 포장에 노란색을 15퍼센트 더 섞으면 소비자들은 레몬 맛이 더 많이 느껴진다고 이야기한다. 그렇기 때문에 대화할 때도 직접 보여주면서 설득하면 더욱 효과적이다.

보여줄 수 없다면 보여주듯이 말하는 것도 같은 효과가 있다. 예를 들어서 김광균 시인의 〈외인촌〉을 보면 '안개 자욱한 화원지의 벤치 위엔 한낮에 소년들이 남기고 간 가벼운 웃음과 시들은 꽃다발이 흩어져 있었다'

라는 표현들은 마치 눈앞에 펼쳐지는 그림처럼 감각이 느껴져 훨씬 마음에 드는 표현이 된다.

이문세의 〈그녀의 웃음소리뿐〉의 가사를 보면 '나의 마음속에 항상 들려오는/ 그대와 같이 걷던 그 길가의 빗소리/ 하늘은 맑아있고 햇살은 따스한데/ 담배 연기는 한숨 되어/ 하루를 너의 생각하면서/ 걷다가 바라본 하늘엔/ 흰 구름 말이 없이 흐르고/ 푸르름 변함이 없건만' 같은 가사들도 바로 보여주듯 표현하는 기법이다.

문자 메시지를 사랑의 메신저로 활용하라

새댁인 영임 씨는 주말에 시댁 문제로 남편과 크게 다퉜다. 그러다가 둘 다 기분이 상한 상태로 주말 내내 대화를 하지 않았고, 남편은 말도 안 하고 월요일 아침에 출근을 했다. 영임 씨는 밥도 안 먹고 출근한 남편에게 미안하다는 문자메시지를 보내야겠다고 생각했다. 내용이 뭐였을까? 미안하다는 내용이었을까? 아니다. 아무것도 없었다. 그녀는 남편에게 '일부러' 아무것도 쓰지 않은 문자메시지를 보낸 것이다.

그러자 남편에게서 곧바로 물음표가 적힌 답장이 왔고, 영임 씨는 남편에게 왜 그러냐고 물었다. 남편은 혹시 문자를 보내지 않았냐고 확인하는 문자를 보냈다. 이에 그녀는 깜짝 놀란 척을 했다. 그러자 남편에게서 전화가 왔다.

영임 씨는 일부러 문자메시지를 이용해 남편과 화해할 방법을 찾아낸 것이다. "빈 문자메시지로 어색한 분위기를 깰 수 있어요. 전화를 할 구실이 생기니까요."

십대들이 오랫동안 알고 있던 사실을 발견하는 어른들이 요즘 들어 점점 많아지고 있다. 바로 문자메시지가 심리전에 아주 유용하게 활용될 수 있다는 사실이다.

누군가에게 쿨해 보이고 싶거나, 중요한 일로 바쁘다는 느낌을 주고 싶은가? 그렇다면 어느 정도 애정이 담긴 문자메시지를 그 사람이 아닌 다른 누군가에 쓰는 것처럼 보내보라. 혹은 문자를 받았을 때 누군지 알더라도 "누구시죠?"라고 문자메시지로 물어보라. 데이트를 하는 동안 친구에게 계속 문자를 보내라고 한 뒤, 문자가 와도 오지 않은 것처럼 행동해 볼 수도 있다. 이런 행동들은 문자메시지를 이용한 일종의 '블러핑bluffing: 허세부리기' 전략이라고 할 수 있다.

미국 펜실베니아에 사는 26세 웹 통신 전문가 숀 파너는 관심이 가는 여성에게 문자메시지를 받았을 때 바로 답장을 보내지 않는다. 몇 시간 후, 심지어 며칠 후에 보낼 때도 있다. 몇 년 전 그가 데이트하던 여성이 하루에 한두 번만 그의 문자메시지에 답을 하는 것을 겪은 후, 문자메시지의 위력에 대해 깨닫게 된 것이다. "바로 답장이 오지 않으니까 계속 신경을 쓰게 되더라고요"라고 숀 파너는 말한다. 이제 숀 파너는 상대 여성이 하루 뒤에 답장을 보내면, 자신도 하루 후에 답장을 보낸다. 한번은 여성에게서 2주 뒤에 문자를 받고 나서 2주를 기다렸다가 답장을 보낸 적도 있다고 한다.

"사람들은 계속 핸드폰을 확인하면서 문자메시지가 오기를 기다리곤 하지만, 상대방은 그걸 모르길 바라죠." 숀 파너는 이런 행동이 유치하다는 점은 인정하지만, 이성간의 밀고 당기기에 있어 필수적인 부분이기도 하다고 여긴다. 그는 말한다. "여자가 너무 빨리 답장을 하면 오히려 좀 경계를 하게 돼요. '왜 이렇게 빨리 답장을 보내지? 좀 이상한 사람 아닐까?'라는 생각까지 들게 되고요."

물론, 문자메시지가 생기기 훨씬 전부터 사람들은 밀고 당기기를 하긴 했다. 누구든 한번쯤은 헤어진 연인에게 전화를 걸다가 상대가 받기 전에 끊어버린 경험이 있을 것이다. 그러니 문자메시지가 있는 지금은 이런 유혹이 훨씬 많아진 것이다.

스마트폰의 경우를 보면, 많은 이들이 항상 스마트폰을 지니고 다니고 자신만의 벨소리와 케이스로 장식하며 잘 때도 옆에 두고 잔다. 연구에 따르면 우리가 문자메시지를 받을 때 도파민을 포함한 쾌감에 관련된 신경화학물질 분비가 급증한다고 한다.

미국 MIT대학의 '과학, 기술 그리고 사회'라는 학제간 프로그램의 심리학자인 쉐리 터클 박사는 말한다. "교묘한 심리전이라고 할 수 있다. 문자메시지는 아주 친밀한 수단이기 때문에 사람들이 더 영향을 받게 되는 것이다."

문자메시지는 또한 '즉각적'이다. 대부분의 사람들이 이메일이나 음성사서함을 확인하는 것보다는 문자를 더 빨리 확인하고 바로 답장이 오기를 기다린다고 쉐리 터클 박사는 말한다. 박사에 따르면, 사람들은 문자를 보내면 3분 안에 답장이 오기를 기대하고, 5분 내로 답장이 안 오면 안절부절못하게 된다고 한다. 그리고 10분이 지나도 답장이 오지 않으면 '뭔가 잘못된 것'으로 생각한다고 박사는 자신의 저서인《따로 또 같이: 왜 우리는 서로에게 기대하는 것보다 기술에게 더 기대를 하는가Alone Together: Why We Expect More From Technology and Less From Each Other》에서 말한다.

중독 및 충동치료 전공으로 LA에서 정신과 의사로 활동하고 있는 소로야 바쿠스는 말한다. "우리의 무의식적 측면이라고 할 수 있다. 당장의 만족을 바라는 아이 같은 측면이다. 그리고 이제 우리는 그런 만족감을 채울 수단이 생긴 것이다."

뉴욕 주에서 인터넷 마케팅 전문가로 일하는 23세의 저스틴 캠벨은 가끔씩 자신을 가볍게 생각하는 남자들을 가려내기 위해 거짓말로 문자메시지를 보내기도 한다.

그녀의 방식은 이렇다. 금요일이나 토요일 밤에 술에 취한 척하며 상대 남자에게 문자를 보낸다. 그리고는 '당신이 마음에 든다' 같은 솔직한 말을 문자로 보내며, 취한 상태라는 것을 분명히 알리고 일부러 오타도 낸다. 이럴 경우 남자가 '나도 당신이 좋다. 내일 다시 얘기해보는 게 어떠냐' 같은 긍정적인 반응을 보이면, 그 남자는 데이트를 할 가치가 있는 남자인 것이다. 부적절한 답장이 올 경우에는 더 이상 상대하지 않는다.

캠벨은 말한다. "사람들이 보통 상대가 취한 상태에서 진실을 알아내려고는 해도, 그 취한 상대가 자신에게서 진실을 알아내려 할 거라고 생각하지는 않거든요. 그래서 이 방법이 효과가 있는 거죠."

그러나 문자는 상대방이 거짓말을 쉽게 할 수도 있기 때문에 조심해야 한다. 실제로 직접 대화할 때보다 거짓말을 3~5배 정도 더 많이 할 가능성이 높다고 한다. 모르는 사람과 이메일, 혹은 트위터나 메신저 등의 인스턴트 메시지로 소통할 때는 마주 보고 대화할 때에 비해 거짓말을 할 가능성이 몇 배 크다는 연구결과가 나왔다. 연구를 수행한 미국 메사추세츠 암허스트대학교의 매티티야후 짐블러 선임연구원은 "우리가 거짓말을 한다는 것은 뉴스가 아니다"면서 "온라인에서는 거짓말을 더욱 많이 한다는 게 뉴스"라고 말했다.

그는 220명의 대학생을 모집해 남자는 남자끼리, 여자는 여자끼리 15분간 대화를 하게 했다. 대화는 메일, 문자메시지, 대면의 세 가지 방식으로 하게 했다. 참가자들은 상대방에게 자신을 소개했고 연구팀은 이들의 대화를 기록했다. 그 다음엔 참가자들에게 기록을 보고 자신들이 거짓말한 대목을 지적하게 했다.

그 결과 15분간 대화에서 평균 1.5회의 거짓말을 하는 것으로 나타났다. 거짓말은 사소했다. 공부를 잘한다든가 웨이트리스가 되고 싶었다는 등 사실이 아닌 내용을 말한 정도였다.

이메일로 대화한 사람들이 가장 거짓말을 많이 했고 그 다음이 인스턴트 메시지, 가장 거짓말을 적게 한 것이 얼굴을 마주보고 대화한 사람들이었다. 대화에 사용한 단어의 숫자와 거짓말 횟수를 비교한 결과 메일 대화의 거짓말은 직접 대화의 5배인 것으로 나타났다. 문자메시지에서 이 비율은 3배로 나타났다.

물리적 거리든 심리적 거리든, 상대방과의 거리가 멀면 멀수록 사람들은 거짓말을 더 쉽게 했다고 짐블러는 말했다. 메시지가 도착하는 시간이 가장 오래 걸리는 메일에서 거짓말을 가장 많이 했다고 그는 지적했다.

"메일에서는 자신의 태도에서 뭔가가 드러날지 모른다는 걱정을 하지 않아도 되기 때문에 스스로의 감정이나 느낌에 대해 거짓말을 더 쉽게 할 수 있다"고 그는 말했다.

거짓말 연구가인 캘리포니아 버클리대학교 경영학과의 데이나 카니 교수는 "기술은 사람을 호도하기 쉽다"고 말했다. 그녀는 "가까이에서 얼굴을 마주보고 있을 때는 그에게 거짓말하기 힘들어진다"고 지적했다. 이어 "상대방과 거리가 멀리 떨어져 있을수록 우리는 더 차갑고 인지적이며 이성적인 판단을 내릴 가능성이 커진다"고 말했다.

상대방의 마음을 설득하는 칭찬을 하라

주부인 미례 씨는 최근 황당한 경험을 했다. 초등학생인 아들이 거짓말을 한 것이다. 착하고 공부 잘하기로 소문난 아들이 자신을 속인 것이 너무 실망스럽고 화가 났다. 게다가 자신의 칭찬 때문에 거짓말하게 된 것이라 생각하니 더 속이 상했다. 미례 씨는 아이가 학습지 문제를 풀 때마다 '잘했다'고 격려하고 100점을 맞을 때마다 '우리 아들 최고다. 천재다. 똑똑하다'라고 아낌없이 칭찬을 해줬다. 그러던 어느 날 아이가 학습지 답안지를 몰래 훔쳐보고 답을 적는 것을 발견한 것이다. 왜 그랬냐고 아이를 다그쳤더니 엄마를 실망시켜드리고 싶지 않아서였다고 했다.

"칭찬은 고래도 춤을 추게 한다"는 표현은 누구나 동의하는 칭찬의 효과를 나타내는 말이다. 그러나 칭찬을 잘못 하면 위의 사례처럼 오히려 부작용이 크고, 방법을 제대로 이해하지 못하면 원하는 결과를 얻지 못하는 경우가 많다.

예를 들어서 많은 부모들은 아이들의 자신감을 키워주려면 칭찬을 많이 해야 한다고 생각한다. 오늘날 미국의 경우 부모의 85퍼센트가 똑똑하다고 말해주는 게 중요하다고 믿는다고 한다. 그러나 미국에서 출간되어 화제를 일으킨 책 《양육쇼크》에서는 칭찬의 중독에서 벗어나라고 요구한다. 똑똑하다고 칭찬하는 습관이 역효과를 낳는다는 것이다. 이런 칭찬은 오히려 아이들의 자신감과 자긍심을 해치고 '넌 똑똑한 아이야'라는 칭찬은 어떤 의미에서는 아이가 아니라 부모 자신을 칭찬하는 말일 뿐이라는 것이다.

캐럴 드웩 미국 콜롬비아대학교 연구팀은 10년 동안 뉴욕의 20개 초등학교 학생들을 대상으로 칭찬의 효과를 연구했다. 5학년생을 대상으로 연속 실험을 진행했는데, 우선, 아이들에게 아주 쉬운 퍼즐식 지능검사를 첫 시험으로 내줬다. 검사를 마치면 연구자들은 한쪽 집단엔 똑똑하다는 칭찬을, 또 다른 집단에는 열심히 했다는 노력에 대해 칭찬을 해줬다. 그 뒤 두 번째 시험에 앞서, 첫 시험과 비슷한 쉬운 시험과 더 어려운 시험 중 하나를 선택하게 했다. 노력을 칭찬받은 아이들의 90퍼센트가 더 어려운 문제를 택했다. 지능을 칭찬받은 쪽은 대부분 쉬운 문제를 택했다. '똑똑한' 아이들이 오히려 '회피'를 선택한 것이다. 드웩은 이 결과를 이렇게 설명한다. "아이에게 지능을 칭찬해주면 자신이 도전해야 할 시험이 '똑똑하게 보이기'가 되므로 실수를 할 수도 있는 모험에 나서지 않는다."

세 번째 시험은 중학교 1학년생들이나 풀 만한 어려운 문제를 냈다. 시험을 본 뒤 두 집단의 반응은 달랐다. 노력을 칭찬받은 쪽은 그 시험에서 실패한 이유가 충분히 집중하지 않았기 때문이라고 생각했다. 그들은 문제를 열심히 풀었고 온갖 해결책을 적극적으로 시도했다. 반면, 똑똑하다는 칭찬을 받은 아이들은 그 시험에서 실패한 이유가 사실은 자신이 똑똑하지 않기 때문이라고 답했다. 그들은 한눈에 봐도 긴장한 채 땀을 뻘뻘 흘리며 괴로워했다. 마지막 네 번째 시험에선 첫 시험만큼 쉬운 문제를 내줬는데, 노력하는 아이들은 첫 시험에 비해 30퍼센트 정도 성적이 오른 반면, 똑똑한 아이들은 첫 시험보다 20퍼센트 정도 성적이 하락했다.

노력을 강조하면 아이들은 스스로 성공을 통제할 수 있다고 믿게 되지만, 타고난 지능을 강조하면 오히려 통제력을 앗아갈 수도 있다는 것을 이 연구는 보여준다. 이는 반복된 실험을 통해 확인됐다. 취학 전 아이들도 칭찬의 역효과는 비슷했다. '똑똑한 아이'라는 딱지 붙이기는 학력 부진을 막아주기는커녕 실제로는 부진을 부추기고 있는 것이다.

그렇기 때문에 칭찬을 하려면 효과적으로 해야 하는데 마음에 드는 칭찬을 하는 기술이 있다. 첫째, 칭찬을 할 때는 비난으로 시작해 칭찬으로 끝내야 한다. 칭찬에 대한 실험 결과가 있다. 4가지 정도의 방법으로 칭찬을 했는데, 우선 시종일관 칭찬하는 방법, 그리고 시종일관 비난하는 방법, 처음에 칭찬하고 나중에 비난하는 방법, 처음에 비난하고 나중에 칭찬하는 방법을 대상자에게 실험했다. 얼핏 생각하면 시종일관 칭찬만 하는 사람을 가장 좋아할 것 같은데 실상 그렇지 않았다. 좋은 말도 자꾸 들으면 식상하듯 칭찬도 반복되면 그 효과가 줄어드는 것이다. 칭찬만 반복하면 신빙성이 떨어지고, 누굴 만나든 칭찬만 하는 사람은 단지 그 사람의 습관에 불과하다고 볼 수 있다.

실험 결과는 칭찬으로 시작해 비난으로 끝나는 조건은 최악의 점수를 받았고, 비난으로 시작해 칭찬으로 끝나는 경우는 최고의 점수를 받았다. "김 대리, 이번 실적이 많이 올랐더군, 그런데 말이야"라고 말하는 부분은 뿌듯하다가도 기분이 나빠진다. "김 부장은 일을 대충하는 것 같은데, 자세히 살펴보니 무척 철저한 사람이군." 이렇게 격려로 마무리짓는 것이 칭찬의 훌륭한 방법이다.

둘째, 칭찬은 긍정적인 미래를 그려주며 칭찬해야 한다. 청소년에게 실패 등을 강조하며 다그치기만 하는 것보다 긍정적인 미래를 그려주며 격려하면 훗날 더 좋은 결과를 낸다는 연구결과가 나왔다. 최근 교육현장에서 체벌이 논란인 가운데 격려의 말들이 체벌의 대안으로 고려될 수 있음을 보여주는 연구결과다. 이는 교육현장에서뿐 아니라 회사, 스포츠 팀 등에서도 해당할 것으로 보인다.

미국 케이스웨스턴리저브대학교Case Western Reserve Univ. 리차드 보야티스 교수팀은 연구 참여자를 두 그룹으로 나눠 한쪽에는 긍정적인 미래를 그리면서 격려하는 코치, 다른 한쪽에는 실패를 강조하고 앞으로 그들이 해야만 하는 일이 무엇인지만을 말하는 코치를 만나게 했다. 그리고 1주일 후 두 코치가 등장하는 비디오를 보여주고 연구 참여자의 뇌를 기능성자기공명영상fMRI으로 촬영했다.

그 결과 부정적인 말보다 긍정적인 말을 들을수록 뇌에서 시각 정보를 처리하는 영역인 시각피질의 활동이 더 활발해졌다. 뿐만 아니라 인지력, 지각력 등과 관계된 영역도 더 활성화됐다. 연구진은 "만약 부정적인 것에 초점을 맞추게 된다면 부정적인 감정이 활성화돼 결과도 부정적인 방향으로 흐를 수 있다"며 "긍정을 강조한 효과적인 가르침은 조직의 화합을 가져와 생산성이 좋아지고 수익이 늘어나며 학생들의 성적이 좋아지고 병원에서는 의사와 간호사, 환자간의 관계가 돈독해질 수 있다"고 밝혔다.

셋째, 때로는 칭찬하지 않을 때도 있어야 한다. 유치원 학생 집단을 둘로 나누어 토마토 주스를 마시게 했다. 한쪽은 마실 때 칭찬해주고 보상해주는 쪽이었고, 다른 한쪽은 아무런 보상을 주지 않았다. 초반에는 칭찬과 보상을 해준 아이 집단이 토마토 주스를 많이 마셨지만, 긴 기간 동안 관찰한 결과 칭찬해주지 않은 아이들이 토마토 주스를 더 많이 마셨다. 그 이유는 어른의 칭찬이 아이들이 토마토 주스 자체를 즐길 기회를 빼앗았기 때문이다. 반대로 토마토 주스를 마시는 아이들은 마시다 보니 맛이 좋다는 것을 자연스럽게 알게 되어 그 토마토 주스 그 자체를 즐기게 된 것이다.

완벽하기보다는 약점을 드러내라

동원 씨에게는 중학교 3학년인 아이가 하나 있었다. 착하지만 성격이 소심하고 내성적인 평범한 아이였다. 하루는 아들이 오랜만에 아빠랑 같이 자고 싶어 했다. 다 큰 녀석이라 징그러웠지만 흐뭇해서 아이와 잠자리에 누워 이런저런 이야기를 나누는데 아이가 물어 볼 말이 있다며 조용히 얘기를 꺼냈다.

"아빠, 우리 반에 왕따가 있어. 애들이 걔하고 아무도 말을 안 하려고 해. 그런데 나는 걔가 좋아. 어떻게 해?"

동원 씨는 갑자기 일어나 앉으며 정색을 하며 말했다.

"걔랑 놀지 마. 너까지 왕따 된다."

아이는 돌아누우며 "알았어" 하고 힘없이 대답했다.

다음 날 아무래도 이상한 느낌이 들어서 아이 엄마에게 한번 알아보라고 했다. 아이 엄마가 같은 반 친구 엄마에게 전화를 걸어 물어 보니 놀랍게도 아이가 반에서 왕따를 당하고 있다는 것이었다. 놀란 가슴으로 학교를 찾아가 선생님에게 상담을 하고 아이를 전학시켰다. 아이는 다행히 전학 간 학교에서 적응을 잘하고 좋은 친구들을 만나 밝게 자라고 있다. 동원 씨는 그때만 생각하면 가슴이 아프고 지금도 왜 아이가 자신에게 고민을 털어 놓지 않고 돌려서 이야기했는지 이해가 안 됐다.

실제로 여성가족부가 비슷한 내용을 조사한 적이 있는데 "자녀가 고민이 있다면 당신과 제일 먼저 상의할 것이라고 생각하십니까?"라는 질문을 아버지들에게 던졌더니 한국 아버지 중 절반 이상50.8퍼센트이 "그렇다"고 답했다. 이번엔 청소년들에게 "고민을 아버지와 상담합니까?"라고 물었더니 응답한 청소년의 4퍼센트만이 "그렇다"고 했다. 참 안타까운 통계다.

부모는 아이들을 가장 잘 알고 아이들에게 그 누구보다도 가장 친한 친구가 되어야 하는데 현실은 그렇지 않은 이유는 무엇 때문일까? 아이들이 부모를 터놓고 말할 수 있는 상대로 생각하지 않는 이유는 아이들이 부모에게 친구 같은 친밀감을 가지지 못하기 때문이며 친밀감이 생기지 않는 이유는 부모가 먼저 자신의 이야기를 꺼내서 털어 놓지 않기 때문이다.

스탠퍼드대학교Stanford Univ.의 MBA 과정에는 상호역동성Interpersonal Dynamic이란 과목이 있다. 그 수업은 특이하게도 수업 중에 조그만 스터디 룸에 모여 의자들을 둥글게 배열해 놓고 차례로 돌아가며 자신의 감정을 솔직하게 드러내는 훈련을 한다. 물론 오가는 이야기는 지극히 사적인 내용이 많기 때문에 수업 중에 나눈 이야기는 절대로 외부에 발설하지 않겠다는 맹세를 한다. 재미있는 것은 학생들의 이야기가 은밀할수록 다른 학생들이 친밀감 항목에 높은 점수를 주며 특이한 것은 다른 학생들도 과감히 자신의 이야기를 털어놓기 시작한다고 한다.

이것을 '프라이버시 이펙트Privacy Effect : 사생활 효과'라고 한다. 프라이버시 이펙트는 혐의 사실을 털어놓지 않는 범죄자들을 심문할 때 많이 사용하는 기술이기도 하다.

범죄심리학자로 잘 알려진 표창원 전前 경찰대 교수는 《숨겨진 심리학》에서 쌍둥이 언니를 살해한 여성 피의자의 진술을 이끌어내기 위해 그녀의 고향과 어린시절 이야기를 먼저 꺼냈던 프로파일러의 사례를 통해서 상대방의 입을 열게 하는 프라이버시 이펙트를 활용했다고 한다. 그는 "업무와 같은 목적을 벗어나 개인적인 이야기를 풀어나가는 사이에 상대는 낯선 사람에 대한 불신감을 없앨 수 있다. 인간은 누구나 공감할 수 있는 사람의 이야기나 사건 등을 화제로 삼으면 자아의 일부를 자극받기 때문이다"라고 했다.

프라이버시 이펙트는 선거에서도 크게 활용된다. 미 대선을 5개월 앞둔 1999년 6월, 빌 클린턴은 후보자 중 3위를 달리고 있었다. 1위는 재임에 도전하는 아버지 부시 대통령이었고 2위는 무소속 로스페로였다. 클린턴은 그 당시 네제니퍼 플라워스와의 스캔들, 그리고 병역기피 파문까지 불거지면서 당선 전망은 한층 더 어두워보였다. 캠프 내부적으로도 유권자의 지지를 얻지 못하고 있다는 사실을 인정하고 있는 분위기였는데 클린턴은 최후의 수단으로 토크쇼를 선택했다.

그는 TV 토크쇼에 출연하여 홀어머니와 알코올 중독 계부 밑에서 자랐던 불우한 어린 시절에 대해 털어놓았다. 대중들에게 공개적으로 자신의 취약점을 드러냈던 것이었다. 당시만 해도 대통령 후보자가 토크쇼에 출연해 자신의 약점을 드러내는 일은 상상도 할 수 없는 일이었다. 미국 대통령 후보는 언제나 자신감과 카리스마가 넘치는 모습만을 보여주어야 했다. 하지만 클린턴은 거꾸로 자신의 약점을 그대로 드러냈다.

그는 노골적인 질문에 당황하거나 물러서는 기색 없이 당당하게 사실을 밝혔다. 그러면서 어려운 현실에 물러서지 않고, 이를 극복해 나가는 과정에서 용기와 지혜를 얻을 수 있었다는 사실을 자랑스럽게 이야기했다.

1992년 6월 초에 실시한 여론 조사에서 클린턴의 지지율은 33퍼센트 수준이었는데 토크쇼에 출연하여 용기 있게 자신의 사적인 이야기를 털어놓았던 6월 말 그의 지지율은 77퍼센트로 껑충 뛰어 올랐다. 이렇게 자신의 약점을 보여주는 것도 상대방에게 호감을 줄 수 있다.

유명배우 알 파치노Al Pacino는 언젠가 시상식에서 수상소감을 말하러 무대에 올랐는데 수상소감을 적어온 종이를 어느 호주머니에 두었는지 몰라 당황하며 더듬거리는 모습을 보여 준 적이 있다. 완벽한 연기를 펼치기로 유명한 최고의 배우 알 파치노가 더듬거리며 주머니에서 그가 적어온 수상소감을 적어놓은 종이를 간신히 꺼내서는 연설을 시작하자 사람들은 기립 박수를 보내고 그의 수상 소감은 최고로 사람들에게 기억됐다.

물론 그의 연설도 좋았지만 그의 수상 소감이 돋보였던 이유는 그가 완벽한 연기력을 갖고 있음에도 불구하고 당황해서 더듬거리는 것과 같은 일종의 어설픔을 보여 주었기 때문이다.

이런 일종의 실수는 보는 사람에게 그는 능력 면에서는 완벽하지만 인간적인 실수도 한다는 이미지 생성이 가능하다. 그러므로 능력 면에서 완벽해서 보는 사람으로부터 열등감 및 시기심을 부추기기보다는 같은 인간으로서의 친밀감을 느끼게 해 주었던 것이다.

실제로 사람들은 유능한 사람을 좋아하지만 너무 완벽한 사람보다는 가끔 실수를 하는 유능한 사람을 더 좋아한다고 한다Aronson 외, 1966.

1. 평범한 사람
2. 평범하면서 실수를 저지른 사람
3. 거의 완벽한 사람
4. 거의 완벽하지만, 실수를 저지른 사람

사람들에게 다음과 같은 사람을 보여주고 가장 비호감인 사람과 가장 호감이 가는 사람을 꼽으라 했을 때 가장 비호감인 사람은 2번이었고 가장 호감 가는 사람은 4번이었다.

뻔한 말보다는 참신한 말을 하라

인터넷에서 한동안 인기 있었던 지하철에서 칫솔 파는 아저씨의 이야기다.

「집에 가려고 지하철 1호선을 탔습니다. 인천행이어서 자리가 많더군요. 자리에 앉아 있는데 신도림쯤에서 어떤 아저씨가 가방을 들고 탔습니다. 왠지 분위기가 심상치 않았어요. 아저씨는 헛기침을 몇 번 하더니 손잡이를 양손에 쥐고 가방을 내려놓고는 이야기를 시작했는데, 이제부터 그 아저씨가 한말 그대로 씁니다.
"자, 여러분. 안녕하십니까? 제가 이렇게 여러분에게 나선 이유는 가시는 걸음에 좋은 물건 하나 소개드리고자 이렇게 나섰습니다. 물건 보여드리겠습니다. 자, 플라스틱 머리에 솔 달려 있습니다. 이게 무엇일까요? 칫솔입니다. 이걸 뭐 하려고 가지고 나왔을까요? 팔려고 나왔습니다. 묶음 하나에 200원짜리가 다섯 개 묶여 있습니다. 얼마일까요? 천 원입니다. 뒷면 돌려 보겠습니다. 영어로 써 있습니다.

메이드 인 코리아. 이게 무슨 뜻일까요? 수출했다는 겁니다. 수출이 잘될까요? 망했습니다. 자 그럼 여러분에게 한 묶음씩 돌려보겠습니다."

그리고 아저씨는 칫솔을 사람들에게 돌리더군요. 사람들은 너무 황당해서 웃지도 않더군요. 그런데, 칫솔을 다 돌리고 나서 아저씨는 다시 말을 했습니다.

"자 여러분, 여기서 제가 몇 묶음이나 팔 수 있을까요? 여러분도 궁금하시죠? 저도 궁금합니다. 잠시 후에 알려 드리겠습니다" 그래서 저는 과연 칫솔이 몇 묶음이나 팔렸는지 궁금했습니다. 결국 칫솔은 4묶음이 팔렸고, 아저씨는 또 다시 말을 했는데, '자 여러분, 칫솔 4묶음 팔았습니다. 얼마 벌었을까요? 4묶음 팔아 4,000원 벌었습니다. 제가 실망했을까요? 안 했을까요? 예, 실망했습니다. 그렇다고 제가 여기서 포기하겠습니까? 다음 칸 갑니다!'

하면서 아저씨는 가방을 들고 유유히 다음 칸으로 가더군요. 남아있는 사람들은 뒤집어졌습니다.」

● ● ● ● ● ● ● ●

이렇듯 누구나 뻔한 말보다 참신한 말을 듣게 되면 사람들은 호감이 생긴다. 뻔한 말이란 나와 생각이 같은 당연한 말이고 참신한 말이란 내 생각의 틀을 벗어난 뜻밖의 말이다.

우리는 흔히 생각이 같은 사람들 간에 대화가 잘될 것이라 여긴다. 하지만 천만의 말씀이다. 다수의 청중을 상대로 한 강연이든, 단 둘만의 대화에서든 내용이 뻔한 얘기는 별다른 공감을 불러일으키지 못한다. 서로 다 알고 있는 이야기를 계속하면 듣는 사람의 집중력이 떨어지고, 급기야 무관심과 거부감까지 생겨난다. 똑같은 코미디 프로그램을 다시 보면서 처음처럼 폭소를 터뜨리는 사람은 거의 없다. 아무리 재미있는 유행어도 몇 달만 지나면 식상해지지 않는가? 부부간의 대화가 점점 줄어드는 것도 같은 이유에서다. 서로 알 것 다 아는 처지에 딱히 할 말이 없는 것이다. 그런데도 우리는 완벽한 공감을 바란다.

실제로는 십수 년을 함께 한 반려자와도 하루가 멀다 하고 갈등을 빚으면서 오늘 처음 본 고객이 자신과 똑같이 생각하기를 바라는 식이다. 진정한 소통을 꿈꾼다면 완벽한 의견일치를 헛되이 바라지 말고 생각이 다른 바로 그 지점에서 출발해야 한다.

자신과 상대의 생각과 입장이 다르다는 것을 이해하고, 그것을 적극적으로 이용할 줄 알아야 한다. 상대와의 차이점을 신선함으로 전환하는 것이다. 즉 상대방이 알고 있는 이야기를 계속하게 되면 듣는 사람의 집중력이 떨어지고 무관심과 거부감을 유발하기 때문에 듣는 사람에게 나의 이야기가 너무 뻔하게 느껴지지 않게 해야 한다.

참신한 말을 하는 첫 번째 방법은 기대하지 않았던 말을 하는 것이다. 당연하다고 생각되는 것을 뒤집는 말이나 기대하지 않았던 말을 해야 호기심이 커지고 대화에 흥미와 관심을 가지게 된다.

1962년 광고 역사상 최고의 작품으로 손꼽히며 일명 '신의 광고'라 불리는 하나의 광고가 기적을 일으킨다. 당시 시장 점유율 60퍼센트의 렌터카 1위에 도전했던 에이비스Avis의 광고였다.

에이비스 렌터카는 창업한 이래 13년간 만성적자에 허덕였다. 렌터카 업체 2위라는 명목은 단지 허울뿐이었고, 그저 그런 중소 업체들 중 하나였다. 그러던 중 새로 부임한 로버트 타운젠트 CEO는 당시 뉴욕에서 유명세를 떨치던 광고대행사 DDB의 빌리 번벅을 만나 역사적인 광고 캠페인을 시작하게 된다.

이 광고에는 타운젠트 사장과 빌리 번벅의 특이한 계약 조건이 있다. 당시 허츠Hertz의 매출 5분의 1에 불과했던 에이비스는 광고비 또한 넉넉지 않았다. 빌리 번벅은 이런 부족한 광고비 현실을 받아들이는 대신 조건을 제시하게 되는데, 자신이 만든 광고를 수정 없이 그대로 사용하는 것이었다. 그렇게 나온 광고 카피가 바로 'Avis is only No.2 in rent a car. So why go with us?에이비스는 렌터카 업계에서 2위에 불과합니다. 그런데 왜 에이비스를 이용해야할까요?'다.

시장 반응은 가히 폭발적이었다. 에이비스는 그 해 첫 흑자를 달성하게 되고, 매출 신장률은 무려 연 50퍼센트였다. 결과적으로는 대성공이었지만, 이 광고가 집행되기 전까지만 해도 내부 반발이 극심했다고 한다. 1등이 아니라 2등이라는 사실을 돈까지 써가면서 굳이 알릴 필요가 무엇이냐는 것이다.

하지만 일반 대중의 생각은 달랐다. 보나마나 자신들이 최고라고 말할 것이라 생각했는데 자신들은 2등이라고 말하니까 어리둥절하면서도 에이비스가 2등이기 때문에 1등이 되기 위해 더욱 열심히 노력하고 보다 나은 서비스를 제공하리라 생각했던 것이다.

커뮤니케이션 이론에서는 이를 '격차 효과Discrepancy Effect' 또는 '상위 효과相違效果'라 한다. 쉽게 말해 격차 효과란 어떤 메시지를 전달할 때 내용이 뻔하거나 방식이 예전의 것 그대로라면 공감을 불러일으키지 못하는 경향을 말하는데 대화할 때 내가 말하고자 하는 대화의 내용이 그것을 받아들이는 사람의 생각과 다를수록 그 말을 수용하는 정도가 높아지고 또 전달효과도 높아진다.

참신한 말을 하는 두 번째 방법은 상대방이 미련을 가지게 하는 것이다. 예를 들어서 상대방에게 중요한 이야기인 것 같은데 이야기 중에 잠깐 멈추고 뜸을 들이거나 다음에 말해 주겠다고 미련을 남기면 내 말에 더 호감이 생길 수 있다. 내 말을 더 많이 생각하다가 결국은 나에게 호감이 가게 되기 때문이다.

실제로 드라마는 항상 끝날 때 중요한 장면에서 끝내서 여운을 남긴다. 이렇게 중요한 장면에서 드라마를 멈추면 시청자들은 완성되지 않은 장면을 완성시켜야 한다는 관념에 사로잡혀 마지막 장면을 더 잘 기억하게 되기 때문이다. 이러한 심리를 '자이가르닉 효과'라고 한다. 자이가르닉 효과Zeigarnik Effect란 러시아 심리학자 자이가르닉의 이름을 딴 것인데 일반적으로 '미완성 효과'라고도 불리운다.

자이가르닉 교수는 학생들을 A그룹과 B그룹으로 나누고 몇 분 안에 종료할 수 있는 간단한 과제퀴즈, 쪽지시험 등를 차례로 나누어 주었다. A그룹은 할 수 있는 데까지 풀어보게 하고 다음 과제로 넘어가게 했고, B그룹은 도중에 미완성인 채로 중단시키고 다음 과제로 넘어가게 했다. 과제의 수는 약 20개로 하되 모든 과제가 끝나자마자 방금 했던 과제의 제목을 물어봤을 때 B그룹의 학생들이 두 배 정도 더 많이 기억하였다. 이처럼 사람들은 열중하고 몰입했던 어떠한 일을 도중에 멈추게 되면 그 일을 완성시켜야 한다는 정신적 긴장감과 강박사고가 생기는데 결국에는 이런 강박사고가 깊게 자리 잡아 더 오래 기억되는 현상이 바로 자이가르닉 효과다.

대화도 마찬가지다. 대화 시에 무엇인가 여운을 남기면 심리적인 긴장감을 가지고 남아 있는 내용에 대해 미련과 집착을 가지게 되어 기억에 더 오래 남게 작용한다. 모 음악 오디션 프로그램에서 사회자가 우승자를 호명할 때 '60초 후에 공개 하겠습니다'란 말에 더욱 초조해지고 채널을 돌리지 못하는 이유도 바로 사회자의 말에 미련을 가지기 때문이다.

참신한 말을 하는 세 번째 방법은 상대방이 쉽게 알지 못하게 하는 것이다. 노스트라다무스는 종말과 관련한 가장 유명한 예언가다. 그의 예언은 주로 운문 형태로 썼는데 대부분은 구체적이지 않고 매우 상징적인 문체로 되어있다. 특히 어떤 특정한 순서에 따라 배열하지 않았기 때문에 그 해석을 추측에 의존해야 하는 경우가 많았다. 그러다 보니 너도나도 다양한 해석을 끌어내고 현재도 사람들에게 끊임없는 호기심을 불러일으키게 만들고 있다.

그의 예언의 시를 하나 보면

'1999의 해, 7월
하늘에서 공포의 대왕이 내려 오리라.
앙골모아의 대왕을 부활시키기 위해서

> 그 때를 전후하는 동안 마르스는 행복의 이름으로 세상을 지배하려 하리라.'

이처럼 워낙 뜻을 알 수 없는 이상한 글이지만 많은 연구자나 해석자들이 이 시를 필사적으로 해석하려 했으며, 그리하여 갖가지의 다양한 해석들이 나오고 급기야는 그의 예언서를 배경으로 지구 종말론까지 나오고 있다. 이처럼 우리는 상대의 말을 쉽게 해석하지 못하면 숨겨진 의미를 어떻게든 찾아내고 싶어하는 심리로 인해 더욱 관심과 집착을 보이게 된다.

실제로 우리는 상대방에 대해 잘 알지 못할 때 더 큰 호감이 생긴다고 하는데 예를 들어서 여자는 자기를 얼마나 좋게 보는지 알 수 없는 남자에게 끌린다는 연구결과가 나왔다.

기존의 많은 심리학 연구는 내가 누군가를 좋아하는 것은 상대방이 나를 얼마나 좋아하는지에 달려있다는 가설을 믿어왔다. 그러나 미국 버지니아대학교의 에린 위트처치 박사와 티모시 윌슨 박사는 "상대방이 나를 얼마나 좋아하는지 모른다면 나는 상대방에 대해 오래 생각하게 되고, 상대방이 나를 어떻게 보는지 궁금해 하다가 자신도 모르게 그에게 매력을 느끼고 빠져든다"고 말했다.

연구진은 버지니아대학교 여대생 47명에게 '페이스북이 온라인 데이트 사이트 역할을 할 수 있는가?'란 주제의 연구라고 거짓말을 했다. 연구진은 각 여학생에게 2개의 다른 대학 남학생들이 자기 외에도 15~20명의 프로필을 봤다고 속인 뒤 각 여학생에게 4명의 남학생에 대한 프로필을 보여줬다. 여학생들은 이 프로필이 사실이라고 믿었으나 가상으로 꾸며진 프로필이었다.

연구진은 여학생들을 3그룹으로 나눴다. 첫 번째 그룹 여학생들에게는 이들 4명의 남자가 해당 여학생을 가장 마음에 들어한다고 얘기했다. 두 번째 그룹에게는 이 남자들이 해당 여학생을 보통으로 생각하는 사람들이라고 말했다. 세 번째 그룹의 여학생에게는 4명의 남자들이 그 여학생을 가장 좋아하는 사람일 수도 있고 평균으로 생각하는 사람일 수도 있다고 말했다. 3번째 그룹 여학생들은 남자들이 자기에게 실제로 얼마나 관심이 있는지 알 수 없었다.

연구결과 남자들이 자기를 아주 좋아한다고 생각하는 여자는 다른 연구결과처럼 남자에게 좋은 감정을 보였다. 이들은 남자들이 자기를 보통 정도로 여긴다고 알고 있는 여자들보다는 4명의 남자에게 더 큰 호감을 보였다. 그러나 4명의 남자에게 가장 큰 매력을 느낀 여자는 남자들이 자기를 어떻게 여기는지 알 수 없는 제3그룹 여학생들이었다.

연구진은 "이 연구에서 여자는 남자에 대한 정보가 아주 적을 때 호감이 가장 높았지만 상황은 요즘 많이 하는 온라인 데이트 사이트에서 누군가를 만나는 것과 다를 바 없다"고 설명했다. 위트처치 박사는 "애인이 될 사람을 찾고 선택받기 위해서는 자기 감정을 되도록이면 드러내지 말고 숨기라"면서 "상대방이 나의 감정을 모르면 상대는 나에 대해 더 많이 생각하고 흥미를 갖게 되어 있다"고 덧붙였다.

적절한 비교로 원하는 결과를 이끌어라

● ● ● ● ● ● ● ●

미국에서 시작된 유명한 이야기가 있다. 번화한 어느 거리에 거지 2명이 앉아 있었다. 한 사람은 누더기 차림에 처량한 모습으로 팻말을 들고 있었다. "배고프고 집도 없습니다. 제발 도와주세요." 그런데 다른 거지는 말쑥한 줄무늬 양복에 여유 있는 웃음까지 띠고 "먹고 살만 하지만 돈을 더 모아야 돼요."

지나가는 행인들은 두 사람을 보면서 재미있다는 표정과 어이없어 하는 표정이 섞여 있었다. 예상대로 줄무늬 양복의 거지는 완전 실패했다. 그의 동냥 통은 시작할 때와 마찬가지로 거의 비어 있었다. 하지만 누더기를 입은 거지는 돈을 긁어모으고 있었다.

사실 그들은 둘 다 거지였다. 그런데 동업을 하면 돈을 네 배는 더 벌 수 있다는 사실을 알게 된 것이다. 사람들은 양복을 입은 거지를 보는 순간 시선을 끌고 재미있어 한다는 사실을 알았다. 그러나 재미있어 하면서도 한편으로는 부자처럼 보이는 거지가 뻔뻔하다는 생각이 들면서 그 거지와 비교되는 가난한 거지에게 동정심을 더 쉽게 베풀게 된다는 사실이다. 그들은 가끔 사람들에게 탄로날 것을 걱정해 옷을 서로 바꿔 입기도 한 영특한(?) 거지들이었다.

● ● ● ● ● ● ● ●

이러한 현상을 '대조효과 The Contrast Principle'라 한다. 대조효과란 나중에 제시된 사물이 처음에 제시된 사물과 커다란 차이를 보인다면, 우리는 나중에 제시된 사물과 처음에 제시된 사물과의 차이를 비교해 원래의 실제차이보다 훨씬 크게 인식한다.

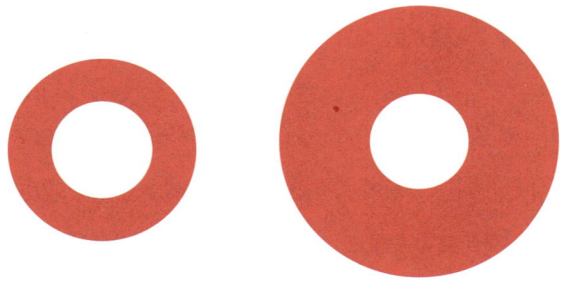

다음 중 어느 흰색 원이 더 커 보이는가? 흰색 원만을 보면 크기가 똑같지만 주변의 붉은색과 비교해 보면 그 크기가 서로 다르게 느껴진다. 우리는 이처럼 비교를 통해 사물과 사람을 평가하는 경향이 있다. 그래서 일터에서도 다른 사람과 비교해 칭찬을 하면 기분이 더 좋지만 다른 사람과 비교해서 질책을 하면 그냥 혼낼 때보다 기분이 더 나빠지는 것이다.

이러한 비교개념을 활용하면 많은 것을 얻을 수 있다. 이 이론의 기본이 되는 가정은 모든 물체는 의미 있는 순서로 배열된다는 점이다. 즉, 어떤 사물이든지 가벼운 것에서부터 무거운 것, 짧은 것에서 긴 것, 차가운 것에서 따뜻한 것 등으로 일정한 순서로 배열될 수 있다. 그런데 적응수준이 어떤 자극의 방향으로 이동하면 새로운 자극들이 반대 방향으로 이동하게 된다.

이러한 현상은 간단한 놀이를 통해 확인할 수 있는데 얼음물, 미지근한 물, 뜨거운 물을 한 대접씩 준비한 뒤 왼손을 차가운 물에, 오른손을 뜨거운 물에 넣고 기다린다. 이제 손을 꺼내 두 손 모두 미지근한 물에 집어넣으면 미지근한 물인데도 왼손은 물이 뜨겁게, 오른손은 차갑게 느껴진다.

이와 비슷한 사례로 처음에 가벼운 물체를 들어보고 난 후에 무거운 물체를 들어보면 그냥 처음부터 무거운 물체를 들어본 경우보다 그것이 더 무겁게 느껴지거나 잘생긴 남자배우가 나오는 영화를 보고 난 후 보통 외모의 남자 친구를 비교해 보면 갑자기 초라해 보인다는 것이 있다.

대조효과는 설득에 절대적으로 필요한 기술이다. 도널드 트럼프가 뉴욕에 50층짜리 트럼프타워를 지을 때 주변의 5층 건물 주인이 일조권을 내세워 건축을 반대했다. 보상을 해 주겠다고 해도 막무가내로 반대하자, 트럼프가 내놓은 묘안은 2장의 조감도였다.

50층짜리 건물이 들어서 잘 정비된 깨끗한 동네에 대한 조감도 한 장과 트럼프타워를 짓지 못할 경우 들어올 5층짜리 임대주택들이 늘어선 낙후된 환경의 동네 조감도 한 장을 같이 보여줬다. 건축에 반대하는 것이 5층 건물 주인에게 손해라는 확신을 심어줌으로써 마음을 돌려놓은 것이다.

자동차 판매원도 이러한 대조효과를 이용해 효과적으로 판매를 한다. 혼다자동차에서는 판매사원들에게 다음과 같은 판매 교육을 시킨다고 한다.

교육1. 저렴한 2도어 자동차를 사려는 고객이 있다. 시빅 자동차를 보여주기 전에 어코드 자동차를 소개하라. 어코드는 시빅보다 4,000달러 정도 비싸기 때문에 어코드 가격을 들은 후 시빅 자동차에 붙은 가격을 보는 고객은 덜 놀라게 된다.

교육2. 시빅 자동차는 저가형, 보급형, 고급형의 세 가지 모델이 있다. 판매 사원이 저가형 모델부터 보여주면 보급형은 상대적으로 비싸게 보인다. 반면 고급형 모델부터 보여 주면 보급형은 상대적으로 저렴하게 느껴져서 당장이라도 살 수 있는 차가 된다.

교육3. 오디오 시설이나 보안장치, 고급 타이어 같은 옵션에 대한 설명은 계약이 성사될 때까지 잠시 보류하라. 2만 달러 가까이 지불할 고객에게 1,500달러 정도가 큰 문제가 되겠는가?

비교의 기술은 자신이 매력적으로 보이는 데에도 도움이 된다. 매력적으로 보이기 위해서는 자신을 가꾸는 것보다는 함께 다니는 사람을 잘 고르는 게 더 중요하다는 지적이 나왔다.

영국 스털링대학교Sterling Univ. 심리학과의 앤서니 리틀 교수는 "매력이란 항상 상대적이며 사람들은 매력을 평가할 때 옆 사람과 비교하게 된다"며 "매력도를 높이려면 이런 대조 효과를 이용해야 한다"고 '영국 과학 페스티벌British Science Festival'에서 발표했다.

여자는 자기보다 매력이 떨어지는 동성 친구와 다니는 게 최고다. 리틀 교수는 "친구가 별로 예쁘지 않다면 당신이 더 예뻐 보이고, 더 예쁜 친구와 다니면 당신은 예뻐 보이지 않는다"고 말했다. 여자는 외모로 매력도가 판단되기 때문에 이처럼 자기보다 못생긴 동성 친구를 데리고 다니면 되지만 남자는 꼭 그렇지도 않다. 남자의 매력은 외모로만 판단되지 않고 '능력'이 중요한 기준이 되기 때문이다.

남자에게 가장 좋은 것은 '되도록 여자와 함께' 다니는 것이다. 옆에 여자가 있으면 그 남자는 일단 그 여자의 심사를 통과한 것이 되기 때문에 혼자 다니는 남자보다 이성에게 더 매력적으로 보이게 된다. 이를 '결혼반지 효과'라고 부른다. 유부남이 독신보다 더 매력적으로 보인다는 것이다.

옆의 여자 때문에 남자의 매력도가 올라가는 대표적 경우는 잡지 〈플레이보이〉의 소유주 휴 헤프너Hugh Hefner가 꼽힌다. 그는 항상 절세 미녀들과 함께 있기 때문에 그는 늙고 외모도 별로지만 최고의 매력남으로 인식된다. 못생긴 남자가 절세 미녀와 함께 있는 사진을 보여 주면 사람들은 "이 사람은 돈이 많거나 대단한 능력의 소유자일 것"이라고 생각한다. 이런 효과는 동물에서도 확인된다. 수컷 새 옆에 장난감 암컷을 놓아두면 다른 암컷들이 관심을 보이면서 몰려드는 것이다.

최근 연구에서도 미혼 여성들은 미혼남보다 유부남에게 더 후한 매력 점수를 줬다. 여자들은 흔히 "좋은 남자는 이미 다 팔렸다"고 한탄하지만 실제로는 '팔렸기' 때문에 매력 있어 보이는 것이며, 독신남에게서는 그런 매력을 느끼지 못한다는 해석도 있다.

상대방을 설득을 할 때도 대조효과는 효과적인데 블레이크Blake, 로젠바움Rosenbaum은 대학을 졸업하는 학생들에게 소속 학과의 조교를 위해 돈을 조금씩 기부하도록 요청해보았다. 조사자는 학생들에게 어떤 경우에는 원하는 만큼 돈을 기부하도록 하였고, 어떤 경우에는 다른 사람들이 어느 정도 기부하였는지를 알려 주면서 돈을 기부하도록 하였다. 다른 사람들이 어느 정도 기부하였는지에 대한 정보를 전혀 주지 않았을 경우 학생들의 평균 기부액은 약 75센트였다.

그렇지만 다른 사람들의 평균 기부액이 약 25센트라는 거짓 정보를 주었을 때는 평균 32센트만을 기부했다. 대조효과에 의거해 학생들은 적정한 기부금 수준에 있어서 너무 관대하지도 박하지도 않은 32센트 정도를 기부하기로 결정했을 것이고 만약에 다른 학생들의 평균 기부액이 더 높다는 거짓 정보를 주었다면 기부액은 더 높아졌을 것이다.

   대화에서도 대화 내용의 자극의 정도에 따라 이러한 대조효과가 발생하는 경향이 있다.

   예를 들어서 미래의 장밋빛 인생에 관한 긍정적인 이야기 돈 벌어서 세계 일주를 해보자를 나누다 현실을 돌아보면 현실이 너무 구차해 보이고 배우자가 무능력해 보이지만 인생의 어려웠던 추억 과거 단칸방에서 고생하던 신혼생활을 이야기하다 현실을 돌아보면 인생이 그런대로 만족할 만한 수준이고 배우자 덕분에 이 정도라도 살고 있다고 생각되는 것이다.

상상하게 만들어라

공무원이었던 송기출 씨는 얼마 전 정년퇴직을 했다. 오랜 공직 생활을 떠나 드디어 여유 있는 생활을 하게 되었다며 기분이 들떠 있었는데, 이상하게도 일을 다닐 때보다 더한 스트레스를 받았다. 집사람은 무엇이 바쁜지 항상 외출을 하고 같이 사는 큰아들 내외의 싸움이 잦아지면서 집에 있는 것이 눈치가 보였기 때문이다. 그동안 시부모님을 잘 모시는 심성 착한 며느리라고 생각했는데 퇴직 후 며느리의 표정이 달라지기 시작했다. 시아버지가 있으니 집에서 마음대로 못하고 밥 세 끼도 꼬박 챙겨야 하고 그러다보니 외출 한번 마음대로 못하는 입장이 된 것이다. 그래서 외출을 싫어하는 송 씨지만 억지로 외출을 나가기도 했다.

그러나 외출도 하루 이틀이지 딱히 나갈 데도 없어 부인에게 아이들 분가를 시키면 어떻겠냐며 살짝 떠보다 혼만 났다. 쥐꼬리만 한 연금밖에 없는데 전세 얻어줄 돈이 어디 있냐며 정색을 했고 그럼 당신이 외출하지 말고 자신을 챙겨 달라고 했다가 젊어서 고생시켰으면 됐지 이 나이에 고생해야겠냐며 화를 냈다.

이러지도 저러지도 못하고 고민하던 송 씨에게 친구가 비책을 하나 알려줬다. 친구가 알려준 대로 주말을 이용해 큰아들 부부와 서울 근교의 양수리에 갔다. 그런 다음 강이 내려다보이는 전망 좋은 넓은 땅(물론 다른 사람의 땅이다)에 데리고 가서 가만히 땅을 둘러보고 흙을 바람에 날려 보면서 큰아들 내외에게 "이 땅 어떠냐?"라고 넌지시 물어보았다. 그러자 그 뒤로 며느리의 대접은 크게 달라져 극진하기까지 했다. 큰아들 내외는 그 땅이 아버지가 몰래 사둔 값어치 있는 땅이고 잘 모시면 자신들에게 그 땅을 물려 줄 것이라 상상했던 것이다.

상대방으로 하여금 내 생각을 빨리 받아들이게 하는 방법은 그 사람에게 그 내용에 대해 사전에 적극적으로 상상Prior Imagination하도록 만드는 것이다. 다양한 실험 결과를 보면, 어떤 구체적인 사건에 대하여 적극적으로 상상한 후에는 그 사건이 정말로 발생했다고 믿게 된다고 한다 Anderson, 1983.

한 연구에서 영업사원들이 케이블TV에 가입하도록 권유하기 위해서 아리조나주 템프시에 주택지역을 가가호호 방문했다. 방문한 가정들 절반에게는 케이블TV의 장점예를 들어서 극장에 가는 것보다 싸고 덜 번거롭다. 가족들과 더 많은 시간을 보낼 수 있다에 대해 이야기했고 나머지 절반의 가정에는 "케이블TV가 당신에게 제공하는 다양한 오락프로그램을 잠깐 동안 상상해 보라"고 한 다음 케이블TV의 여러 이점을 이용하고 즐기는 상황을 상상해 보도록 유도했다. 그 결과 단지 케이블TV에 관한 정보를 받은 사람 중에는 19.5퍼센트만 가입을 한 것에 반해, 케이블TV를 사용하는 상황을 상상하도록 유도한 사람들 중에는 47.4퍼센트의 엄청난 가입률을 나타냈다.

단어만 상상해도 아픔을 더 느낄 수 있다.

"조심하세요, 잠깐 아플 겁니다."

병원에서 어린이뿐만 아니라 어른도 의사에게 이 말을 들었을 때 떨릴 수밖에 없다. 그리고 바늘이 피부에 닿는 순간 찌르는 고통을 분명하게 느끼게 된다. 그리고 한번 주사를 아프게 맞은 경험을 하면 주사 맞을 병원방문 약속만 해도 그 통증을 느끼게 된다. 즉 단순히 '주사'라는 단어만 들어도 실제적인 통증을 상상으로 느끼게 된다는 연구결과가 나왔다.

독일 프리드리히 쉴러대학교Friedrich Schiller Univ. of Jena 토마스 와이스 교수팀은 실험 참여자에게 '고통스러운, 소름끼치는, 감염이 잘 되는' 같은 고통과 직접 관련된 단어와 '가공할 만한, 두려운, 메스꺼운' 같은 2차적 의미를 가진 단어를 제시한 뒤 연구자의 통제에 따르도록 했다. 그리고 기능성자기공명단층촬영fMRI으로 뇌 반응을 관찰했다.

참여자들은 고통과 직접 관련된 단어들이 가져다 줄 수 있는 상황을 상상하게 하고서 다음에는 그런 단어를 소리 내어 읽게 했다. 상상을 하건 소리 내어 읽건 모두 통증 지각에 관여하는 뇌 영역인 통증 기반이 활성화됐다. 그러나 2차적 의미를 가진 부정적인 단어를 떠올리고 상상하거나 소리 내어 읽었을 때는 뇌의 통증기반이 활성화되지 않았다. 와이스 교수는 "이번 연구를 통해 고통과 직접 연관된 단어 하나만으로도 뇌의 통증 기반은 활성화된다는 것을 알 수 있다"고 말했다.

상상력은 이미지 형태로 전달될 때 더 효과적이다. 이미지가 생생한 광고를 보고 나면 실제 써 보지 않고서도 그 물건을 써 봤고 품질도 좋다는 가짜 기억을 갖게 된다는 연구결과가 나왔다. 미국 서던 메소디스트대학교의 연구팀은 유명 팝콘 제조사에서 신제품이 출시됐다는 내용의 가짜 광고 인쇄물 두 개를 준비했다. 하나는 생생한 이미지를 불러일으키는 것이었고 다른 하나는 이미지를 거의 쓰지 않고 설명만 늘어놓은 것이었다.

연구진은 피실험자를 두 집단으로 나눠 한쪽은 광고만 보게 하고, 다른 쪽은 신제품사실은 해당 회사의 기존 제품이지만 신제품으로 믿게 했다을 먹어보게 한 뒤 1주일 뒤 신제품에 대한 태도를 물어보았다. 그 결과 화려한 광고를 본 집단은 자신들이 그 제품을 먹어보았으며 이와 같은 기억을 확신한다고 대답했다.

  이들은 실제 제품을 먹어본 집단과 동일한 정도의 확신과 호감을 나타냈다. 반면, 이미지가 빈약한 광고만 본 집단은 가짜 기억을 보고한 경우가 많지 않았고 제품에 대한 호감도도 가장 낮았다. 또한 이와 같은 착각 효과는 해당 회사가 유명하면 할수록 더욱 컸으며 덜 유명하면 착각도 줄어들었다.

  연구진은 "화려한 광고를 보고 물건을 고른 소비자들은 그것을 이미 써봤고 품질도 좋다고 확신하는 경향이 있다"며 "따라서 광고와 다른 팝콘을 먹어도 광고에 나오는 것을 먹었다는 가짜 기억을 믿고 맛에도 만족하게 된다. 멋진 이미지를 담은 광고를 보는 소비자들이 스스로 거짓 기억을 만들어내지 않으려면 정신을 바짝 차려야 한다"고 말했다.

derstanding # IV
마음을 움직이는 전략적 대화법

말도 행동이고 행동도 말의 일종이다.
- 에머슨 Emerson

1. 상대방의 마음이 움직이지 않는 이유

> "나는 말하기 전 시간의 3분의 1을 무슨 말을 할까 고민하는데 쓰고,
> 3분의 2를 상대가 무슨 말을 듣고 싶어 할까 고민하는데 씁니다."
> — 링컨Abraham Lincoln

'꽂히는 말'이 아니기 때문에

커뮤니케이션 분야의 최고 전문가이자 온포인트 커뮤니케이션 회장인 코니 디켄은 "소통의 대가들은 가장 먼저 '꽂히는 말'로 상대방의 관심을 끈다"고 말한다. 강연이나 대화 중 '꽂히는 말' 한 마디는 소통에 큰 영향력을 발휘한다.

존 스컬리가 애플로 가게 된 것은 순전히 스티브 잡스의 꽂히는 말 한 마디 때문이었다는 것은 매우 유명한 일화다. 스티브 잡스는 뉴욕에 있는 자신의 아파트에 존 스컬리를 초대하고, 발코니에서 자신보다 훨씬 나이도 많고 경력도 상대가 되지 않는 거물을 상대로 다음과 같이 말한다.

"평생토록 설탕물만 팔면서 살고 싶으십니까? 아니면 나와 함께 세상을 바꾸고 싶으십니까?"

존 스컬리는 이 한마디에 엄청난 충격을 받았다고 한다. 상당히 당돌하고 모욕적인 말이었지만, 개인이 가지고 있는 도전정신을 자극하는 꽂히는 한 마디임에는 틀림없었다. 존 스컬리는 그렇게 해서 애플이라는 배에 승선을 하게 되었다.

당시 존 스컬리는 펩시콜라의 부사장으로 코카콜라에 절대적으로 밀리던 브랜드인 펩시콜라를 최고의 브랜드로 키워낸 장본인으로 거액의 연봉과 미국 최고의 기업 중 하나의 실세로서 애플과 같은 상대적으로 작은 기업에서 일할 이유가 없었다. 게다가 당시만 해도 서부 실리콘 밸리에 있는 애플과 같은 회사들은 비즈니스맨들에게는 다소 천박하고 가볍게 여겨졌었고, 너무 젊은 사람들이 세상 물정 모르고 사업을 한다는 분위기가 강했기에 존 스컬리가 애플로 옮겨간 것 자체가 상당히 큰 뉴스가 되었을 정도였다.

그렇다면 '꽂히는 말'은 어떤 말일까? 미국의 정치 드라마 〈웨스트 윙〉에서 한번은 민주당 사람들이 공화당 대통령 후보인 아널드 비닉이 늙었다는 사실을 부각하고 싶어 하는 일화가 나온 적이 있다. 문제는 직접 대놓고 노령이라는 사실을 공격하게 되면 자신들의 젊은 후보가 오히려 예의 없다고 여겨져 선거 운동에 오히려 역효과를 가져 올수도 있다는 것이었다.

그래서 찾은 단어가 바로 상대방 후보를 '정정하다'라고 표현한 단어였다. '정정하다'라는 단어는 겉으로는 예의바르고 칭찬하는 것처럼 보이지만 사실은 노인들에게 붙이는 단어가 되기 때문에 은연중에 노령이라는 것을 암시하게 되는 것이다.

반대로 노령을 위트 있게 표현해 극복한 사례도 있다. 레이건 전 미국 대통령은 84년 대통령 재선 운동 당시 민주당의 젊은 후보 월터 먼데일 후보의 나이 공세를 재치 있는 한 마디로 돌파했다.

대선 후보 2차 TV 토론장에서 사회자가 다음과 같이 물었다. "대통령은 이미 역사상 가장 나이 많은 대통령입니다. 케네디 대통령은 쿠바 미사일 사건 당시 며칠 동안 거의 잠을 자지 않고 버텨냈습니다. 대통령은 그런 상황에서 역할을 제대로 수행하실 수 있겠습니까?"

그 때 레이건은 다음과 같이 대답했다.

"나는 이번 선거에서 나이를 문제 삼지 않을 것이라는 사실을 알려드리고 싶습니다. 상대방이 너무 젊다든가 경험이 없다는 것을 정치적 목적으로 이용하지는 않을 작정입니다."

방청객들은 웃음을 터뜨렸고 환호성으로 이어졌다. 레이건의 재치 있는 답변으로 나이 논란은 오간데 없어지고 먼데일의 대통령 꿈은 수포로 돌아갔다.

그렇다면 어떻게 하면 내 말 한 마디가 상대방 마음에 꽂혀서 내 말을 따를 수 있게 만들 수 있을까? 먼저 상대의 말이 내 마음을 움직이지 못하게 한 원인을 살펴보자.

내게 더 유리하지 않기 때문에

얼마 전에 새로 사무실을 옮겼다. 전에 쓰던 사무실이 집에서 너무 멀어서 집 근처로 옮기기로 하고 부동산 비용을 아끼기 위해 벼룩시장을 찾아봤다. 몇 군데 적당한데가 있어서 직접 찾아가봤는데 별로였다.

마지막으로 전망도 좋고 교통도 편리한 곳이 있었다. 다만 흠이라면 가격이 너무 비싸다는 것이었다. 그래도 혹시나 하는 마음으로 전화를 했더니 건물주는 일단 한번 와보라고 말했다. 가서 둘러봤더니 역시 마음에 들었다.

그런데 보증금이 부담이 돼서 가격 이야기를 조심스럽게 꺼냈더니 주인은 예상과는 달리 얼마를 깎기를 원하냐고 물어보는 것이었다. 그래서 시세보다 약간 낮은 가격을 제시했더니 주인은 두말 않고 시원스럽게 가격을 깎아주겠다며 계약하자는 게 아닌가?

나는 너무나 고마워 이게 웬 떡이냐 하고 그 자리에서 바로 계약을 하고 말았다. 그런데 집에 돌아오는 길에 갑자기 후회되는 게 아닌가? 더 깎을 수는 없었나? 혹시 건물에 무슨 문제가 있는 것은 아닌가?

그때부터 나의 고민은 시작됐다. 시세보다 싸게 계약하고 등기부 등본을 떼어서 안전하다는 것을 확인했지만, 만약에 그 건물주가 안 된다고 딱 잡아떼다가 마지못해 깎아줬으면 협상에서 내가 이겼다고 생각하고 의기양양하며 기뻐했으리라.

예전에 국내 대기업인 IT회사의 프레젠테이션 자문을 할 기회가 있었다. 공공기관에 IT환경을 구축하는 사업의 참여를 요청받았는데 금액이 굉장히 큰 만큼 로비와 경쟁도 치열했다.

문제는 자문하는 회사의 장점이 경쟁사와 가격이나 서비스 면에서 큰 차별이 되지 않는다는 점이었다. 프레젠테이션을 준비하면서 곰곰이 생각해 보니 상대방 경쟁사는 프레젠테이션에서 자기네 회사에 IT사업을 맡기면 조직의 생산성을 크게 늘리고 인력을 대폭 줄일 수 있다는 논리를 펼 것이 분명했다.

그런데 의사결정에 가장 큰 영향력을 가진 담당 임원을 분석해 본 결과 동기들보다 약간 승진에서 뒤처진 사람이었다. 그 사람 입장에서 개인적인 동기를 분석해 보기로 했다. 그는 분명 인력을 많이 줄일 수 있다는 논리에 대해 혹시 자신도 해당될 수 있을지도 모른다는 개인적인 두려움을 가질 것이 뻔하고 한편으로는 다른 동기들과 비슷한 조건이나 아니면 더 빠른 성공을 원할지도 모른다는 인간적인 욕망을 가지고 있을 수 있다는 판단이 섰다. 마침내 프레젠테이션을 하게 되었고 경쟁사는 예상대로 생산성을 올리고 인력을 줄일 수 있어서 경영에 큰 도움이 될 것이라는 비즈니스 동기를 강조하였다.

자문했던 회사에서는 비즈니스 동기보다 개인적인 동기에 초점을 맞췄다. 우선 경쟁사와 비슷한 조건이라는 점을 인정하고 난 뒤 해당 임원의 역할이 대단히 커짐을 강조하고 특히, 임원은 책상에 앉아 회사 내 모든 정보의 흐름을 파악할 수 있다는 장점까지 덧붙였다. 결국 자문했던 회사가 영향력이 컸던 담당 임원의 호감을 얻어내 승리할 수 있었다. 비즈니스는 회사의 성공을 위한 일이기도 하지만 개인적인 성공까지 희생하면서 일하는 사람은 별로 없다는 것이다.

이처럼 사람의 마음을 움직이는 것은 실제로 얻게 된 성과 그 자체보다는 그 과정에서 나에게 얼마나 더 유리했는가 하는 것이 더 중요하다.

내가 더 좋아하지 않기 때문에

애견 사료를 만드는 기업에서 획기적인 제품을 개발했다. 선풍적 인기를 기대하며 엄청난 광고비를 쏟아 붓고 적극적인 판촉활동을 벌였지만 처음에는 잘 팔리다가 이상하게도 갈수록 제품이 안 팔리는 것이었다. 기업 경영에 큰 타격을 입게 된 사장은 모든 직원들을 모아 놓고 무엇 때문에 이런 일이 벌어지게 됐는지 원인을 찾기 위해 격렬한 토론을 벌였다.

도저히 이유를 찾을 수 없었기 때문에 결국은 개발부, 마케팅부, 영업부 등 관련 부서끼리 서로의 잘잘못을 따지며 책임을 회피하는 소동까지 벌어졌다. 답답한 사장은 책상을 두들기며 큰 소리로 "도대체 무엇이 문제란 말인가?"하고 고함을 질렀다. 회의실은 일순 정적이 흘렀는데, 그 때 끝자리에 있던 한 말단 직원이 조용히 말했다.

"저는 이유를 알고 있습니다." 모두들 놀라서 그 말단 직원을 쳐다보았다.

사장은 떨리는 목소리로 되물었다. "그래, 도대체 원인이 무엇인가?"

그러자 그 직원은 작지만 단호한 목소리로 말했다.

"개가 싫어합니다."

아무리 나에게는 좋은 말이라도 상대방이 좋아하지 않으면 마음이 움직이지 않는다.

내가 더 믿을 수 없기 때문에

누군가 나를 믿게 만들고 그 믿음을 쉽게 버리지 않게 만든다는 것은 쉬운 일이 아니다. 자동차 브레이크에서 거슬리는 소리가 나서 카센터에 갔다. 혹시 브레이크 패드에 문제가 있는지 물어 보기 위해서였다. 한 카센터에서는 '왜 이제 오셨냐? 큰일날 뻔했다. 당장 갈아야 된다'고 말했다. 다른 한 쪽 카센터에서는 '물기 때문에 그런 소리가 난다. 조금 더 타다가 오셔도 된다'고 말했다. 당신이라면 다음에 어느 쪽 카센터를 찾을 것인가?

'오늘 딸기는 산지 우천 관계로 당도가 조금 떨어지고 조직이 무릅니다. 수박은 아직 제철이 아니어서 당도가 낮습니다.' 한 백화점 식품매장에 붙어 있는 안내문을 보면 더욱 신뢰가 가는 이유가 바로 그렇다. 상대의 이야기에 꾸밈이 없다는 것을 아는 순간 사람들은 믿음을 갖게 된다.

일본의 어느 판매 왕이 종합 기능세제를 팔 때였다. 그런데 이 세제는 타서 눌어붙은 때는 잘 빠지지 않는 결점이 있었다. 한순간 '이런 때도 저런 때도 다 빠집니다' 또는 '아무리 지독한 때도 싹 빠져 버립니다'라고 말하고 싶었지만 그는 달랐다. "손님, 죄송하지만 검게 타서 눌은 것만은 잘 안 빠집니다"라고 말했고 오히려 고객은 믿음을 갖고 더 많이 구매를 하더라는 것이다. 단점은 무엇이고, 장점은 무엇이라고 확실하게 말하는 쪽이 고객에게 믿음을 줘서 훨씬 잘 팔린다.

내가 쉽게 선택하기 어렵기 때문에

현대인은 매일 무엇을 먹을지, 어떤 TV 프로그램을 볼지 선택의 연속에 있다. 그리고 항상 누군가에게 강요받는 것을 싫어하고 스스로 선택하려고 애쓴다. 그러나 점심시간에 수십 가지 메뉴 앞에서 질리기도 하고, 수백 개나 되는 TV채널을 리모컨으로 오르내리며 무력감에 빠지기도 한다.

먼저 우리는 누군가에게서 생각을 강요하면 마음이 움직이지 않는다. 캐나다 토론토대학교 리사 리골트 박사는 주변 환경이 사람들의 편견에 어떤 영향을 미치는지를 조사했다. 그 결과 편견을 방지하기 위한 규율을 더 많이 강조할수록 사람들의 편견은 오히려 늘어난다고 밝혔다.

이번 연구는 실험 참가자들을 두 그룹으로 나눈 뒤 편견과 관련된 안내 책자를 읽게 하고 그 변화를 관찰하는 방법으로 진행됐다. 안내 책자는 모두 두 종류였는데 한 종류에는 '편견을 막기 위해 무엇을 하고 무엇을 하지 말아야 하나'라는 식으로 구체적인 규범이 주로 적혀 있었다. 다른 책자에는 '다양성을 인정하는 것은 왜 좋은 일인가' 등으로 평등의 가치를 설명하는 안내문이 실려 있었다.

책자를 다 읽고 난 뒤 측정을 한 결과 강한 어조의 규범이 적힌 책자를 읽은 그룹의 편견이 평등의 가치를 설명한 책자를 읽은 그룹에 비해 오히려 더 증가하는 것으로 나타났다. 안내 책자 대신 설문지로 같은 실험을 해도 결과는 비슷하게 나타났다. 사회적 편견을 줄이는 방법에 대한 설문지를 접한 사람들은 편견과는 아무 관련이 없는 설문지를 받은 사람에 비해 오히려 더 많은 편견을 갖게 되었다.

연구팀은 이 같은 결과에 대해 "생각이나 행동의 자유를 제한하면 사람들은 그 제한에 적대감을 갖게 되기 때문"이라고 설명한다. "편견을 갖지 마!"라는 강요가 반감을 불러일으켜 오히려 편견을 높이는 쪽으로 작용한다는 것이다.

그렇기 때문에 상대방의 마음을 움직이려면 강요하기보다는 스스로 선택하게 하는 것이 더 중요하다.

2. 마음을 움직이는 전략적 대화의 기술

달콤한 말과 유쾌한 매너로 부드럽게 판매하는 기술을 가져야 한다.
유능한 판매인은 판매 방법도 뛰어나다. 인생의 대부분은 확신시키는 대화에
의해서 팔리거나 파는 것으로 채워져 왔다.

– 그라시안 이 모랄레스Gracian y Morales

하지 말라고 말하라

> A버튼을 눌러 주십시오.
> B버튼을 누르지 마십시오.

A, B 버튼을 앞에 두고 'A버튼을 눌러 주십시오'가 아니라 'B버튼을 누르지 마십시오'라고 말하면 상대는 저절로 B버튼을 누르게 된다. 의식 밑바닥에서 '해서는 안 된다'는 생각이 강하게 작용하는 바람에 도리어 그것이 반발의 행동으로 나타나기 때문이다.

브레엠Brehm, 1966에 따르면 어떤 사람이 자신의 의지대로 행동하는 자유를 박탈당하거나 또는 제한되리라는 위협이 있을 때 그 사람에게는 심리적 반발 또는 심리적 저항Psychological Reactance이 생긴다. 즉, 잃어버리거나

위협받은 행동의 자유를 다시 찾으려는 동기가 유발되는 것이다. 그래서 금지곡은 더 좋은 음악 같고 미성년자 입장불가의 영화를 몰래 보면 더 재미있는 것이다.

미국 브라운대학교의 심리학자 에드워드는 대학생들에게 가짜 재판 기록을 읽어주고 판단을 내리게 하는 실험을 실시했다. 이때 절반의 학생들에게는 감정적인 내용을 기술한 부분, 예를 들어서 '그 강도는 여성을 난도질했다'를 애써 무시하라고 미리 말해 두었다.

그리고 나머지 학생들에게는 아무 말도 해주지 않고 평소처럼 재판 기록을 읽어 주면서 타당한 판결을 내리라고 했다. 흥미롭게도 감정적인 내용을 애써 무시하라는 말을 들은 그룹이 그 반대의 말을 들은 그룹에 비해 두 배나 더 엄한 판결을 내렸다. '무시하라'는 말을 했음에도 불구하고 오히려 그 말의 영향을 받아서 감정적인 판단을 해 버린 것이다. 반면 이 실험에서 '무시하라'는 말을 듣지 않은 그룹은 객관적인 판단을 내렸다.

1972년 미국의 마이애미 주 플로리다에서는 환경문제로 인燐이 들어간 가루비누의 생산과 판매를 금지시켰다. 반면 마이애미 주 템파에서는 인이 들어간 가루비누의 생산과 판매를 아직 허용하고 있었다. 플로리다와 템파 양쪽 모두에서 인이 들어간 가루비누를 자유롭게 구매할 수 있었는데, 어느 날 갑자기 플로리다에서만 구매할 수 없게 된 것이다. 소비자들은 어떻게 반응했을까? 시간이 지난 후 인이 들어간 가루비누에 대해 어떻게 생각하는지를 조사했다. 그 결과, 플로리다에 거주하는 소비자들은 인이 들어간 가루비누를 훨씬 더 좋은 제품으로 인식하는 것으로 나타났다. 쓰지 못하게 되니까 훨씬 좋은 제품이라고 생각하게 된 것이다. 왜 이런 일이 벌어졌을까? 지금까지 자신의 의지대로 구매할 수 있던 제품을 갑자기 자신의 의지대로 구매할 수 없게 되자 지각된 반발감이 커졌고, 해당 제품에 대한 가치를 실제보다 더 크게 인식한 것이다.

이처럼 하지 말라고 하면 더욱더 하고 싶은 것이 사람의 심리이다. 예를 들자면 공포영화의 흔한 금기로 돌아보지 말라고 했는데도 돌아봐서 죽는 것이 있고, 그리스 로마 신화에서는 호기심을 이기지 못하고 상자를 열었다가, 온갖 재앙을 세상에 풀어놓은 판도라가 있다. 그리고 성경에서는 '소돔과 고모라'에서 뒤를 돌아봐서 소금기둥이 된 롯의 아내가 있다. 미국에서는 금주법이 제정되자 오히려 술 소비량이 증가하는 아이러니한 결과가 나타나기도 했다.

'잔디밭에 들어가지 마십시오'라는 표현은 반발 심리로 오히려 더 잔디밭을 훼손하게 되는 결과가 나올 수도 있다. 그렇다면 상대방이 내 말에 반발을 느낄 때 어떻게 말해야 반발을 줄일 수 있을까?

사람들은 전에는 마음놓고 할 수 있었던 일들을 더 이상 행동으로 옮길 수 없는 것으로 인식할 때, 이러한 자유행동의 제약을 매우 부조리하며 부당한 것으로 생각하여 심리적 반발을 갖는다. 예를 들어서 담배를 피우는 사람이 음식점에 갔는데 종업원이 자신은 담배 냄새를 싫어하니 담배를 삼가 달라고 한다면 심리적 반발을 느끼게 될 것이다. 그러나 담배를 피우는 사람에게 합법적인 설명 45평 이상의 식당과 호프집, 커피점 등에서의 실내 흡연을 금지하는 '국민건강 증진법'을 설명하게 되면 반발을 느낀다 해도 매우 적게 느낄 것이다.

둘째, 반발은 자유행동이 제한되는 정도와 직접적으로 비례해서 생겨난다. 만약에 길을 지나는 사람에게 잠깐만 시간을 내달라고 하는 것과 1시간 동안 시간을 내달라고 하는 것은 굉장한 차이가 난다. 자유가 제한되는 시간이 많을수록 반발심은 더 많이 생기기 때문에 가능하면 짧은 시간이나 짧은 문장으로 상대방을 설득하는 것이 중요하다.

하지 말라는 것을 했을 때 느끼는 죄책감은 설득효과를 더 높이는 특징이 있다. 사회심리학자 사울 카신Saul Kasin과 캐서린 키첼Katherine Kiechel에 따르면 죄책감은 저지르지 않은 범죄까지도 인정하게 할 수 있다고 한다. 카신과 키첼은 학생들에게 한 통의 편지를 타이핑하게 했다. 실험이 시작되기 전 실험진행자는 "스페이스 바 근처에 있는 'ALT'키를 누르지 마세요. 누르게 되면 컴퓨터 프로그램이 망가지고 데이터가 손실됩니다"라고 경고하고 실험을 시작하였다. 그리고 1분 뒤, 계획한 대로 컴퓨터가 작동을 멈추고 꼼짝도 안하게 만들었다. 매우 당황한 실험 진행자는 누르지 말라고 했던 'ALT'키를 눌렀다고 타이핑 학생을 나무랐다. 타이핑을 담당했던 학생들이 처음에는 모두 그런 추궁을 부인했다. 그리고 실험 진행자들은 대충 키보드를 쳐본 후에 데이터가 없어진 것을 확인하고 나서는 학생들에게 "'ALT'키를 쳤지요?"라고 질문을 했다. 그런 다음 타이핑한 학생들에게 "내가 'ALT'키를 쳐서 프로그램을 망가뜨렸고, 데이터가 손실되었다"는 자필 자백서에 서명하라고 요구했다. 그리고 이 일로 책임 조사원으로부터 전화가 갈 것이라고 이야기했다.

그렇다면 과연 타이핑한 학생들 중에 몇 명이나 자신들이 전혀 저지르지 않은 죄를 자백했을까? 놀랍게도 피험자의 69퍼센트가 자백서에 서명했다. 게다가 피험자의 28퍼센트는 나중에 다른 학생에게 그들이 잘못된 버튼을 눌러서 연구를 망쳤다고 얘기까지 했다. 즉, 피험자들은 실제로 그들이 규칙을 어겼다고 믿었으며, 일부는 그들이 어떻게 ALT키를 치게 됐는지에 대해서도 상세한 이야기를 만들어냈다.

생동감 있는 표현을 사용하라

> 1. 문들의 틈새를 막으면 에너지 절약을 할 수 있습니다.
> 2. 문들의 틈새를 다 합치면 농구공 만합니다.

1978년 미국 정부는 설비 에너지 관련 공기업에게 소비자의 주택을 무료로 검사해 주도록 요구하기 시작했다. 훈련받은 검사자가 개인의 주택을 철저하게 진단하고 에너지 효율을 높일 수 있는 방안들을 권고하고, 또 그 공사를 할 수 있도록 무이자 융자를 집 주인에게 제공하는 프로그램이었다. 만약 주택 소유자를 설득하여 단열재나 문풍지 등을 보강해서 에너지를 효율적으로 사용할 수 있게끔 한다면 현재 낭비되고 있는 약 40퍼센트의 에너지를 절약할 수 있고 이것은 페르시아만의 석유에 대한 의존성을 감소시킴으로서 국익에 대한 도움이 될 뿐 아니라 주택 소유자에게 개인에게도 실질적인 재정 절약을 가져다주는 정말 좋은 일이었다.

그러나 단지 15퍼센트만이 검사자의 권고를 따랐다는 것이다. 권고대로 하는 것이 분명 경제적으로 최상의 이익이 되는데도 불구하고 기피 현상이 벌어진 이유는 무엇 때문이었을까?

집주인들과 인터뷰를 해봤더니 그들 대부분은 문 밑의 작은 틈처럼 별것 아닌 것처럼 느껴지거나 지붕과 천장 사이의 공간에 있는 부족한 단열재처럼 눈에 보이지 않는 것이 에너지 절약에 그렇게 크게 작용한다는 것을 인지하지 못했던 것이다.

그래서 검사자들이 집주인들에게 "당신 집의 문에 문풍지를 붙이고 지붕과 천장 사이의 공간에 단열재를 좀 채워놓으면 에너지를 절약할 수 있습니다"라고 하는 말 대신에 좀 더 생동감 있는 용어를 이용해서 말하도록 훈련시켰다.

"문 주위의 틈새들을 보세요. 별로 대단해 보이지 않겠지만 이 문들의 틈새를 모두 합하면 농구공만한 구멍이 됩니다. 누군가가 당신의 거실 벽에 농구공만한 크기의 구멍을 냈다고 상상해 보세요. 그리고 그만한 크기의 구멍으로 얼마나 많은 열이 빠져나가는지 한번 생각해보세요. 벽의 구멍을 막아야겠다는 생각이 들겠지요. 안 그렇습니까? 그것이 문풍지가 하는 일입니다. 그리고 천장과 지붕 사이의 공간에 단열재가 부족합니다. 우리 같은 전문가는 그것을 지붕과 천장 사이가 '발가벗었다'고 합니다. 말하자면 당신의 집이 겨울에 아무 옷도 입지 않은 것과 같은 것이지요. 당신은 겨울에 당신의 아이들이 아무 옷도 입지 않고 밖에 나다니게 하지는 않을 것입니다. 당신 집의 천장과 지붕 사이도 마찬가지입니다."

심리적으로 볼 때 문 주위의 틈새는 사소해 보이겠지만 농구공만한 크기의 구멍은 대단히 크게 느껴질 것이다. 마찬가지로 단열재의 중요성에 대해서도 사람들이 별로 의식하지 않고 있지만 겨울에 벌거벗고 있는 것과 같다는 표현은 사람들의 주의를 끌고, 이에 따라 단열재를 보강하도록 할 가능성을 증가시켰다.

결과는 놀라웠다. 전에는 단지 15퍼센트의 소비자들만 권유받은 대로 시공을 했지만 생생하게 표현한 의사소통을 시작한 뒤로 시공을 받은 소비자들은 61퍼센트로 증가했다.

생동감 있는 표현은 메시지는 더 구체적이고 개인적인 것으로 느껴지게 한다. 1986년 미시간대학교의 연구원 조나단 셰들러와 멜빈 매니스는 모의 재판에 관한 실험을 했다. 배심원의 역할을 부여받은 피실험자들은 모의재판에서 미리 제공된 대본을 보고 피고인 존슨 부인이 일곱 살 난 아들을 계속 양육할 자격이 있는지 판단해야 했다.

대본에는 존슨 부인의 자격을 의심하는 여덟 개의 주장과 그녀를 옹호하는 여덟 개의 반론이 제시되었다. 다만 차이가 있다면 주장에 포함된 상세함의 수준이었다.

그런데 긍정적인 주장이든 부정적인 주장이든 생생한 묘사를 할수록 결정에 더 큰 영향을 미쳤다. 예를 들어서 존슨 부인은 '아들이 자러 가기 전 이를 닦고 세수를 하는 모습을 지켜본다'라는 긍정적인 주장보다는 '아이는 스타워즈에 나오는 다스베이더 칫솔을 사용한다'라고 생생하게 묘사한 주장을 덧붙였을 때 부모가 될 자격이 있다고 더 높은 점수를 부여했으며 반대로 존슨 부인은 '아들이 팔을 심하게 긁혔는데도 아무런 조치도 취하지 않았고 아이는 그 상태로 학교에 가서 간호사가 팔을 치료해 주었다'라는 부정적인 주장보다는 '간호사는 아이의 상처를 치료해 주다가 하얀 유니폼에 붉은 머큐롬을 한 방울 떨어뜨리고 말았다'라는 생생한 주장을 덧붙였을 때 부모가 될 자격이 없다고 더 강하게 평가하였다.

특히 여기서 주의해야 할 사항은 간호사의 유니폼에 붉은 얼룩이 남은 것은 본래의 주장과는 전혀 상관이 없음에도 불구하고 판단에 결정적인 영향을 미쳤다는 것이다.

손해를 본다고 말하라

1. 에너지 절약을 실천하면 연간 35만 원을 절약할 수 있습니다.
2. 에너지 절약을 실천하지 않으면 연간 35만 원을 손해볼 수 있습니다.

에너지 절약을 위해서 지역 주민들에게 두 가지 방법으로 호소를 하였다. 그런데 돈을 절약할 수 있다는 표현보다는 손해볼 수 있다는 표현에 사람들이 2배 정도 더 반응하였다.

잃었을 때 느끼는 불행이 얻었을 때 느끼는 행복의 2배에 달하는 '손실 회피 현상Loss Aversion' 때문이다. 손실 회피 현상이란 행동경제학 내용 중에 가장 기본이 되는 내용이면서 가장 중요한 내용이다.

우선 간단하게 의미를 설명하자면, 사람은 무엇인가를 얻을 때와 잃을 때 느끼는 체감이 다르다는 것이다. 그리고 그 중에서도 잃을 때 느끼는 감정의 정도가 얻을 때보다 훨씬 크다.

행동경제학의 시작을 만들었던 카너먼과 트버스키는 여러 가지 실험을 통해서 이익을 보았을 때보다 손실을 보았을 때 느끼는 강도가 2~2.5배 가량 큰 것을 발견해냈다.

산타크루즈대학교의 연구에서 보면 전력회사 직원들이 동네를 찾아가 주민들을 대상으로 무료 에너지 검사를 한 뒤 절반에게는 '집에 단열을 하면 하루에 X센트씩 절약할 수 있습니다'라고 말했고 나머지 절반에게는 '집에 단열을 하지 않으면 하루에 X센트씩 손해를 볼 수 있습니다'라고 바꾸어 말했다. 분명히 두 문장은 같은 정보를 전달하고 있다. 그러나 권고를 따르지 않으면 손해를 볼 것이라는 말을 들은 사람들이 단열재를 구입할 가능성이 더 높았다. 이 연구를 통해 알 수 있듯이 사람들은 손실기피의 원리에 따라 이익을 발생시키기보다는 손실을 피하려는 욕구가 더 강했다.

가장 대표적인 실험이 머그잔 실험이다. 사람들에게 머그잔을 보여주면서 만약에 자신이 이 머그잔을 산다면 얼마 정도에 살 것인지 가격을 매겨보라고 했다. 그리고 머그잔을 공짜로 나눠준 후에 만약 머그잔을 판다면 얼마에 팔 의향이 있는지를 다시 물었다.

재미있는 것은 머그잔을 가지고 있지 않을 때보다 머그잔을 가지고 있을 때 머그잔의 가치를 더 높게 평가한다는 것이다. 이 말은 머그잔을 판다는 것은 곧 없어진다는 것을 의미하고 이때 머그잔 상실에 대한 가치를 더 높게 평가한다는 것이다.

또 한 가지 다른 실험을 살펴보자. 길거리에서 사람들을 붙잡고 만 원을 준다. 그리고 50퍼센트 확률의 동전 게임을 제안한다. "만약 당신이 이기면 만 원을 더 주고 당신이 지면 주었던 만 원을 뺏겠습니다." 대부분의 사람들은 받은 만 원에 만족하고 가던 길을 다시 재촉했다.

이 게임을 약간 비틀어서 처음부터 2만 원을 주고, 주자마자 다시 만 원을 뺏으면서 상대방에게 제안을 했다. "이 돈 2만 원은 당신 것이지만 2만 원을 모두 가지려면 나와 동전 게임을 해야 합니다. 동전 게임에서 이기면 당신은 2만 원을 가지는 것이고, 진다면 2만 원을 모두 잃게 됩니다"라고 했을 때 이번에는 오히려 대부분의 사람들이 게임에 응했다.

사실 이 두 가지 경우는 초기에 주는 조건이 다른 듯 보이지만 사실 결과적으로 같은 내용을 가지고 게임을 제안하고 있다. 하지만 두 번째 실험의 경우 돈을 주었다가 다시 뺏음으로써 사람들에게 실제로 손해가 나는 것 같은 느낌을 주도록 하여 게임에 더 많이 응하게 만들었다.

심리학의 최전선을 달리는 기업의 마케팅팀에서는 이러한 사람 심리를 교묘하게 자극한다. 하나의 문구만 달라져도 판매율을 높일 수 있기 때문이다. 예를 들어서 홈쇼핑 등에서 '이 기회를 이용해서 싸게 구매하세요'보다는 '이번 기회를 놓치면 더 이상 이 물건을 싸게 살 수 없습니다'라고 손해가 난다는 점을 자극하면 멘트 하나만 바꿔도 판매율 상승효과를 볼 수 있는 것이다.

손실회피 현상은 생활 속에서도 많이 체감할 수 있다. 예를 들어 10만 원짜리 복권에 당첨되었을 때 느끼는 감정보다 10만 원짜리 벌금고지서를 받았을 때의 감정의 정도가 2배 이상 큰 것이다. 여기서 재미있는 점은 만약 하루 사이 복권 10만 원짜리 당첨과 벌금 고지서 10만 원의 이벤트가 동시에 발생했을 때 결과적으로 주머니에서 나가는 돈은 0원이지만 기분은 나쁜 상태가 된다는 것이다. 또한 어느 것이 먼저 발생하느냐에 따라서 기분이 또 달라진다.

이로 인해 투자의 세계에서도 사람은 불합리한 심리 상태를 지니고 비이성적인 행동을 하게 된다. 우선 한 가지 상황을 예를 들어보자. A, B라는 두 사람이 있다. 초기 자본은 5천만 원으로 같다. A는 1년 동안 투자를 하면서 몇 번을 크게 투자에 성공하여 5억이라는 돈을 모았다가 몇 번 다시 크게 잃으면서 2억이라는 돈을 쥔 채로 한 해를 마무리했다. B라는 사람은 손해를 거의 보지 않고, 보더라도 약간의 손해를 보면서 돈을 지속적으로 5천만 원 정도를 벌어들이며 총자본 1억으로 한 해를 마무리했다.

누가 크리스마스에 더 행복할까? 표면적으로 돈의 절대 금액으로 따지면 당연히 A가 더 행복할 것이라고 생각한다. 하지만 현실은 그렇지 않다. 기본적으로 사람마다 성향의 차이는 있지만 일반적으로는 B의 경우가 더 행복하다.

그 이유는 손실회피 성향이라는 심리에서 기인한다. B는 손해를 본 적이 거의 없다. 따라서 투자를 하면서 대부분 기분좋은 상태를 지속했을 것이다. 하지만 A는 5억까지 벌었다가 많은 돈을 날리며 2억밖에 손에 쥐지 못했다고 스스로 생각했을 것이다. 그리고 손실이 이익보다 2.5배가량 더 감정적으로 크게 느껴진다는 행동경제학의 연구결과에 따르면 아마 A는 엄청난 고통으로 크리스마스를 맞이할 가능성이 높다.

행동의 동기를 부여하라

> 1. 담배를 끊어라!
> 2. 담배의 좋아하는 점과 싫어하는 점은?

흡연을 줄이려면 무조건 담배를 끊으라고 강요하는 것보다 왜 담배를 끊어야 하는지 동기를 부여해 주고 각자에 맞게 대책을 마련해 주는 것이 더 효과적이라는 연구결과가 나왔다.

미국 시애틀 프레드허친슨 암연구소의 아더 피터슨 박사팀은 인근 고교 50곳의 흡연 학생 2,000여 명을 상대로 금연 동기를 부여하는 개인별 맞춤 상담을 진행했다. 이 상담은 전문 상담사가 학생들의 인지행동 능력을 측정해 담배를 왜 피우는지를 파악하고 각 청소년에게 담배를 끊을 동기를 부여하는 방식으로 진행됐다.

그 결과 6개월 동안 금연에 성공한 학생이 10퍼센트로 상담을 받지 않은 학생의 금연 성공률 6퍼센트보다 월등하게 높았으며, 1년 금연 성공률도 22퍼센트로 비상담 학생의 18퍼센트보다 높았다.

이 연구소의 캐슬린 킬리 박사 팀은 전화상담 금연 프로그램의 효과도 확인했다. 이 전화 상담에서 훈련받은 상담사는 절대로 "담배를 끊어라"

라고 단정적으로 강요하지 않았다. 그 대신 상담사는 학생 개개인에 대해 "담배에 대해 좋아하는 점은 뭐고, 싫어하는 점은 뭐니?"라고 물으면서 담배를 끊어야 하는 동기를 부여하려 노력했다.

킬리 박사는 "동기부여 전화 상담으로 금연 성공률을 높일 수 있다"며 "훈련받은 전화 상담사는 학생들을 단정적으로 판단하지 않고 그들을 존중하는 태도를 유지해야 한다"고 말했다.

살을 뺄 때도 '이러면 살찐다'고 협박하는 것보다 그럴듯한 이유를 대면 더 쉽게 마음이 움직인다. 식습관을 크게 바꿔야 할 처지에서도 건강을 위해서라기보다는 환경이나 사회적 이유 등 그럴듯한 명분이 있어야만 훨씬 자발적이고 효과적으로 식습관을 바꾸게 된다는 연구결과가 나왔다.

미국 스탠포드대학교 토머스 로빈슨 박사팀은 2009년 '음식과 사회' 과목 수강생 28명과 비만, 심리학, 공동체 건강 등 건강에 관한 수강생 72명을 대상으로 식습관과 이에 관한 충고와의 관계를 조사했다.

연구진은 수업의 처음과 끝 무렵에 '어떤 음식을 자주 먹는가'라는 질문을 던졌다. '음식과 사회' 과목 수업에서는 특히 음식과 관련된 환경, 윤리, 사회 정의 등의 주제에 대한 교재와 영상물을 보고 토론도 했다. 연구결과 '음식과 사회' 수강생들은 다른 학생들보다 야채를 더 많이 먹고 고지방식을 덜 먹는 경향을 보였다.

연구팀은 사람들이 어떤 행동을 바꾸려고 할 때도 그럴듯한 이유가 뒷받침되면 행동에 더 큰 변화를 보인다고 밝혔다. 예를 들어 동네 주변에서 길러낸 야채와 과일을 많이 먹고 장거리 수송 고기와 가공식품을 덜 먹으면 지구 온난화가 그만큼 늦게 온다고 설득하면 더 효과가 크다. 아이들에게도 이렇게 지구상 모든 지역 사회가 에너지를 절약하면 갈 곳 없어진 북극곰에게 얼음서식지가 더 남아 있게 된다고 설득해야 자발적으로 식습관을 바꿀 가능성이 더 높다. 반면 자신의 건강을 위해서 식습관을 바꾸라고 하면 제한된 효과밖에 없다는 것이 로빈슨 박사의 설명이었다.

동기를 부여하기 위해서는 직접적인 요구보다는 자기 설득을 통해 동기를 부여하게 하는 것이 더 효과적이다. 2차 대전이 한창일 때 미국 농무성은 경제적으로 힘든 주부들에게 그동안 주로 버리거나 동물 사료로 쓰이던 소의 심장, 콩팥, 곱창 같은 내장 부위의 고기 소비를 가정에서 요리해 먹도록 장려하는 실험을 한 적이 있었다.

실험에 참가한 주부 가운데 반은 내장 고기의 좋은 점에 관해 유익한 강의를 듣게 했다. 45분에 걸친 강의를 통해서 이러한 고기를 먹는 것이 국가를 돕는 중요한 일이라는 것과 내장 고기가 건강이나 경제적인 면에서 많은 이점이 있다는 것을 강조하였다. 동시에 요리법을 인쇄해서 나눠주면서 가족들에게 내장 고기를 요리해 먹이는데 성공한 강사의 경험담을 들려주었다.

나머지 반은 45분 동안 그룹 토론에 참여하게 하여 여러분과 같은 주부들에게 내장고기 먹기 프로그램에 참여하도록 하려면 어떻게 설득해야 되는지에 대해 토론하도록 하였다.

그 결과 강의를 들은 주부 가운데 가족들을 위해 내장 고기를 요리한 주부는 3퍼센트밖에 안됐지만 토론을 했던 주부들은 가족들에게 32퍼센트나 내장 고기를 요리해서 내놨다.

유리한 말로 마음을 움직여라

> 1. 이 제품을 쓰면 당신이 썰기, 다지기, 저미기, 으깨기를 빛의 속도로 할 수 있습니다.
> 2. 이 제품은 기계 스스로 썰기, 다지기, 저미기, 으깨기를 빛의 속도로 해냅니다.

같은 조리기구라도 전자보다 후자처럼 설명했을 때 훨씬 잘 팔린다.

누가 들어도 과장인 게 분명한 후자를 택하는 데 대해 쿤켈Kunkel, 사회인류학자은 이렇게 설명한다. "'할 수 있습니다'라고 하면 자신이 해야 한다고 생각되는 반면 '기계가 해냅니다'는 기계가 알아서 해준다고 느껴지게 만들기 때문이다."

바로 이 점이 최소의 노력으로 최대의 효과를 얻으려는 사람의 인간의 경제적 본능을 자극, 선택을 유도한다는 분석이다. 쉽게 돈을 벌 수 있다는 말에 사기를 당하고 쉽고 빠르게 살을 뺄 수 있다는 말에 여성들이 신뢰가 가지 않는 다이어트를 시도하는 것이다.

여러분이 세탁기를 사러 갔을 때 두 판매원이 각자 다른 표현을 쓴다고 가정해보자.

> '이 세탁기는 고객님이 빨래를 쉽게 할 수 있습니다.'
> '이 세탁기는 세탁기가 빨래를 쉽게 해줍니다.'

여러분이라면 어떤 말을 듣고 더 구매하고 싶어지는가? 당연히 사람들은 내가 직접 하는 것보다 나를 힘들게 하는 것보다 세탁기가 알아서 해주는 그래서 내가 편해지는 쪽을 더 선호할 것이다. 이처럼 사람들은 누구나 쉽고 편하고 빠르다는 느낌이 들면 그래서 내가 더 유리해지면 쉽게 마음이 움직인다.

새로 집을 옮겨서 집들이를 할 때였다. 그 때 아이는 9살이었고 어른들이 노는데 불편할 것 같아 아이를 재우려 했다. 그런데 아이는 계속 자지 않고 놀겠다고 투정을 부렸고 나는 단호하게 가서 자라고 했다. 그래도 아이는 9시밖에 되지 않았다고 계속 고집을 부렸고 난 소리를 질렀다. "늦게 자면 너 내일 학교 가서 피곤하잖아." 그러자 아이는 "아빠 내일은 일요일이라 학교 안 가는데? 내가 일찍 자고 일찍 일어나 7시부터 뛰어다니면서 아빠 깨우면 좋겠어?" 나는 그냥 아이에게 실컷 놀라고 허락하고 말았다.

중국에서 있었던 일이다. 중국은 워낙 자전거를 많이 타고 다녀서 보통은 가게 앞의 담벼락에 사람들이 자전거를 세워놓고 출근을 하는데, 한꺼번에 많은 사람이 세워 놓으니 이게 너무 심하더라는 것이다. 집주인은 자신의 가게 앞에 자전거를 세워놓지 말라고 온갖 경고문을 다 써봤다. 부탁하는 글을 붙여 보기도 하고, 협박하는 글도 써 보았으나 다 소용이 없었다. 어느 날, 궁리를 하던 중 가게 주인에게 기발한 아이디어가 생각나 다음과 같이 써 놓았다.

'자전거 공짜로 드립니다. 아무나 가져가세요.'

그러자 그날로 모든 자전거가 자취를 감추었다.

사람들은 이름에서도 유리한 말을 선택하는 경향이 있다. 안전 성분처럼 위험하지 않은 대상은 쉽고 편한 이름을, 놀이 기구처럼 스릴 넘쳐야 하는 대상은 어려운 이름을 지어 줘야 유리한 것으로 나타났다.

미국 미시간대 심리학자 송현진, 노버트 슈워츠Norbert Schwarz 박사 팀은 알파벳 12글자로 만들어낸 식품 첨가제 명단을 학생들에게 주고 "가장 위험해 보이는 성분을 골라라"고 시켰다. 그러자 학생들은 발음하기 어려운 '흐네그리피트롬hnegripitrom'이 가장 위험해 보인다고 골랐고, 발음이 쉬운 '마그날록세이트magnalroxate'는 안전해 보인다고 대답했다.

연구진은 이번에는 놀이공원의 놀이기구 이름이라며 여러 개의 지어낸 이름을 학생들에게 주었다. 그 결과, 학생들은 '춘타chunta'처럼 발음하기 쉬운 놀이기구는 무섭지 않고 따라서 별로 재미없을 것 같다고 대답했다. 반면 발음하기 힘든 '바이베아토이시vaiveahtoishi'에 대해선 "타면 위험하고 토할 것 같지만 재미있을 것 같다"는 반응을 보였다. 즉, 어느 정도 위험하다고 느껴져야 사람들이 흥미를 느끼는 놀이기구 같은 경우는 일부러 발음하기 어렵고 이상한 이름이 오히려 효과적일 수 있다는 연구결과였다.

이러한 반응은 사람들이 새로운 대상을 만났을 때 본능적으로 "쉽고 익숙하면 안전하고, 낯설고 까다로우면 위험하다"고 생각하기 때문이라고 연구진은 결론지었다.

다른 사람을 언급하라

> 1. 호텔의 에너지 절약을 도와주세요.
> 2. 환경보호를 위해서입니다.
> 3. 수건을 재사용하시면 호텔 시설 이용 할인 혜택을 드립니다.
> 4. 이 호텔 고객 대다수는 숙박 기간 중 적어도 한 번 이상은 수건을 재사용합니다.

호텔에서 수건을 한 번만 쓰고 내놓지 말고 다시 한 번 사용해달라고 부탁할 때 어떤 메시지를 넣으면 좋을까?

'환경 보호를 위해 수건을 다시 한 번 사용해 주실래요?' 이런 뻔한 표현보다는 '손님들 대부분이 숙박 기간 중 적어도 한 번 이상은 수건을 재사용합니다'란 메시지를 받은 사람의 재사용률이 흔한 환경보호 메시지에 비해 26퍼센트나 높은 참여율을 보였다. 다른 사람들도 모두 재사용한다는 말이 사람들을 움직인 것이다. '이 방에 묵었던 대다수가 수건을 다시 사용합니다'란 정보를 얻으면 참여율은 더욱 높아진다. 실험 결과 33퍼센트가 높아졌다.

이처럼 사람들은 다른 사람들이 어떻게 행동하느냐의 영향을 많이 받는다. 실제로 세상을 살다 보면 남들이 다 하니까, 또 남들이 해야 한다니까 별 생각 없이 하는 일들이 적지 않다. 당연히 해야 하는 일로 생각하고 무심코 따라 했지만 나중에 곰곰이 따져보면 조직 구성원들 아무도 원치 않는 그 일을 왜 했는지 이해가 되지 않는다.

이런 현상을 '에빌린 패러독스'Abilene Paradox라고 한다. 미국 조지아대학교 경영학과 교수 제리 하비Jerry Harvey가 자신의 경험을 토대로 제시한 현상이다. 기온이 40도까지 올라가는 더운 일요일에 처가에서 선풍기를 틀어놓고 느긋하게 즐기고 있는데 장인이 에빌린에 가서 외식을 할 것을 건의한다. 식구들 모두 80킬로미터나 떨어진 곳까지 가는 것이 내키지 않았지만 다들 별 생각 없이 에빌린으로 갔다. 하지만 다녀와서 생각해보니 왜 그곳에 가야 했는지 아무도 이해할 수 없었다.

이처럼 우리는 우리도 모르게 남들의 의견이나 행동을 쉽게 받아들이는 경향이 있다. 예를 들어서 주변에서 누구나 이구동성으로 "미인이다!" 하면 다시 돌아보게 되고 자기 의견이 다를지라도 대세에 따르게 된다고 한다. 다른 사람과 의견이 다르면 굳이 자기 의견을 밝히지 않고 넘어가는 경우가 있는데 이런 태도는 대다수의 의견을 단순히 묵인하거나 아닌 척 거짓말을 하는 것이 아니라, 대세다 싶으면 실제 자기 의견을 바꿔 다른 사람을 따라간다는 것이다. 미국 하버드대학교 자밀 자키 박사팀은 연구 대상이 된 남자들에게 많은 여자 사진을 보여주고 각각의 여자가 얼마나 매력적으로 느껴지는지 점수를 매기도록 했다. 그런 다음, 컴퓨터로 무작위로 매긴 점수를 '이전 연구 참여자들이 매긴 평균 점수'라고 거짓으로 알려준 뒤 다시 점수를 매기게 했다.

두 번째 평가 때, 연구 참여자들은 자기가 주는 점수를 각 여자별로 평균이라고 통보받은 점수에 가깝게 바꿨다. 즉 남들이 공통적으로 매력적으로 평가한 것으로 알게 된 사람에게 자기도 같은 평가를 주게 된 것이다.

연구진은 참여자들이 매력 점수를 매기는 동안 기능성자기공명영상fMRI으로 이들의 뇌 활동을 관찰했다. 다른 사람에게서 매력을 느낄 때에는 감정을 조절하는 뇌 부위인 안와전전두엽orbitofrontal cortex과 쾌락, 욕망을 관장하는 측좌핵nucleus accumbens이 활성화되었다. 반면 매력적이지 않은 사람을 쳐다볼 때는 이 부위의 뇌 활동이 감소했다.

연구진이 관찰한 결과, 참여자들은 평균 점수를 알고 난 후 여자 사진을 봤을 때 실제로 뇌의 반응이 달라졌다. 자기는 처음에는 매력적으로 생각하지 않았지만 남들이 매력적으로 평가한 사람에 대해 안와전전두엽과 측좌핵이 활성화했고, 반대의 경우도 마찬가지였다.

자키 박사는 "사람들은 주변 사람이 다른 의견을 내면 받아들이는 것은 알려져 있었지만, 이때 진짜 의견을 바꾸는 건지 거짓말을 하는지는 큰 관심거리였다"며 "뇌 반응을 관찰한 끝에 실제로 사람들은 대세다 싶으면 자기 의견과 평가를 쉽게 바꾼다는 것을 알 수 있다"고 말했다.

긍정적으로 표현하라

> 1. 지방 25퍼센트
> 2. 살코기 75퍼센트

레빈과 게스라는 심리학자도 비슷한 실험을 한 적이 있다. 그들은 지방 25퍼센트라는 표시가 붙어 있는 고기와 살코기 75퍼센트라는 표시가 붙어 있는 고기를 가리키면서 어느 쪽을 선택할 것이냐고 물어보았다.

그런데 사람들은 같은 고기인데도 살코기 75퍼센트라는 표시가 붙어 있는 고기를 선택하였다.

 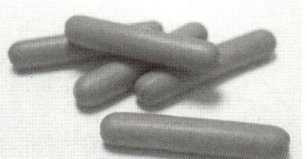

지방 25퍼센트   살코기 75퍼센트

이처럼 사람들은 자신에게 유리해 보이는 말에 쉽게 마음이 움직이는데 예를 들어서 주유소에서 휘발유 값을 현금으로 지불하는 것을 '현금할인'이라고 하고 식품점에 가면 냉동고기를 '신선 냉동'이라고 표현하면 더 싱싱해 보이는 것도 다 그런 이유다.

> 1. 정책 J가 채택되면 실업률은 10퍼센트, 인플레이션은 12퍼센트가 된다.
> 2. 정책 K가 채택되면 고용률은 90퍼센트, 인플레이션은 12퍼센트가 된다.

위의 질문을 통해 J정책을 선택한 사람은 36퍼센트, K정책을 선택한 사람은 64퍼센트였다. 사실 실업률과 고용률이라는 표현만 다를 뿐, 같은 질문인데 이렇게 다른 결과가 나왔다. 사람들은 보통 실업률이라는 단어보다 고용률이라는 단어에 호의적이기 때문이다.

이처럼 사람들은 더 호의적인 단어에 긍정적인 반응을 보이는데 사이먼과 제릿은 '불완전한 태아 낙태법 PBA: Partial-Birth Abortion'에 있어서 낙태 대상을 '아기baby'라고 지칭하는지 혹은 '태아fetus'라고 지칭하는지에 따라 시민들이 PBA법에 대해 상이한 태도를 형성할 것이라고 예측하였다.

그 결과 '태아'라는 이름을 접한 수용자들은 법 폐지에 반대하며 선택의 자율성을 강조하는 태도를 보였고, '아기'라고 지칭한 기사를 접한 수용자들은 생명은 보호받아야 한다는 직관적인 사회적 합의에 더 큰 영향을 받아 PBA법 폐지에 찬성하였다.

이들의 실험 연구는 특정 어휘의 선택이 특정한 인지적 연상 과정을 강화시키고 그 결과 태도의 방향에도 영향을 준다는 사실을 밝혀낸 것이다.

우리는 대상을 기술하는 방법과 행동 방향을 제시하는 방식에 따라 사람들의 생각이 좌우되고 메시지에 대한 인지반응의 흐름이 바뀐다는 것을 확인할 수 있는데 이것이 바로 라벨링Labeling 기술이다. 즉, 어떠한 라벨을 붙이냐에 따라 수용자의 인지 반응을 다르게 이끌어낼 수 있는 것이다.

라벨링의 대표적인 예가 미국의 독립혁명을 일으킨 '보스턴 대학살'이다. 미국인들에게 보스턴 대학살은 영국으로부터 자유와 독립을 쟁취하기 위한 독립 전쟁의 도화선이 됐기 때문에 매우 중요한 사건이다.

그런데 사실 보스턴 대학살은 사소한 충돌에서 시작되었다고 한다. 1770년 3월 5일 한 무리의 보스턴 시민들이 보스턴 세관을 경비하고 있던 경비병들 주변에서 눈싸움을 하며 놀다가 한 경비병이 눈덩이를 맞게 되면서 경비병이 군중에게 사격을 개시해 5명의 미국 주민이 사망하게 되었다. 이를 초창기 미국의 애국자들이 영국과의 사소한 충돌을 '보스턴 대학살'이라고 명명함으로써 혁명의 열기를 불태워 훗날 미국 독립 혁명에 영향을 미치게 된 것이다.

물론 그 전부터 식민지 주민들과 영국 주둔군 사이 이미 긴장이 고조돼 있었겠지만 만약 보스턴 대학살이라고 큰 사건처럼 명명하지 않았더라면 역사가 바뀌었을지 모른다.

우리나라에도 이와 유사한 사례가 있다. 1980년대 니카라과나 엘살바도르에서 미국이 지원한 전쟁을 가리킬 때 '저강도 분쟁Low-intensity Conflict'이라는 용어를 사용했다. 이름 그대로라면 경미한 분쟁 정도로 가볍게 추측할 수 있을지 모른다. 그러나 니카라과는 5만 여명, 엘살바도르는 7만 여명으로 추산되는 무고한 사람들이 전쟁의 포화에서 포로로 붙잡혀 매우 강도 높은 고통을 겪었다는 사실을 아는 사람들은 드물다.

H아동복지회는 버려진 아이들을 좋은 부모에게 입양시키는 기관이다. 입양된 뒤 성인이 된 아이들이 훗날 고국을 찾아와 그곳에서 자기 서류를 볼 때가 있다고 한다. 그 서류에는 처음엔 '이 아이는 19XX년도 X월 X일에 버려졌다'라고 표기를 해 놓았다고 한다. 그런데 '버려졌다'고 되어 있으면 아이들이 무척 절망하고 마음을 열지 않았지만 '이 아이는 19XX년도 X월 X일에 발견됐다'라고 표현을 바꾸자 친부모에게 자기가 살아 있음을 알리고 어려운 결정을 내려 고맙다는 말을 하고 싶다고 한다. '버려진 아이'는 슬프지만 '발견된 아이'는 희망적이기 때문이다.

일부러 겁을 줘라

1. 변기에 이물질을 버리지 마십시오. 변기가 막힐 수 있습니다.
2. 변기에 이물질을 버리지 마십시오. 비행기가 추락할 수 있습니다.

화장실 변기가 막혀 항공편이 지연된 일이 실제 방글라데시 한 항공사에서 발생했다. 다카를 출발해 런던으로 향하려던 항공편 기내 화장실 변기가 제대로 작동하지 않았다. 막혀버린 것이다. 화장실 하나가 문제가 아니었다. 5개씩이나 작동하지 않았다.

장거리 비행을 하는 항공기에서 화장실이 작동하지 않으면 큰일이다. 중간에 세우고 볼일을 볼 수도 없기 때문이다. 결국 항공사 Biman Bangladesh airlines는 화장실 변기수리에 들어갔는데, 마치기까지 자그마치 2시간이나 걸렸다. 수리를 해 보니 5개 화장실 변기에서 병, 종이컵 등이 발견되었다. 이전 승객들이 변기에 엉뚱한 오물을 버렸던 것이다.

그러나 변기 위에는 분명히 '변기에 이물질을 버리지 마십시오. 변기가 막힐 수 있습니다'라고 쓰여 있었다. 그런데 승객들은 경고의 문구를 무시하고 이것저것 변기에 버려서 막히게 했던 것이다. 그런데 비행기가 추락할 수 있다는 문구로 표현을 바꾸자 아무도 이물질을 버리지 않았다.

그 이유는 공포어필Fear Appeal의 심리현상 때문이다. 공포 어필은 감성소구의 한 유형으로 소비자에게 일종의 불안이나 공포심을 조성해 제품에 대한 관심을 유도하는 기법을 말한다. 캐롤 이자드Carroll E. Izard는 공포를 외부 또는 내부의 사건에 의해 야기되는 걱정, 불확실성, 불안, 지각된 위험의 상태로 정의했다. 그리고 사람이 공포를 느끼면 환기유발과 같은 생리적 표현, 말이나 글 같은 언어적 표현, 얼굴의 표정변화와 같은 행동적 표현이 나타나게 된다.

공포 어필은 강한 공포감을 줄수록 설득효과가 높아진다고 한다. 예일대학교 어빙 제니스 교수 연구진은 실험에서 '충치가 생기면 이가 아프기 때문에 양치질을 하자'라는 약한 공포를 주었을 때는 24퍼센트의 사람만이 양치질의 중요성을 인식했다.

하지만 '양치질을 하지 않으면 무서운 감염증에 걸린다'며 치아가 엉망이 된 사진 등을 보여주고 강한 공포감을 준 뒤에 설득하자 42퍼센트의 사람들이 '양치질은 중요하다'고 의견을 바꿨다고 한다. 또, '담배를 피우면 목이 아프니까 담배를 끊자'라는 약한 공포감을 조성하기보다는 '담배는 폐기종, 심근경색, 암을 일으키는 위협적인 물질이다'라는 강한 공포감을 조성했을 때 설득당하기 쉽다는 연구결과도 있다.

  치과에 가보면 저절로 이맛살이 찌푸려질 정도로 잇몸이 많이 상한 사진이 걸려 있다. 정말 이렇게까지 심한 사람이 있을지 의심이 들 정도다. 그 사진들이 우리에게 주는 단 하나의 메시지는 바로 공포다. '당신도 이렇게 되고 싶습니까? 이렇게 되고 싶지 않다면 치과에 다녀야 합니다. 정기적으로 검진을 받으면 이렇게 되지는 않습니다. 그러나 검진을 받지 않으면 이렇게 될지도 모릅니다. 아직 늦지 않았습니다. 치과에 다니는 것이 당신을 위한 일입니다.' 물론 치과의사에게 악의가 있는 것도, 돈을 많이 벌려는 욕심이 있는 것도 아니다. 그들은 단지 사람들의 치아를 지켜주기 위해서 사진을 걸어놓았을 뿐이다.

  그러나 그 사진은 사람들의 공포를 부추겨서, 치과를 찾는 환자를 늘린다. 새카맣게 변한 폐 사진을 보여주면서 금연을 권하는 것도 같은 방법이다. 경찰서에서 보여주는 교통안전 비디오도 마찬가지다. 이미 원형을 찾아볼 수 없게 된 차의 모습과 유혈이 낭자한 화면이 사람들의 공포를 부추긴다. 그리고 공포를 느낀 사람은 이렇게 결심할 것이다. "반드시 안전벨트를 매자. 교통안전 규칙을 정확히 지키자. 경찰관의 말을 듣자." 이렇게 해서 최소한의 안전 규칙을 지키는 준법 시민이 탄생하는 것이다. 사람은 원래 공포에 약하다. 어떤 공포를 느끼면 마치 미친 사람처럼 그것을 피하기 위해 발버둥친다.

  영국의 부인들에게 공포를 안겨줌으로써 속옷을 판매한 한 속옷업자의 일화이다. 1895년, 뢴트겐이 엑스선을 발명했다. 그 당시 사람들은 엑스선의 정체를 알지 못하고, 다만 막연하게 사람의 내부를 비춘다는 식으로 생각했다. 곧 영국 전역에 엑스선 안경이 판매될 것이라는 소문이 퍼지기 시작했다. 그 안경을 끼면 여자의 나체를 볼 수 있다는 것이다. 지금도 남편이나 약혼자 이외의 남자에게 알몸을 보여주는 것이 일반적이지 않은데 그때는 오죽했을까. 따라서 그 당시 영국 부인들 사이에 얼마나 강한 공포가 퍼졌는지 상상할 수 있을 것이다. 그때 속옷업자는 엑스선 방지속옷이라는 것을 발명하고, 그 옷을 입으면 알몸이 보이지 않는다고 선전했다. 영국 부인들에게는 그 소식이 얼마나 반가웠겠는가. 공포에 휩싸인 부인들이 앞을 다퉈 그 속옷을 사려고 몰려들었다. 이렇게 해서 그 사람은 심리를 이용한 속옷 판매로 엄청난 부를 모을 수 있었다.

광고에서도 공포 마케팅이처럼 알 수 없는 미래에 대한 불안 심리를 자극하여 상품을 구매하도록 만드는 고도의 심리마케팅을 자주 이용하는 것을 볼 수 있다. 케이블TV 채널을 돌릴 적마다 자주 보이는 보험광고나 은퇴 후 노후에 몇십 억이 있어야 안심할 수 있다며 가입을 권유하는 광고를 심심찮게 볼 수 있다. 보험광고는 '약 10억 원 정도가 있어야 사람답게 살 수 있다'고 노후를 위해 지금부터 연금을 들어야 한다고 경고한다. 하지만 그때 정말 10억이 있어야 하는지는 아무도 모른다. 선행학습을 부추기는 학원 광고 등도 비슷한 맥락의 공포 마케팅을 활용한 것이다. 이렇게 '정확한 테이터'라고 인식되는 숫자를 가지고 사람들에게 불안을 유발하는 것이 특징이다.

다리우스 돌린스키Dariusz Dolinski와 리차드 나우랏Richard Nawrat은 공포가 사람들에게 어떻게 영향을 미치는가를 실험했다. 실험에서 그들은 무단횡단하는 보행자들에게 경찰호각을 불거나 자동차 앞 유리벽에 범칙금 스티커와 비슷한 종이를 부착함으로써 사람들에게 공포심을 유발시켰다.

사람들은 누구나 경찰들의 호각소리나 교통위반 스티커에 당연히 놀라고 공포심을 느낀다. 그러나 그 공포를 곧 사라져 버리게 만들었다. 무단횡단을 해도 체포하지도 않았고, 범칙금 스티커는 발모제 광고로 밝혀졌기 때문이다. 그러나 실험은 그 다음부터였다. 돌린스키와 나우랏은 무단횡단을 한 사람들에게 설문지를 작성해 달라고 부탁하거나 자선단체를 도와 달라고 부탁했다.

그 결과 공포심이 생겼다가 사라진 무단횡단자나 자동차 운전자들은 호각소리를 듣지 않고 무단횡단을 하거나 범칙금 스티커를 받지 않은 일반 사람들에 비해 요구를 훨씬 더 잘 들어주려고 했다. 돌린스키와 나우랏은 공포심 때문에 다른 생각을 할 겨를도 없이 요구에 대해 무조건 더 잘 따르게 되었다고 결론지었다.

'공포유발 후 안도감의 원칙Princple of Fear-then-relief'은 범죄자를 심문하는데 효과적이기도 하다. 형사들이 큰 소리로 책상을 치거나 겁을 준 다음 친절하게 담배를 권하며 죄를 자백하게 하는 방법도 그 중의 하나다.

그러나 지나치게 강한 불안과 공포를 안겨주면 오히려 설득효과가 떨어진다고 한다. 또, 공포 어필을 이용해서 움직이려고 하면 상대를 무기력하게 만든다는 데이터도 있다. 따라서 공포 어필을 이용할 때는 너무 자주 사용하거나 연속해서 사용하면 효과가 떨어지기 때문에 조심해야 한다.

의문문으로 마무리하라

> 1. 계획이 바뀌면 전화해 주세요.
> 2. 계획이 바뀌면 전화해 주시겠어요?

1990년대 말 시카고 레스토랑 업주 고든 싱클레어는 예약을 해놓고 안 오는 손님 때문에 골치를 앓고 있었다. 이런 사례는 모든 레스토랑들이 겪는 문제로 손님들이 전화로 예약을 하고는 사전 연락도 없이 그냥 안 나타나는 것이었다. 당시 싱클레어가 운영하는 레스토랑에서는 예약 건수 중 취소 전화 없이 나타나지 않는 비율이 30퍼센트 정도에 달했다. 하지만 그는 단번에 그 수치를 10퍼센트로 낮출 수 있었다.

그는 문제의 핵심이 예약 담당직원의 전화 응답 방식에 있다는 것을 알아냈다. 더 정확히 말하면 꼭 말해야 하는 것을 말하지 않은 것 때문이었다. 그가 개입하기 전까지 예약 담당자는 예약전화를 건 손님에게 "계획이 바뀌면 전화해 주세요"라고 말했다. 하지만 싱클레어의 지시에 따라 그 부탁하는 말을 "계획이 바뀌면 전화해 주시겠어요?"라고 의문문 형태로 바꿨다.

그리고 상대가 대답할 때까지 잠시 기다리는 것이었다. 그 '주시겠어요?'라는 질문과 그 다음 이어지는 의미심장한 침묵이 상황을 완전히 뒤집어놓은 것이다. 왜였을까? 질문은 답을 요청하는 것이고 그 뒤에 이어지는 침묵은 답으로 채워줄 것을 요구하는 것이기 때문이다. 고객은 종업원의 질문에 어쩔 수 없이 '예'라고 대답함으로써 자신의 행동에 대한 기준과 책임을 지게 될뿐더러 이러한 정신적 계약에 대해 만약 약속을 어길 시에는 레스토랑만 실망시키는 것이 아니라 약속을 어긴 자신에게도 실망하게 되어있다.

남녀가 데이트할 때도 의문문 형태로 대화를 바꾸면 상대방의 허락을 쉽게 얻어낼 수 있다.

> 남 : 파스타 좋아하시나 봐요?
> 여 : 네.
> 남 : 저도 까르보나라나 정통 해물 스파게티를 좋아하는데 해물스파게티는 어떠세요?
> 여 : 네 특히 스파게티 중에서도 해물스파게티를 굉장히 좋아해요.
> 남 : 아 그러세요? 저도 굉장히 좋아하는데 이쪽 사거리 건너편에 괜찮은 파스타 집 있는데 이번 주말에 시간 괜찮으세요?
> 여 : 네, 시간 괜찮아요.

상대방의 마음을 움직이기 위해 의문문의 형태로 대화를 하더라도 그 내용이 긍정적이어야 효과가 있다.

심리학자 메이와 해밀턴은 여대생들을 대상으로 한 가지 실험을 했다. 여대생들이 좋아하는 음악 로큰롤과 싫어하는 음악 전위파 현대음악을 파악했다. 그리고 실험에 참여한 여대생들에게 낯선 남성의 사진을 보여주면서 호감도를 말해달라고 했는데, 사진을 보여주는 동안 한 집단에는 그들이 좋아하는 로큰롤 음악을 들려주고 다른 집단에는 싫어하는 전위파 현대음악을 들려주었다. 그 결과 싫어하는 음악을 들으며 사진을 본 여대생들은 사진 속의 인물을 나쁘게 평가했고, 좋아하는 음악과 함께 사진을 본 여대생들은 긍정적으로 평가했다.

그렇기 때문에 사람들이 흔히 비즈니스를 할 때, "잘 지내시죠?" 한다든지 "요즘 아주 바쁘신 것 같습니다?" 혹은 "회사에 좋은 소식이 들리던데요?" 하고 물어보는 질문이 바로 이러한 원리를 응용한 사례들이라고 할 수 있다. 그렇게 물어보면 상대는 "네, 덕분에 열심히 살고 있습니다"라고 긍정적인 대답을 할 수밖에 없다. 좋은 내용의 안부를 물었는데, "못 지내면 어쩔 건데요?"라고 따지는 사람은 없을 것이다.

실제로 부정적인 질문은 항상 부정적인 결과를 가져오게 되는 대표적인 예가 여론조사다. 빌 클린턴 전 미국 대통령이 1978년 후아니타 브로드릭이라는 여성을 성폭행하고 강간하였다는 것을 믿느냐는 여론 조사를 며칠 간격으로 실시하였는데 폭스뉴스Fox News의 여론조사 결과는 54퍼센트의 미국인이 그것을 믿는다고 한 반면, CNN이나 갤럽의 조사는 단지 34퍼센트만이 그런 혐의를 믿는다는 결과를 보여주었다. 이렇게 큰 편차가 나는 이유는 폭스뉴스의 여론 조사는 클린턴이 이 사건에 죄가 있는 것처럼 추정하는 부정적인 질문을 하였고 CNN이나 갤럽은 보다 중립적인 표현을 사용하였기 때문이었다.

질문은 사람의 기억마저 바꿔버릴 수도 있기 때문에 조심해야 한다. 엘리자베스 로프터스는 일련의 실험에서 자동차와 보행자간에 일어난 사고에 대해 몇 장의 슬라이드를 보여 주었다. 그 중 하나의 슬라이드에서 초록색Green 자동차가 사고 현장을 지나갔다. 이 슬라이드를 보자마자 절반의 학생들에게 "사고 현장을 지나간 파란blue 자동차는 지붕에 선루프가 장착돼 있었습니까? 라고 물었고 나머지 절반의 학생들에게는 파란blue을 빼고 똑같은 질문을 하였다. 실험결과 파란 자동차라는 질문을 받은 학생들은 실제로는 초록색 자동차였지만 파란 자동차를 보았다고 주장하는 사람들이 훨씬 더 많았다고 한다.

암시하는 단어를 사용하라

> 1. 고질병
> 2. 고칠병

고질병은 내가 어찌해볼 수 없는 불가항력적인 느낌을 주지만 고칠병은 마음만 먹으면 해 낼 수 있다는 긍정적인 느낌을 준다. 어려운 일이나 어떻게 해야 할지 모를 곤란한 일이 닥쳤을 때 '나는 이런 일도 이겨낼 수 있어', '이건 할 수 있는 일이야' 등의 혼잣말로 스스로를 다독거리는 것은 자제력을 기르는데 중요한 역할을 한다는 연구결과가 나왔다.

캐나다 토론토대학교 Toronto Univ. 알렉사 툴렛 교수팀은 컴퓨터 화면에 특정한 상징이 나타나게 영상을 만들어 놓고 연구대상들에게 예의 그 상징이 나타나면 버튼을 누르고 다른 것이 나타나면 누르지 말라고 했다. 그리고 연구 대상을 두 그룹으로 나눠 한 그룹은 버튼을 조작하면서 스스로를 다독이는 혼잣말을 할 수 있게 하고 반면 다른 그룹에는 혼잣말을 하지 않도록 했다. 그리고 이들이 어떠한 충동반응을 보이는지 조사했다.

그 결과 혼잣말이나 스스로를 다독거리는 말을 할 수 없게 되자 연구에 참가한 여성들은 충동을 더 참지 못하고 아무때나 버튼을 눌렀다. 또 혼잣말이 허용될 때에 비해 운동도 충분히 하지 못했다. 연구진은 "사람들은 어떤 일을 하든 '피곤하니까 그만하자', '더 먹으면 안 돼', '이럴 때는 내가 참아야 해'처럼 항상 스스로에게 혼자말로 메시지를 전달한다"며 "이번 연구는 내면의 목소리가 충동적인 결정이나 행동을 사전에 막는 데 중요한 역할을 한다는 것을 보여준다"고 설명했다.

내면의 메시지를 만드는 방법으로는 '모리다 요법'이라는 것이 있다. 일본의 모리다 박사가 인간은 암시에 걸리기 쉬운 동물이라는 점을 이용하여 노이로제 치료를 위해 개발한 방법인데 간단히 말해 사람들은 그것'답게' 말하고 행동함으로써 점차 그것이 되어간다는 것이다. 이 원리는 기분이나 증상에 구애받지 않고 쾌활한 듯이 말하면 쾌활해지고, 화난 듯이 말하면 자연스럽게 심술궂은 이미지로 변한다는 것이다.

미국의 사회학자 마튼과 키트가 행한 '미국병사의 연구'에 관한 실험에서는 하사관의 말이나 행동을 흉내를 낸 병사일수록 더 많이 하사관이 되고 장교를 흉내를 낸 병사들은 더 많이 장교가 된다는 것을 밝혀냈다. 자신의 이미지를 새롭게 만들기 위해서는 자신의 원하는 이미지에 맞는 말투와 행동을 할수록 그렇게 될 확률이 높다는 것이다.

그러나 부정적인 입버릇은 오히려 더 역효과를 줄 수 있다. 프랑스의 의사인 보드맹에 따르면 사람들은 의도한 목적과 반대의 결과가 나와서, '무엇을 해야 하는데'라고 무리하게 생각하면 초조해져서 오히려 수포로 돌아가기 쉽게 되는 경우가 발생한다. 즉 '무엇을 해야 한다'는 마음이 자기방어 본능의 반발을 사서 '하지 않아도 좋다'는 정반대의 반응을 불러와 버린다는 것이다.

이것을 '역전효과의 법칙'이라고 한다. 역전효과의 법칙은 예전에 실패했거나 싫은 느낌이 있으면, 똑같은 상황에 놓일 때 그것이 부정적인 암시가 되어 잘못된 방향으로 움직이게 만든다. 예를 들어, 골프에서 실수가 나왔다고 하자. 그러고 나서 다시 그 홈에 돌아오면 '이번에도 그렇게 되지 않을까?'하고 불안해진다. '요전에는 그렇게 쳐서 실수를 했으니 이번에는 이렇게 쳐볼까?', '아니, 어쩌면 손목을 굽히는 것이 나빴을까?' 등 이것저것을 걱정한 나머지 다시 실수를 하게 된다. 골프만이 아니다. 우리 생활 속에서는 이런 일이 수없이 많이 일어난다. 부정적인 느낌과 실패는 의식하면 할수록 똑같은 일이 되풀이되기 쉽다.

특히 중대한 일일수록 그런 경향은 강해진다. 그것은 최초의 실패에서 자신감을 잃었고 또 자신감을 잃음으로써 '다시 실패를 저지르지나 않을까?'라는 기분 나쁜 암시가 긴장된 마음에 강하게 작용하기 때문이다. 여기에서 도망치려면 실패를 모조리 잃어버리는 것이 좋지만 부정적인 기억이 강하면 강할수록 오히려 쉽게 잊히지 않는다. 억지로 잊어버리려 해봐도 잊어버리기는커녕 더욱 강하게 의식된다.

중요한 것은 마지막에 어필하라

> 1. 엄마가 좋아? 아빠가 좋아?
> 2. 아빠가 좋아? 엄마가 좋아?

부모라면 누구나 아이가 어릴 적에 한 번쯤은 엄마 아빠 중 누가 더 좋은지를 확인하는 잔인한 질문을 해봤을 것이다. 그런데 아이들에게 "아빠가 좋아? 엄마가 좋아?"하고 물으면 거의 대부분 "엄마가 좋아"라고 대답한다. 이때 "아빠가 좋아"라는 대답이 듣고 싶다면 질문의 순서를 바꾸어 "엄마가 좋아? 아빠가 좋아?"하고 물어보면 대부분 "아빠가 좋아"라는 대답을 한다고 한다. 마지막으로 가장 나중에 말한 내용이 그 전까지 들은 내용보다 더 신뢰가 가거나 더 중요하다고 생각하는 효과가 있기 때문이다. 이것을 '마지막 효과'라고 한다. 사람들은 실제로 마지막에 얻는 상품이나 마지막에 얻는 정보를 더 중요하기 여기기 때문이다.

마지막 효과에 관한 재미있는 실험이 있다. 해마다 2월 14일, 발렌타인데이가 되면 초콜릿 선물을 주고받는데 이날 하루는 정말 많은 양의 초콜릿 선물들이 오고 간다. 그렇다면 수많은 초콜릿 가운데 가장 맛있는 초콜릿은 어떤 것일까? 정답은 '가장 나중에 먹은 초콜릿'이라고 한다.

미국의 한 심리학 교수가 〈심리과학 Psychological Science〉에 발표한 논문에서 마지막에 경험한 것을 가장 좋았다고 기억하는 '마지막 효과 Ending Effect'가 초콜릿에서 가장 잘 나타난다고 말했다. 그는 대학생들에게 밀크·다크·크림·아몬드·캐러멜 초콜릿을 제공하면서 한쪽 그룹에는 "다음 초콜릿은"이라고 말하며 연달아 초콜릿을 주다가 5번째에는 "이번이 마지막 초콜릿"이라고 알려줬다. 나머지 한 그룹에는 마지막까지 "다음 초콜릿은"이라고만 말했다. 그러자 '마지막 초콜릿'이라는 말을 들은 그룹은 64퍼센트 학생들이 초콜릿 종류에 관계없이 마지막에 먹은 초콜릿이 가장 맛있다고 답했다. 단순히 '다음 초콜릿'이라는 말만 들은 그룹에서는 이 비율이 22퍼센트에 그쳤다고 한다.

이 실험을 진행한 교수는 마지막 효과를 두 가지로 설명했는데 다른 사례로는 어린 아이에게서 찾아볼 수 있다. 4~5세 아이에게 선물을 고르라고 할 때에 비싼 물건을 가장 먼저, 싼 물건을 나중에 나열하고 "어떤 것을 가질래?"하고 물으면 대부분의 아이들이 나중에 말한 것을 선택한다고 한다.

한동안 TV에서 인기리에 방송되었던 〈나는 가수다〉 프로그램을 보면 가수들이 노래를 부르기 전에 순서를 정하게 되는데 대부분의 가수들이 첫 번째 순서로 뽑히는 것을 지독히도 싫어하는 모습을 볼 수 있었을 것이다. 가장 생존율이 높은 가수는 뒤쪽 순서에 속하는 가수들이기 때문이다.

그러나 마지막에 오는 정보가 나에게 불리하다고 해서 낙담할 필요는 없다. 콘스탄틴 세르키데스Constantine Sedikides와 그의 동료들이 실시한 실험에서 학생들에게 다음과 같이 데이트 상대를 선택하도록 하였다. 당신이 여자라면 둘 중에 어떤 남자와 누구와 데이트를 하겠는가?

창수 : 공부는 잘하지만 재미가 없음
영철 : 공부는 못하지만 재미있는 사람

이러한 경우 마지막 효과로만 따지자면 재미있는 영철이가 훨씬 유리하다. 그러나 또 다른 조건을 제공하면 창수가 더 유리해질 수 있다. 즉, 재미없어 불리한 창수가 다른 친구 철수를 데리고 나오면 성공 가능성을 높일 수 있다. 마지막에 제공한 정보가 처음에 제공한 수준보다 낮을 때 사람들은 오히려 처음 정보가 더 커 보이는 대조현상이 생기기 때문이다.

> 창수 : 공부는 잘하지만 재미가 없음
> 철수 : 공부는 창수보다 못하고 재미도 없음
> 영철 : 공부는 못하지만 재미있는 사람

즉, 창수보다 공부도 못하고 재미없는 철수 때문에 창수가 더 인기가 올라가고 영철이보다 더 멋있게 보이기 때문이다. 그래서 미국에서 대통령 선거할 때를 보면 대통령 후보자는 대통령으로서 적합한 인물로 보이기 위해 러닝메이트인 부통령 후보를 자신보다 키가 더 작은 사람으로 고르는 것이다.

둘 중 하나를 선택하는 심리를 이용하라

> 1. 계란 넣을까요?
> 2. 계란 하나 넣을까요? 두 개 넣을까요?

젊은이들이 많이 모이는 도심 골목에서 나란히 라면을 파는 두 가게가 있었다. 두 가게 모두 연일 손님들로 북적였다. 그런데 한 가지 이상한 점은 두 가게에서 하루 동안 파는 라면 수는 비슷한데 실제 매출액은 30퍼센트 정도가 차이난다는 것이었다. 마케팅 전문가가 그 원인을 분석하기 위해 두 가게를 직접 찾아가 보았다. 먼저 매출이 적은 첫 번째 가게를 들어서자 종업원이 밝게 인사하며 주문을 받았다.

"손님, 라면에 계란을 넣을까요?"

그 종업원은 라면을 주문하는 모든 손님들에게 똑같이 친절하게 물었다. 손님들의 대답은 거의 반반으로 나뉘어 넣는 사람도 있고 넣지 않는 사람도 있었다.

이번에는 매출이 높은 두 번째 가게로 들어갔다. 그 가게 역시 종업원이 밝은 표정으로 인사를 하고 주문을 받으며 물었다.

"손님, 계란을 하나 넣을까요, 두 개 넣을까요?"

그렇게 물으면 손님들은 하나 또는 두 개를 넣어달라고 대답했다. 계란을 넣지 말라는 손님은 찾아보기 힘들었다. 이 가게가 옆집보다 매출이 높은 비결은 바로 종업원의 주문 멘트의 차이였다. 무의식적으로 둘 중에 하나를 선택하는 손님들의 심리를 간파한 종업원의 센스 있는 멘트가 매출의 30퍼센트를 신장시킬 수 있었던 것이다.

이러한 스킬을 '더블 바인드 어필' 스킬 혹은 '이중 구속'이라고 한다. 심리학에서는 정신분열증의 원인을 설명하는 용어이지만, 커뮤니케이션에서는 상대가 거절하지 못하게 하는 기법으로 사용된다. 한 마디로 상대가 '아니오', '안 돼요' 등의 말을 하기 어색하게 만들어버리는 방법이다. 이렇게 물어보자.

"저, 저랑 같이 식사하실래요? 아님 술 한 잔 할까요?"

그러면 상대 입장에서 문법적으로 '안 되는데요', '싫어요'라 대답하기가 참 애매하다. 둘 중 무얼 할지 물었는데 싫다고 말하는 게 스스로도 맥락에 맞지 않고 뜬금없다고 느끼기 때문이다. 이처럼 더블바인드는 대화의 초점을 양자택일로 몰아감으로써 거절하는 대신 선택하도록 유도하는 방법이다. 어떤 드라마의 명대사 가운데 "밥 먹을래, 나랑 같이 죽을래!"가 있었는데, '밥'과 '죽음' 사이에 비약이 있긴 하지만 이것도 말하자면 더블바인드 어필 스킬이라 할 수 있다.

레스토랑의 3종류 코스 요리 중 가장 잘 팔리는 것은 어떤 것일까?

첫째 메뉴 : 2만 원
둘째 메뉴 : 3만 원
셋째 메뉴 : 5만 원

통계를 내 보니 손님들은 중간 가격대를 많이 골랐다고 한다. 물론 같이 식사하는 사람의 중요도나 주머니 사정에 따라서 가장 싼 요리나 비싼 요리를 찾는 경우도 있겠지만 대부분의 고객들은 두 번째를 선택한 자신의 선택이 가장 좋았다고 생각한다고 한다. 식당주인도 주력 상품을 중간 가격으로 내놓아 고객의 마음을 움직일 수 있도록 도와주고 있는 것이다.

그러나 너무 많은 선택은 사람들의 마음을 더 혼란스럽게 만들 수도 있다. 미국 콜롬비아대학교의 사회심리학자 쉬나 아이엔거Sheena S. Iyengar와 스탠포드대학교의 마크 레퍼Mark R. Lepper가 2000년에 재미있는 실험 결과를 발표했다. 연구자들은 캘리포니아 주 멘로 파크Menlo Park의 고급 식료

품 가게에서 2주 연속 토요일마다 시식 코너를 마련했다. 이들은 맛과 가격이 비슷한 24종의 잼을 한 시간 동안 진열하고, 다음 한 시간 동안은 6종의 잼을 진열했다. 그런 다음 고객들에게 1달러가 할인되는 쿠폰을 나눠주고 잼을 시식하도록 유도했다.

테이블 앞을 지나간 247명의 고객 중 40퍼센트104명는 6종의 잼이 놓인 진열대를 방문했고, 60퍼센트145명는 24종의 잼이 놓인 진열대를 찾았다. 고객들은 잼 종류가 많은 진열대에 관심을 보인 것이다. 그러나 6종의 잼이 진열된 곳에서 실제로 잼을 구입한 사람은 30퍼센트에 달한 반면, 24종의 잼이 진열된 곳에서는 단 3퍼센트만이 구입했다.

이처럼 현대인들에게 너무 많은 선택기회는 자유나 권리라기보다 자신을 속박하는 장애물로 인식되고 있다. 흔히들 여러 가지 '옵션' 속에서 원하는 것을 고를 수 있는 환경은 자유나 권리와 직결된다고 여기지만 정작 선택을 해야 하는 당사자에게 너무 많은 선택기회는 고민을 안겨주고 심하면 속박으로 느껴진다는 것이다.

미국 스탠포드대학교와 스와스모어대학교 연구진은 공동으로 갖가지 선택을 둘러싼 문화적 환경에 대한 여러 가지 연구결과들을 토대로 사람들이 선택기회와 자유 및 권리 사이의 상관관계를 어떻게 인식하고 있는지를 분석했다. 그 결과 대다수 사람들은 지나치게 많은 선택기회 앞에서 무기력해지기도 한다고 한다. 바람직한 선택을 했는지 확신이 서지 않고 후회가 들기도 하면서 자기가 선택한 것에 대한 만족도가 떨어지기 때문이다. 선택의 기로에 서서 자신이 좋아하는 것과 타인이나 사회 전체가 좋아하는 것을 비교하고 선택하지 않은 것에 대한 미련 때문에 감정도 메마르게 된다는 것이다. 결국 상대방의 마음을 움직이는 커뮤니케이션을 하려면 상대방에게 선택권을 주되 부담스럽지 않은 선택의 기회를 주는 것이 중요하다.

따뜻한 속성의 단어를 사용하라

1. 영리한, 재주 있는, 부지런한, 따뜻한, 결심이 굳은, 현실적인, 조심스러운
2. 영리한, 재주 있는, 부지런한, 차가운, 결심이 굳은, 현실적인, 조심스러운

각각의 사람에 대해 그 사람을 평가하는 성격의 특징들을 알려주면서 내용은 비슷하지만 한 사람에게는 '따뜻한'이라는 단어를 넣고 다른 한 사람에게는 '차가운'이라는 단어를 추가했다. 그 결과 '따뜻한'이라는 단어가 들어간 사람에 대해서 매우 긍정적으로 평가했지만 '차가운'이라는 단어가 들어간 사람에 대해서는 매우 부정적으로 평가했다.

윌리엄스의 사람 됨됨이 속성 실험에 의하면 어떤 단어들은 다른 단어들보다 더 중요하게 생각된다고 한다. 응답자들에게 300개의 속성을 제시하고 사람의 됨됨이를 묘사하는데 있어 각 속성의 중요도를 표기하도록 하였다. 가장 중요한 10가지 속성으로 '정직한', '의지할 만한', '우호적인',

'충성스러운', '믿을 만한', '책임감 있는', '자신감 있는', '이해심 많은', '신뢰가 가는', '남을 배려하는' 등이 선정되었다. 사람들이 다른 사람의 됨됨이를 평가하는 데 있어 위의 10가지 속성들을 중시하므로, 이미지를 관리하기 위해서는 이러한 측면들에 더 많은 주의를 기울여야 하리라 짐작된다.

300개의 속성 가운데 중요하지 않은 10가지 속성은 '사교성이 없는', '미신적인', '진부한', '느린', '형식적인', '단정하지 못한', '성급한', '재빠른', '유순한', '거북한' 등이었다.

사람들은 단어의 속성뿐만 아니라 외부 환경에 의해서도 쉽게 그 사람에 대한 평가를 다르게 보여주는데 네덜란드 암스테르담 자유대학교VU: Vrije Universiteit Amsterdam 한스 이저먼 교수에 의하면 방안 공기가 따뜻한 방에 함께 들어간 사람들은 서로 친밀감을 더 빨리 느낀다고 하였다.

이저먼 교수는 "우리는 감정적으로 차갑다, 따뜻하다는 표현을 쓰는데 실제 우리 몸도 그런 변화를 느끼고 반영하고 있다"고 말했다. 그 예로 아기가 태어나자마자 엄마 품에 안기면 지극한 친밀감을 갖는다는 것이다. 아기는 익숙했던 엄마의 따스한 품에 안기면서 지극한 편안함과 안전함을 느끼게 된다. 즉, 따뜻한 기운은 행복을 느끼게 하고 우정은 안전함을 보장해 준다.

연구팀은 "관계란 온도, 언어 등 매우 기본적인 요소에 영향을 받는다"며 "이는 아기가 엄마의 품에서 표현하기 힘든 편안함을 느끼는 것과 마찬가지"라고 말했다.

실제로 손만 따뜻해도 마음까지 따뜻해진다고 한다. 미국 콜로라도대학교Univ. of Colorado 경영학과 로렌스 윌리엄스 박사와 예일대학교Yale Univ. 심리학과 존 바그 박사는 예일대학교 안 엘리베이터에서 남녀 학생 41명에게 아무 설명 없이 커피 컵을 잠깐 들어달라고 부탁했다. 커피는 따뜻한 커피와 차가운 커피 두 가지였다.

그리고 커피를 들어준 학생에게 '커피를 들어달라고 부탁한 사람에게서 어떤 인상을 받았는지'를 물었다. 그 결과 냉커피보다 따뜻한 커피를 맡긴 사람에게서 학생들은 "더 너그럽고 친절한 사람이라는 인상을 받았다"고 대답했다. 아무 이유 없이 단지 잠시 맡겨진 커피 컵의 온도에서 느껴지는 온도 차이로 사람의 인상까지 달라진다는 결과다.

두 번째 실험은 더욱 흥미롭다. 연구진은 53명의 학생에게 "제품 테스트"라고 밝히면서 치료용 패드를 손등에 붙여 줬다. 그리고 테스트에 참가해 줘서 고맙다며 아이스크림 쿠폰이나 음료 교환권 등을 본인이 가져가거나 또는 친구에게 선물로 줘도 된다고 했다. 결과는 놀라웠다. 따뜻한 패드를 붙인 학생은 자기보다 친구에게 쿠폰을 더 많이 선물했고, 반대로 차가운 패드를 붙인 학생은 친구에게 주기보다 자기가 더 많이 상품을 가져갔다. 패드의 온도 차이 하나로 이기심과 이타심이 갈리는 것이다.

이상의 실험 결과를 토대로 연구진은 "따뜻한 물건을 손에 쥔 사람은 마음까지 따뜻해지며, 테이블 건너편의 사람을 친절하고 보살펴 주는 사람으로 파악하는 경향이 있다"는 결론을 내렸다. 이런 결론을 비즈니스 현장 등에서 유익하게 활용할 수도 있다. 예를 들어서 냉철하고 지성적인 인상을 주고 싶을 때는 냉커피나 차가운 음료를, 따뜻한 인상을 주고 싶을 때는 따뜻한 찻잔을 건네는 식이다.

　윌리엄스 박사는 "따뜻하거나 차가운 물건을 만지는 등 주변 환경의 작은 물리적 변화가 우리의 행동이나 기분에 큰 영향을 미칠 수 있음을 보여 주는 연구결과"라고 말했다. 이러한 이유에 대해 미국 플로리다 탬파 소재 '노화 및 뇌 재생 센터'의 폴 샌버그 소장은 이 "우리가 어떤 사람을 '따뜻하다'거나 '차갑다'고 평가하는 말에서 우리의 심리가 외부의 물리적 환경과 직결돼 있다는 사실을 보여 준다고 했다.

　이러한 이유는 바로 '점화효과Priming Effect' 때문이다. 점화효과란 먼저 제시된 정보가 나중에 제시된 정보의 처리에 영향을 주어 미리 품은 감정이나 느낌이 다음 일에 영향을 주는 현상을 말하는데 먼저 제시된 단어를 점화 단어prime라고 하고 나중에 제시된 단어를 표적 단어target라고 한다.

　점화효과는 어떤 판단이나 이해에 도움을 주는 촉진효과와 그 반대의 역할을 하는 억제효과를 낼 수 있다. 촉진효과란 어떤 표적단어가 어떤 판단을 할 때 점화단어가 촉진되어 표적단어를 더 빠르게 떠올리게 하는 것을 말한다.

　예를 들어서 처음에 'eat'이라는 단어를 접한 피험자는 so_p라는 단어의 밑줄에 a를 넣어 'soap비누'를 만들기보다는 u를 넣어 'soup수프'를 만들어 낼 가능성이 훨씬 더 많다. 마찬가지로 처음에 'wash'라는 단어를 접한 피험자는 일시적으로 수프soup보다는 비누soap라는 단어를 떠올릴 가능성이 더 높아진다. 그래서 우리는 우리도 모르게 비행기 사고 소식을 접한 사람은 자동차를 좀 더 안전한 교통수단으로 인식하는 경향을 보이게 되는 것이다.

독일 심리학자 마누엘 투쉬Manuel Tusch는 점화 효과와 관련해서 재미있는 실험을 했다. 참가자들에게 "문이 열리자 도널드가 들어왔습니다"라는 객관적인 상황을 말한 다음, 한 그룹에게는 "아이디어가 무궁무진하다. 자신감이 넘친다"라는 긍정적인 말을, 다른 그룹에게는 "허풍이 심하다. 거만하다"라는 말을 외우게 했다. 도널드에 대한 평가는 그룹에 따라 현저하게 달랐다. 좋은 표현을 외운 참가자들은 도널드에게 긍정적인 평가를, 나쁜 문장을 외운 참가자들은 부정적인 평가를 내렸다.

이러한 점화효과는 마케팅에서도 많이 활용한다. 코카콜라의 '뉴스 후 광고 금지 정책'이 대표적인 예다. 뉴스는 보통 사회적으로 좋지 않은 일을 많이 보도한다. 그러다 보니 뉴스가 끝났을 때 시청자 대부분의 심리는 무겁고 심각해진다. 그래서 코카콜라는 점화효과로 인한 부정적인 이미지 형성을 피하기 위해 뉴스 후 광고를 금지한 것이다.

점화효과는 정치에서 가장 적극적으로 활용된다. 예를 들어서 대통령 선거에 출마한 두 후보자가 있는데, 그중 한 명은 청렴한 정치인으로 인정받는 사람이며 나머지 한 명은 구시대의 정치인이지만 경제에 대한 식견이 있고 검증된 경영 능력을 갖춘 사람이고, 언론이 대통령 캠페인 중에 때맞춰 발생한 정치인의 뇌물수수 사건을 중점적으로 보도한다고 가정해보자. 유권자는 일차적으로 '정치인 뇌물수수'를 중요한 이슈로 인식하게 되며 동시에 대통령 후보에 대한 평가를 내릴 때 '부패한 정치인인가 청렴한 정치인인가'를 중심으로 판단하게 된다.

그러나 동일한 상황에서 언론이 나라의 경제적 침체와 금융위기를 강조해서 보도하면, 유권자는 '경제적 위기'를 중요한 이슈로 인식하면서 대통령 후보에 대한 평가는 '경제를 극복할 수 있는 지식과 전망이 있는가? 없는가?'를 기준으로 판단하게 된다.

결론적으로 언론에서 '정치인 뇌물수수'를 중요하게 보도할 것인지, 아니면 '경제적 위기'를 중요하게 보도할 것인지에 따라서, 뉴스 수용자는 두 후보 가운데 한 명을 더욱 선호하게 된다. 결국 점화효과에 따라 유권자가 대통령 후보를 평가하는 기준이 달라질 수 있다.

이익의 가치를 강조하라

> 1. 이 옷은 3만 원입니다.
> 2. 이 옷은 5만 원인데 3만 원에 판매합니다.

상인이 부른 옷값은 같은 3만 원이지만 우리는 무의식적으로 후자의 경우에 더욱 이익이라는 느낌을 받게 된다. 처음에 부른 가격 때문에 전자는 3만 원짜리의 가치밖에 되지 않고 깎으려고 노력하는 금액도 기껏해야 2,000~3,000원 수준일 것이다. 그러나 후자는 처음에 제시한 금액 때문에 상품의 가치는 5만 원짜리로 평가되고 2만 원이나 깎아 줬다고 생각해 고맙게 생각되고 이익을 봤다고 여겨 쉽게 구입하고 만다.

이처럼 사람들은 처음 얻은 정보를 기준으로 그 언저리에서 답을 구하면서 새로운 정보를 받아들이지 않으려고 하는데 이것을 '앵커링 효과An-choring Effect'라고 한다.

이런 각인 현상앵커링 효과은 마치 닻을 내린 선박이 그 주변만을 도는 것과 같다고 해서 붙여진 이름이다. 앵커링은 미국의 심리학자인 대니얼 카네먼Daniel Kahneman과 아모스 트버스키Amos Tversky가 다음의 실험 등을 이용해 처음 고안해 냈다. 그들은 일반인들을 상대로 UN 가입국 중에서 아프리카 국가의 비중이 얼마인지를 묻는 실험을 했다.

실험 참가자들은 숫자판을 돌려서 그 숫자판에 나온 숫자가 UN 가입국 중 아프리카 국가의 비중보다 높은지 낮은지를 먼저 말한 다음 UN의 아프리카 국가 비중을 말했는데, 숫자판의 숫자가 낮게 나온 사람은 UN의 아프리카 국가 비중을 낮게 말했고, 숫자가 높게 나온 사람은 UN의 아프리카 국가 비중을 높게 말했다. 예를 들어 숫자판의 숫자가 10이 나온 집단은 평균 25퍼센트의 아프리카 국가가 UN에 가입했다고 말한 반면, 숫자 65가 나온 집단은 평균 45퍼센트의 아프리카 국가가 UN에 가입했다고 말한 것이다.

카네먼이 실시한 다른 실험에서는 고도가 8,848미터인 에베레스트산에 대해 아무런 정보가 없는 두 그룹의 사람들에게 산의 고도를 물었는데, 첫 번째 그룹에게는 에베레스트 산이 600미터보다 높은지 낮은지를 물었고, 두 번째 그룹에게는 에베레스트 산이 1만 4,000미터보다 높은지 낮은지를 물었다.

그 뒤 두 그룹의 답변과는 상관없이 다시 산의 정확한 높이를 추정하게 했는데, 첫 번째 그룹의 평균 추정치는 2,400미터로 나온 반면에 두 번째 그룹의 평균 추정치는 1만 3,000미터로 나왔다. 처음에 제시했던 기준점에 따라 사람들의 대답이 달라졌던 것이다.

이러한 앵커링의 형태는 우리 주위에서 다양하게 나타나는데 특히 마케팅에서 적극적으로 활용된다. 예를 들어 미국의 유명한 케이블업체는 한 달 시청료를 우리 돈으로 5,000원 인상했다. 그냥 일방적으로 5,000원 인상이라고 통보했으면 시청자들 불만이 폭발했겠지만 다음과 같이 가입자 안내문을 보냈다.

'최근 저희 케이블 시청료를 1만 원이나 올릴 거라는 소문을 들으셨다면 안심하십시오. 저희는 이러저러한 이유로 시청료를 1만 원 올릴 요인이 발생했지만, 5천 원만 올리기로 결정했습니다.' 그랬더니 가입자 불만이 훨씬 줄어들었다.

1994년 미국에서 한 사건이 발생했다. 맥도널드의 드라이브 스루_{차를 탄 채로 이용할 수 있는 매장}에서 커피를 산 여성이 뜨거운 커피를 엎지르는 바람에 허벅지와 사타구니에 큰 화상을 입었다. 이 여성은 맥도널드를 상대로 소송을 제기했고, 배심원단에게 286만 달러나 되는 엄청난 손해배상금을 인정받았다.

과거에도 비슷한 화상 사건이 있었는데 그때는 배상액이 고작 23만 달러에 불과했다. 대체 이렇게 큰 배상 금액이 인정된 이유는 무엇인가? 기준점과 관련이 있었다. 이 사건에서 맥도널드 측의 과실은 분명했다. 하지만 문제는 도대체 얼마만큼의 배상금이 적절한가 하는 점이었다.

피해자 측 변호사는 배심원들에게 이런 제안을 했다.

"배심원 여러분, 맥도널드는 전 세계에 커피를 판매하고 있습니다. 이번에 큰 화상을 입은 저희 고객에게 맥도널드 측에서 하루 혹은 이틀 동안 커피를 판매한 매출액을 배상금으로 지급하는 건 어떨까요?"

배심원들이 전 세계에 있는 맥도널드에서 파는 커피의 하루 매출액을 알 리 없었다. 또한 피해자 측 변호사는 왜 전 세계 매출의 하루 또는 이틀분인지 그 근거는 제시하지 않았다. 하루 또는 이틀분이라고 말하면 분명히 그리 많은 금액이라고는 상상하지 않기 마련이다. 하지만 실제 매출액은 하루에 135만 달러나 되는 엄청난 금액이었다.

그렇게 맥도널드의 커피 하루 매출액인 135만 달러가 배심원들에게 기준점이 되었다. 배심원들이 금액을 논의할 때 개중에는 96만 달러를 주장하는 배심원도 있었다고 한다. 하지만 지나치게 고액이라는 이유로 결국 징벌적 손해배상은 270만 달러, 즉 당시 맥도널드 전체 점포의 이틀치 커피 매출액으로 결정되었다. 거기에 보증적 손해배상금 16만 달러를 더한 총 286만 달러를 배심원단은 결론으로 내놓았다.

다만 재판관은 이 금액이 지나치게 많다고 생각했는지 배심원단이 내린 징벌적 손해배상금을 48만 달러로 깎았다. 그래도 16만 달러와 합치니까 64만 달러라는 큰 금액으로, 과거의 판례였던 23만 달러를 훨씬 웃도는 액수가 되었다.

상대방에게 믿음을 줘라

> 1. 오빠 좋지?
> 2. 오빠 믿지?

　H백화점이 올 상반기 의류/잡화 등 패션 쪽 매니저들 가운데 판매 실적과 고객관리 능력이 우수한 판매사원 290명에게 설문조사한 결과 판매왕 33.1퍼센트는 물건을 살지 말지 망설이는 고객을 설득하는 데는 '절 믿어 보시라니까요'를 1위로 꼽았다. 상품만족도뿐만 아니라 판매자에 대한 신뢰감 역시 중요하다는 것이다. 다니엘 오키프Daniel O'Keefe는 '신뢰감'은 대화하는 상대방이 내린 결정의 적절성을 판단하는 근거라고 했다.

　상대방에게 신뢰감을 주기 위해서는 말하는 방법이 중요하다. 악센트가 이국적일수록 듣는 사람들은 그 사람과 그 사람이 하는 말을 신뢰하지 못한다는 연구결과가 나왔다. 미국 시카고대학교 보아즈 케이자 교수 연구팀은 거주지 배경이 서로 다른 세 그룹의 사람들이 말하는 것을 듣고 얼마나 믿을 수 있겠는지 평가하게 하는 실험을 했다. 즉, 현지인과 외지인 중에 외국인 악센트가 심한 사람, 악센트가 강하지 않은 사람이 각각 "얼룩말은 낙타보다 물 없이 더 오래 걸을 수 있다"라는 말을 읽게 하고 얼마나 신뢰감이 드는지 연구대상들이 평가하게 했다. 말하는 사람이 혹시 아는 사람이면 실험결과에 영향을 주기 때문에 신상정보를 일절 밝히지 않았다.

실험결과 말하는 사람들이 주어진 대본을 읽었다는 것을 알면서도 듣는 사람들은 말하는 사람의 악센트가 어색할수록 믿을 만하지 못하다는 반응을 보였다. 듣는 사람들은 현지인에게는 10점 만점에 평균 7.5점, 약간 어색한 악센트에는 6.95점, 아주 티나는 이국적인 악센트에는 6.84점을 매겼다.

케이자 교수는 "악센트가 아주 강해 말을 잘 알아듣기 힘들면 듣는 사람은 무슨 말인지 잘 알아듣지 못하고 이 때문에 말하는 사람을 믿을 만하지 못하다고 여기게 된다"고 설명했다.

연구팀은 두 번째 실험에서는 이 실험이 '악센트가 말하는 사람의 신뢰도에 어떤 영향을 주는지 알아보는 실험'이라는 것을 미리 알려주고 처음과 같은 방식으로 실험했다. 악센트가 자기 판단에 영향을 준다는 사실을 의식하면 실험참여자들이 어떻게 반응하는지 알기 위해서다.

두 번째 실험은 첫 번째 실험과 차이가 컸다. 두 번째 실험 참여자들은 약간 어색한 악센트를 가진 사람의 신뢰도를 현지인과 같게 평가했다. 반면 악센트가 아주 강하고 어색한 사람에 대해서는 여전히 가장 낮은 신뢰도를 매겼다.

케이자 교수는 "최근 국제간 인적 교류가 매우 활발해지는데 외국인이 현지어를 말하는 것을 사람들이 어떻게 받아들이고 이해하는지 알아보는 연구였다"면서 "가령 외국인이 구직자, 목격자, 리포터, 전화 상담원이었을 경우, 현지인들이 악센트에 따라 신뢰도를 달리 느낀다는 것을 확인했다"고 말했다.

그리고 같은 말이라도 전문용어를 쓰면 더 쉽게 믿는 경향이 있다. 실제로 표현하는 단어에 따라 부모들이 자녀를 참여시키고 싶은 의사가 다르게 나타난다는 연구결과가 나왔다. 미국 워싱턴대학교와 시애틀어린이병원 연구진은 미국 피츠버그어린이병원 응급실을 찾은 94명의 부모들을 대상으로 설문조사를 했다.

연구진은 부모들에게 '조사연구Research Study', '연구과제Research Project', '연구실험Research Experiment', '의학실험Medical Experiment', '의학연구Medical Study' 5개의 용어를 제시하며 자녀를 어떤 연구에 참여시키고 싶은지 의견을 물었다.

그 결과 5개의 단어가 같다고 생각하는 부모는 18퍼센트에 불과했다. 5개의 단어가 다르다고 생각하는 부모 가운데 대부분이 '조사연구'에 자녀를 참여시키고 싶다고 답했으며 '연구과제', '의학연구', '의학실험'에는 참여시키고 싶지 않다고 답했다.

또한 부모들은 '의학'이나 '실험'이라는 단어를 부정적인 의미를 함축하고 있다고 여기는 것으로 나타났다. 연구진은 "응답자 가운데 63퍼센트가 이 단어들의 차이를 안전성과 연관시켰다"며 "반드시 필요한 처치가 아니라도 전문용어로 설명한 임상시험에 대해서는 안전하다고 생각하는 경향이 있다"고 말했다.

미국 오하이오대학교 연구진은 학생 138명을 대상으로 심리학에서 '죄수의 딜레마'라 불리는 게임을 2인 1조로 하도록 했다. 이 게임은 두 범인이 경찰서에 잡혀간 상황을 전제로 한다. 둘이 각자 다른 방에서 취조를 받는 상황에서 두 사람 다 끝까지 범행을 부인하면 모두 풀려나올 수 있고 상황1 반면 둘 다 자기만 살겠다는 생각에 동료의 범행을 얘기하면 둘 다 처벌받는다상황2. 또한 한 사람이 동료의 범행을 얘기하고 나머지는 신뢰를 지키면 신뢰를 지킨 사람만 처벌받게 된다상황3는 상황이다.

게임 참가자들은 이 게임의 원리를 잘 알고 있었다. 연구진은 그래서 둘 다 의리를 지키면상황1 24달러씩을 주고, 둘 다 배신하면상황2 6달러씩을 주며, 1명만 의리를 지키면상황3 의리를 지킨 사람에게 6달러, 배신자에게 30달러를 준다고 미리 알려 줬다.

실험 참여자들은 다른 사람과 원격 게임을 하는 것으로 알았지만, 실제로는 컴퓨터와 게임을 했다. 총 30번씩 결정을 주고받는 동안, 컴퓨터는 특정 시점에서만 상대를 배신하도록 프로그래밍했다.

A그룹은 첫 번째와 두 번째 게임에서 바로 배신하도록 프로그램된 컴퓨터와 게임을 했고, B그룹은 6, 7, 12번째에서 배신을 당하도록 되어 있었다. C그룹은 처음부터 끝까지 계속 신뢰 관계를 유지하는 컴퓨터와 게임을 했다. 이렇게 배신하도록 정해진 회차 이외에 컴퓨터는 시종 협력적인 태도로 게임에 임하도록 프로그램 됐다.

20번째까지 게임을 마치고 10번 남은 상황에서 연구진은 학생들에게 "남은 게임이 중요하다. 당신이 배신하면 당신과 상대방의 신뢰는 회복할 수 없다. 단, 당신이 정말 상대방을 신뢰하지 못한다면 남은 게임이야말로 당신이 상대를 골탕먹일 마지막 기회"라고 알려 줬다. 게임 종반부에 신뢰를 회복하도록 촉구한 지시였다. 이렇게 촉구했음에도 불구하고 초장에 배신을 당한 A그룹은 끝까지 상대를 믿지 못했다. 게임 중반에 배신을 경험한 B그룹은 마지막 10번 게임에서 90퍼센트 이상이 의리를 지키려 노력하는 모습을 보였다.

게임 종반에서의 신뢰 회복 노력은 B그룹이 오히려 C그룹보다 높았다. 시종일관 협조적 자세를 유지한 C그룹의 컴퓨터에게 인간 참여자들이 '마지막 사기'를 치려 들며 일부 배신 행동을 한 결과였다. 반면 중간에 배신을 당했지만 상대방이 개과천선하는 것처럼 보이도록 프로그래밍된 B그룹의 컴퓨터에 대해 참여자들은 신뢰를 회복하기 위해 애썼다는 결론이다.

게임 뒤 참가자들을 대상으로 한 설문 조사에서도 A그룹은 상대를 부정적으로 평가했지만, B그룹은 상대를 덜 부정적으로 봤다. 연구를 주도한 로버트 라운트 교수는 "신뢰 관계를 원한다면 처음에 잘해야지 처음에 배신을 하면 관계는 돌이킬 수 없게 된다"며 "영화에선 '처음엔 미워하다 나중엔 사랑하게 된다'는 설정이 자주 나오지만, 실제 인간관계에서 이런 일은 거의 없다"고 말했다.

그는 또한 "B그룹의 결과에서 알 수 있듯 일단 강한 신뢰 관계를 형성한 뒤에는 중간에 실수나 배신을 해도 노력을 통해 신뢰 관계를 회복할 수 있다"고 덧붙였다.

구체적으로 제시하라

> 1. 좀 도와주세요.
> 2. 동전 하나만 도와주세요.
> 3. 37센트만 도와주세요.

한 연구에서 학생들을 거지로 변장시켜 구걸을 시켰다. 구체적인 요금을 요구하지 않은 학생들의 구걸 성공률은 44퍼센트였고 동전 하나만 요구를 한 학생들의 성공률은 64퍼센트였다. 그러나 구체적으로 특정 금액을 요구한 학생들은 구걸 성공률이 75퍼센트나 되었다.

구체적 표현에 관한 설득 효과는 다른 실험에서도 입증됐다.

> 1. 최근 과학자들은 중요한 물리적 제약에 관해 놀랍도록 정확한 수준까지 계산해낸 바 있다. 어느 정도까지 정확하냐면 태양에서 지구로 돌을 던졌는데 목표지점에서 600미터 이내에 떨어졌다고 생각해 보라.
> 2. 최근 과학자들은 중요한 물리적 제약에 관해 놀랍도록 정확한 수준까지 계산해 낸 바 있다. 어느 정도까지 정확하냐면 서울에서 부산으로 돌을 던졌는데 목표지점에서 1센티미터밖에 어긋나지 않았다고 생각해 보라.

두 문장 중 어느 것이 더 정확하게 느껴지는가? 두 표현 중에 목표지점에서 600미터 이내에 떨어졌다고 말한 내용에는 응답자의 58퍼센트가 정확하다는 느낌을 받았지만 목표지점에서 1센티미터밖에는 어긋나지 않았다고 말한 표현에는 83퍼센트가 더 정확하다는 느낌을 받았다고 한다.

심리학자인 와이네트Wynette는 '전기를 끄고 다닙시다'라고만 써진 표어보다는 '이 방구석에 전기 스위치가 있습니다. 그 스위치로 전기를 꺼서 낭비를 줄입시다'라는 식으로 조금 더 구체적인 문구로 지시하는 편이 효과적이라고 했다. '감기에 걸리지 않도록 주의하라'고 하기보다 '외출하고 돌아오면 반드시 손을 씻도록 하라'처럼 구체적으로 지시하는 것이 설득력이 더 뛰어나다.

구체적인 설명을 할 때 사람들은 구체적으로 행동에 옮긴다. 얼리Earley, P. C.라는 심리학자가 참가한 연구 그룹이 실시한 실험에 다음과 같은 것이 있다. 우선 A공장의 감독자에게는 될 수 있는 한 최선을 다하라는 지시를 내리게 하였다. 다음으로 B공장에서는 업무를 만전하게 실행하기 위한 주의사항이나 상세한 운반 수속 등을 가능한 구체적으로 지시하도록 했다.

결과는 구체적인 지시를 내린 B공장 쪽에서 훨씬 더 생산성이 향상되었다. 어렵고 복잡한 일일수록 추상적인 지시나 목표설정이 생산성을 떨어뜨린다는 것이다. 추상적인 표어만으로는 사람을 움직이게 할 수 없다.

프랑스의 철학자 알랭은 이렇게 말했다. '추상적인 문체는 어떤 경우에도 좋지 않다. 당신의 문장을 돌이나 금속, 의자나 테이블, 동물이나 남자

또는 여자로 채워야 한다'고 했다. 상대의 마음을 움직이려면 언어를 쉽게 단순하고 짧게 그리고 구체적으로 말할 수 있는 능력을 길러야 한다. 추상적인 말은 쉽게 접수되지 않는다. 구체적인 것은 생각하지 않아도 들린다.

눈에 보이지 않을수록, 귀에 들리지 않을수록 한 눈에 들어오게, 단번에 귀를 사로잡게 하는 것이 있다. 바로, 숫자의 힘이다. 숫자로 말하면 무엇을 말하든 구체적이고 설득력 있게 만드는 힘이 있다. 그래서 구체적으로 말하려면 숫자를 이용하는 것이 좋다.

숫자를 분석하는 탁월한 능력으로 이베이를 미국 역사상 가장 빠르게 성장한 기업으로 만든 멕 휘트먼Meg Whitman 회장은 "측정이 불가능하면 관리도 불가능하다"고 말했다. 그리고 업무에 큰 변화를 가져오는 의사 결정을 해야 할 때일수록 숫자 마인드가 필요하다고 강조했다. 그는 기획서에도 제품에 대한 숫자 데이터를 구체적으로 반영하도록 했다.

숫자는 권위에 대한 복종과 같은 심리를 지니고 있다. 때문에 광고의 경우에도 가능한 한 숫자로 성능이나 효용을 표시하려는 노력이 뒤따르고 있다. 예를 들면, '상위 1퍼센트만이 타는 차'라는 고급 자동차 광고, '주스 의학에 3천 2백만 달러를 쏟았다'는 쥬스 광고, '2초 이상 망설였다면, 당신은 아직 멀었다'는 SUV 자동차 광고들이 그렇다.

상품명도 숫자를 이용하는 경우가 많다. '2080치약', '2% 부족할 때', '비타500' 등이 그렇다. 속초까지 2시간 10분이라는 고속버스 광고도 더욱 가깝고 빠르다는 느낌을 주고 굳이 2시간대라고 하지 않고 2시간 10분이라고 해서 더욱 신뢰감을 주게 되는 것이다.

약점은 미리 전달하라

> 1. 아스피린은 좋은 약이다
> 2. 아스피린은 좋지만 가끔 속이 쓰릴 때도 있다

맥과이어의 일리노이대학교Illinois Univ. 학생들을 대상으로 아스피린에 대한 정보를 제공했는데 먼저 A그룹에게는 의심할 여지가 없는 '아스피린이 좋은 약이다'라는 긍정적인 문장을 읽어보게 하고 B그룹에게는 '아스피린이 좋지만 가끔 속이 쓰릴 수도 있다'는 다소 비판적인 문장을 읽게 하였다. 그런 다음 아주 비판적인 내용의 문장을 읽게 하면서 그 의견에 동의하는지를 물었다. 그랬더니 '아스피린은 좋다'는 정보를 들은 A그룹의 사람들은 자신이 가지고 있던 의견을 바꾸어 자신이 읽은 내용을 지지하지 않았지만 '아스피린은 가끔 속이 쓰릴 수 있다'라고 약점을 미리 말한 B그룹은 의견을 바꾸지 않고 자신이 읽은 내용을 계속 지지하였다.

이처럼 나쁜 정보를 미리 가볍게 흘리면 상대방은 사전에 면역이 되어 더 큰 나쁜 소식을 들어도 크게 타격을 받지 않고 다른 새로운 정보에도 쉽게 흔들리지 않는데 이러한 심리를 '면역 효과Inoculation Effect'라고 한다.

마치 예방 주사나 백신을 미리 맞으면 항체가 형성되어 독감에 쉽게 걸리지 않듯이 면역을 시킨다는 것은 내 약점을 미리 조금씩 흘려두게 되면 사람들은 이에 면역이 되어 나중에 경쟁자가 나쁜 소식을 전하더라도 별로 영향을 받지 않게 된다.

실제로 미리 약한 설득 메시지를 받으면 향후 강한 설득을 당해도 저항할 수 있다. 1950년대 미군 병사들은 이 이론에 따라 공산주의의 약한 메시지에 의도적으로 노출되기도 했다. 공산주의에 실제로 세뇌당하는 것을 막기 위한 조치였다.

물론 자기의 단점이나 불리한 정보를 들춰낸다는 것은 별로 기분 좋은 일이 아니다. 그러나 차후에 더 크게 생길 영향을 미리 잠재우고, 솔직함이 신뢰를 얻을 수 있다는 점에서 충분히 가치가 있는 일이다. 나쁜 소식은 내가 알리지 않아도 누군가의 입을 통해서 퍼져나가게 될 경우가 많다. 그러나 어차피 알려질 사실이라면 내 입으로 알리는 것이 좋을 수 있다. 어떤 문제를 이야기할 때 그것은 이를 이야기하는 사람의 관점에 따라 매우 다르게 표현될 수 있기 때문이다. 나의 단점을 경쟁자가 끄집어낸다면 실제보다 훨씬 더 과장되어 전파될 수 있다.

메시지를 전달하는 과정에서 상대방에게 부정적인 내용이 있다면 적극적으로 사전에 고백하면 두 가지 측면에서 목표 달성을 도와준다. 첫째, 상대방에게 당신이 신뢰할 만한 사람이라는 인상을 심어준다. 둘째, 당신 스스로 결함을 드러내보였기 때문에 상대는 더 이상의 의심을 거두고 안도하게 된다.

면역효과는 특히 나쁜 소식을 전할 때 훨씬 효과적이다. 조직에서는 임금 삭감, 대규모 인원 감축 등 불가피하게 나쁜 소식을 전해야 할 때가 있다. 그런데 이때 말하는 방식을 바꾸면 직원들의 충격을 줄여주고 사기가 떨어지는 것을 조금이나마 막을 수 있다.

중요한 것은 '말하는 방식'을 '듣는 사람의 심리 상태'에 맞춰서 고려해야 한다는 것이다. 실제 예를 보자. 2009년 원유 가격이 치솟아 많은 항공사들이 어려움을 겪었다. 미국의 저가 항공사인 에어 트랜도 480명의 직원들을 내보내기로 하고 직원들에게 말했다. "우리는 상황이 저절로 개선되기를 기다릴 수 없다. 경쟁력을 갖추기 위해 인원을 감축하기로 결정했다. 잠깐의 진통은 따르겠지만 우리는 이를 통해 한 단계 더 성장할 수 있을 것이다." 에어 트랜은 인원 감축으로 기업의 경쟁력이 높아질 것이라는 긍정적인 효과를 강조했다.

같은 시기에 노스웨스트항공도 전체 인원의 8퍼센트인 2,500명을 해고해야 했다. 그들의 메시지는 다음과 같았다. "갑작스러운 연료비 상승으로 우리는 지금 파산을 코앞에 두고 있다. 이를 막기 위해서는 규모를 줄이고 수익이 떨어지는 비행 노선을 줄이는 방법뿐이다. 그 과정에서 안타깝지만 인원 감축을 결정하게 됐다." 인원 감축을 하지 않으면 기업이 파산할 것이라는 부정적인 피해를 강조한 셈이다.

어느 쪽이 더 설득력이 있었을까. 2,500명의 직원을 내보낸 노스웨스트가 480명을 해고한 에어 트랜보다 반발이 적었다. 이유는 바로 직원들의 심리 상태 때문이다. 인원 삭감 소식을 전할 때 가장 신경 써야 할 부분은 해고를 당하는 사람들의 마음이다.

이들은 앞으로 어떻게 될지 모른다는 불안감과 함께 부정적인 피해를 예측하고 있다. 그러니 '회사가 살아남기 위해 어쩔 수 없다'고 하면 힘은 들지만 어느 정도 수긍한다. 그런데 '우리 기업이 잘 되려면 내보낼 수밖에 없다'는 말을 들으면 어떨까. '회사만 잘 되겠다고 날 희생시킨다는 말인가'하는 마음이 생길 수 있다.

  안 좋은 말을 불가피하게 전해야 하는 직업으로 의사들이 있다. 완치가 불가한 사람에게 소위 '나쁜 소식 전하기 Breaking Bad News'인데, 의사와 환자 간 의사소통에서의 중요한 주제이기도 하고 많은 경우 의료인의 입장에서는 어려워하는 일이기도 하다. 환자들은 의사가 희망을 주기를 원하지만, 치료의 한계를 명확히 객관적으로 전달하는 것은 의사의 의무이기 때문에 나쁜 소식을 전할 수밖에 없다.

  환자에게 나쁜 소식을 전하는 것은 어려운 일이다. 그렇다고 제대로 말해주지 않으면 환자가 헛된 희망을 품고 있다가 상태가 나빠지면 언제 의사에게 책임을 전가할지 모른다. 즉 완치가 안 되는 치료라는 것을 명확하게 말해놓지 않으면, 환자는 완치가 된다고 믿게 되고, 그렇게 믿고 있다가 병이 악화되면, "고쳐준다고 하지 않았나요, 왜 내가 이렇게 되었죠?"라면서 따질지도 모른다는 것이다. 그렇다고 안 좋은 소식을 단도직입적으로 전하면 피도 눈물도 없는, 인술이 부족한 의사로 낙인찍힐 수도 있다는 것이다. 이럴 때도 마찬가지로 안 좋은 소식을 미리 전하되 '말하는 방식'을 '듣는 사람의 심리 상태'에 고려해 다음과 같은 순서에 따라 말하는 것이 좋다.

1. 정확한 진단을 조심스레 전하라.
   단, 충격을 줄 수 있으므로 너무 구체적으로 말하면 안 된다.
   - 당신은 4단계 폐암입니다.
2. 치료 방법들을 설명하라.
   - 임상 실험 중인 치료가 있는데 생각해 볼 수 있습니다.
3. 연관된 생존 확률에 대한 통계를 제시하라.
   - 이 단계의 환자들 중 4분의 1은 1년 이상 생존합니다.
4. 허황된 희망을 무턱대고 키우지는 말되, 낙관적으로 말하라.
   - 상황은 좋지 않습니다만 저희도 최선을 다하겠습니다.
   환자분도 희망을 잃지 말아주셨으면 좋겠습니다.
5. 침묵 속에 잠시 환자와 함께 앉아 있어라.
   힘든 감정을 공유하라 Sitting with the patient for a period of time.
6. 환자가 자신의 감정 표현이나 질문을 할 수 있게 배려한다.
7. 가족들에게 병명과 병세를 전해야 할 지 물어보라.
8. 환자가 최초의 충격을 소화해 낼 정도가 되면,
   그 다음 단계를 밟기 위한 약속을 잡도록 하라.

아이의 이미지를 끌어들여라

> 1. 초보운전
> 2. 아이가 타고 있어요

운전하다 보면 앞차 뒤 유리창에 붙은 스티커 문구를 자주 목격하게 된다. 주로 초보운전을 알리는 내용이다. '초보운전'이라는 문구가 가장 대표적이지만, 요즘엔 다른 표현도 늘었다. 인터넷 쇼핑몰에는 위트 넘치는 차량 스티커들이 용도별·차종별로 많이 나와 있다. '어제 면허 땄어요', '당황하면 후진', '오대 독자. 안전하게 대代 좀 이읍시다', '이 이상 빨라지지 않아요' 등은 애교가 있다. '직진만 두시간 째', '차주 성격 있음', '저도 제가 무서워요' 같은 문구는 웃음을 머금게 한다. 그러나 가장 많이 조심하게 만드는 스티커 문구는 역시 '아이가 타고 있어요'다.

영국 하트퍼드셔대학교의 심리학자 리차드 와이즈먼은 사람들이 우연히 주운 지갑을 돌려주고 싶은 마음이 들게 하려면 어떻게 해야 하는지에 대한 독특한 실험을 했다.

길에서 지갑을 우연히 주었다고 생각해 보라. 어떻게 할 것인가? 경찰에 신고할 것인가? 주인에게 돌려줄 것인가? 그냥 가질 것인가? 사실 우연히 주운 지갑은 주인에게 돌려주어야 한다는 긍정적인 마음이 생기기 쉽지 않은 물건인데 리차드 와이즈먼은 스코틀랜드 에든버러 시 주민들에게 240개의 지갑을 사람들이 많이 다니는 거리에 은밀하게 떨어뜨려 놓았다. 단 우체통이나 쓰레기통, 토사물, 개똥이 있는 곳은 피했다.

그리고 그 지갑 안에는 복권, 할인쿠폰 등 똑같은 물건을 넣고 40개씩 여섯 개 집단으로 나누었다. 4개의 집단에는 사진을 각각 한 장씩 넣었는데 웃는 아기, 귀여운 강아지, 행복한 가족, 만족스런 표정을 짓고 있는 노부부의 사진을 넣었고 한 집단에는 자선단체에 기부했음을 증명하는 카드를 넣고 마지막 집단은 대조군으로 아무것도 추가하지 않았다.

그리고 사람들이 많이 다니는 지역에 무작위로 지갑을 떨어뜨려 놓았는데 일주일 안에 정확하게 100개가 돌아왔다. 42퍼센트의 회수율이면 그리 나쁜 성적은 아니었다.

6개 집단 중 무엇을 넣은 지갑이 다시 찾았을 확률이 높았을까? 일부러 잃어버린 각 40개씩의 지갑 중 먼저 아무것도 넣지 않은 지갑은 겨우 6개만 돌아왔고 기부카드는 8개, 노부부 사진은 11개, 강아지 사진은 19개, 가족사진은 21개가 돌아왔는데 가장 성적이 좋은 것은 웃는 아기 사진을 넣은 지갑으로 35개 88퍼센트가 돌아왔다.

리처드 와이즈먼은 아기가 사람들의 보호 본능을 자극했다고 말했다. 이는 수만 년에 걸친 인간 진화의 산물이라는 것이 과학자들의 생각이다. 약한 아기에게 동정심을 느끼고 도와주고 싶은 마음이 들어야 후세대의 생존을 보장할 수 있기 때문이다. 결국 아기를 돕고 행복하게 해주고 싶은 우리의 부모 본능이 지갑을 주인에게 돌려주고자 하는 마음이 들게 한 것이다.

아기 얼굴 사진을 붙인 다트판을 이용한 연구도 비슷한 결과를 얻어냈다. 연구 참가자들에게 다트 여섯 개를 주고 과녁을 맞힐 때마다 25센트를 줬다. 그런데 얼굴모양 동그라미에 여섯 개를 미리 던져보도록 연습 기회까지 줬음에도 불구하고 아기 얼굴에 다트를 던지게 하자 전보다 정확도가 떨어졌다.

옥스퍼드 대학의 뇌 과학자들은 아기나 어른 얼굴 사진을 보여주었을 때 사람들의 머릿속에서 어떤 일이 일어나는지를 조사해 보았다. 사람들의 눈 바로 뒤쪽에 위치한 뇌 부위 내측안와 전두부 피질부위가 1초/7분 만에 반응을 보였지만 어른 얼굴을 보았을 때는 그런 반응을 보이지 않았다. 그 반응은 의식적으로 제어할 수 없을 만큼 빨리 일어났는데 해당 뇌 부위는 복권 당첨 같은 멋진 보상을 받았을 때 그런 반응을 보인다고 한다.

어른들이 이렇게 아기들에게 약한 모습을 보이는 것을 아기들은 알고 있을까? 실제로 아기들은 단지 부모의 주의를 끌려고 별 이유 없이 운다고 한다. 일본 도쿄의 성심대학 연구팀이 생후 1년 미만인 두 명의 아기들을 6개월 넘게 관찰해 얻은 결론이다. 연구팀은 아기들이 울음을 터뜨리기 전후의 감정 변화들을 관찰했다. 아기들은 울기 전에는 칭얼대는 소리를 낸다든가 얼굴을 찡그린다든가 반대로 미소를 짓거나 웃음을 짓거나 했다. 연구팀은 아기들이 엄마의 주의를 끌어서 자기 곁으로 다가오게 하거나 놀아달라는 뜻을 전하기 위해 '숙고'한 다음에 울지 말지를 결정하는 것으로 보인다고 설명했다.

연구를 이끈 히로코 나카야마 교수는 "아기들은 의도적으로 가짜울음을 지을 수 있는 듯하다"고 말했다. 이럴 때 엄마들은 어떻게 해야 할까.

나카야마 교수는 "이를 부정적으로 받아들여서는 안 된다"면서 "가짜울음을 울 때조차도 엄마들은 이에 반응을 보여주는 게 좋으며 그럴 때 아기와의 친밀성이 더 높아진다"고 말했다.

광고업계에서 통용되는 지식 중에 '3B'라고 하는 것이 있다. Beauty미인, Beast짐승, 그리고 Baby아기가 나오면 소비자들이 더 많이 주목하고 우호적인 반응을 이끌어낼 수 있다는 것이다. 그 중에서도 아기나 어린이가 등장하는 광고의 메시지에 대해서 일종의 경계 심리를 갖고 있는 사람들을 편안하게 하여 광고 메시지를 더 잘 받아들이고 덜 의심하게 한다. 아이는 보기만 해도 귀엽고, 도와주고 싶고, 이해하고 싶은 그런 존재이기 때문이다.

또, 광고가 전달하고자 하는 메시지를 보다 부드럽게 전달할 수 있고 아기 모델은 모성애를 자극하거나 천진난만한 모습으로 보는 사람들에게 미소를 짓게 함으로써 브랜드에 대한 호감을 높인다. 그리고 이러한 효과로 아기 모델은 분유, 기저귀, 아동용품 외에도 휴대폰, 식품, 정수기 등 다양한 제품의 광고에 자주 등장한다.

'예'라고 대답하도록 만들어라

> 1. 나 좋은 남자야 → 아니요
> 2. 당신은 나를 좋은 남자가 되고 싶게 만들어 → 예

영화 〈이보다 더 좋을 순 없다〉1997에서 보도블록의 금을 밟는 것조차 허용하지 않는 괴팍하고 강박적인 남자 멜빈잭 니콜슨. 그가 누군가에게 사랑을 말한다는 건 있을 수 없는 일이었다. 하지만 웨이트리스인 캐롤헬렌 헌트을 만나고 그녀에게 조금씩 마음을 열게 되면서 프러포즈를 하겠다는 용기가 생겨난다. 멜빈은 변죽 울리듯 다른 얘기를 늘어놓다가 크게 심호흡을 한 후 그는 꽤 긴 시간 동안 갈고 다듬었을 법한 고백의 한 줄 대사를 전한다. "당신은 내가 더 좋은 남자가 되고 싶게 만들어." 그리고 눈치를 살피는 멜빈에게 캐롤은 답한다. "내가 받아 본 최고의 칭찬이에요."

만약에 잭 니콜슨이 사실은 자신은 좋은 남자고 그래서 자신과 사귀자고 했으면 단박에 '아니오'라는 대답을 들었겠지만 자신이 까다롭고 문제가 있지만 당신만 보면 좋은 남자가 되려고 애쓰고 있는 것 보이지 않으냐며 마음속으로 '그렇다'는 긍정적인 대답을 이끌어 냈기 때문에 상대방의 마음을 움직일 수 있었던 것이다.

이처럼 대화할 때 '예'라는 대답이 나오도록 계속 질문하면 마지막에 '예'라고 긍정적인 대답을 쉽게 이끌어낼 수 있게 된다. 상대가 일단 '아니오'라고 말하게 되면 그것을 되돌리는 일은 여간 어려운 것이 아니다. 왜냐

하면 '아니오'라고 한 이상 그것을 반복하는 것은 자존심이 허락하지 않기 때문이다. '아니오'라고 대답하고 후회하는 경우도 있을지 모르지만, 설령 그렇다 하더라도 자존심을 굽힐 수 없어서 말을 꺼낸 이상 끝까지 고집하는 경우가 많다. 그래서 처음부터 '예'라고 대답할 수 있는 방향으로 이야기를 끌고 가는 것이 대단히 중요하다.

카네기의 인간관계론 내용 중에 미국의 심리학자 해리 A. 오버스트리트 교수에 의하면 '아니오'라는 반응은 가장 극복하기 어려운 장애 요인이다. 사람들은 일단 한 마디 하고 나면 자신이 한 말을 고집해야겠다는 생각을 갖는다. 마치 당구공의 움직임과도 같다. 구르는 공의 방향을 바꾸려면 많은 힘이 든다. 데일 카네기에 의하면 심리적으로 '아니오'라는 말 속에는 그 말 한마디보다 훨씬 더 많은 행위가 내포되어 있다. 인체의 모든 기관, 즉 편도선, 신경, 근육 등이 모두 한데 어우러져 거부 상태를 빚어낸다. 대개는 미미한 정도지만 때로는 눈에 띌 정도로 심하게 육체의 거부 현상이 일어난다. 즉 신경과 근육의 전 조직이 거부의 태도를 취하는 것이다.

이와는 반대로 '네'하고 말할 때는 그와 같은 위축 현상이 일어나지 않는다. 이때의 신체 기관은 전향적이고 수용적이며 개방적인 상태가 된다. 그러므로 처음부터 '네'하는 대답을 많이 유도해 내면 제안 사항에 대해 청중의 관심을 끌 수 있는 가능성도 높아진다.

이런 식의 설득 방법을 '소크라테스 방법론'이라 부른다. 소크라테스는 사람들의 생각이 틀렸다고 지적하지 않았다. 그의 방법은 '네'라는 반응을 유도해 내는데 그 바탕을 두고 있다. 소크라테스는 자기와 의견을 달리하는 사람들이 동의하지 않을 수 없는 질문들을 했다. 그리고는 한 가지씩 상대방의 동의를 구해 나갔다. 그는 상대방이 불과 몇 분 전만 해도 기를 쓰고 반대했을 어떤 결론을 상대방이 미처 깨닫기도 전에 스스로 수용할 때까지 계속 질문했다. 긍정적 답변을 던지는 말을 계속하면 상대방은 스스로 설득되어 '해야 된다'라는 긍정적인 결정을 하게 된다는 것이다.

마음을 움직이는 이런 방법을 'Yes set' 기술이라고 한다. 'Yes set' 기술은 상대방이 부정할 수 없는 어떤 사실적 상황이나 내용에 대해서 예스로 자연스럽게 답하게 만들고, 처음에 어떤 질문이라도 상대방에게 'no'가 아닌 'yes'가 나올 수 있도록 질문을 하는 것이다. yes라는 대답이 나올 질문들을 연달아 던지면, 상대는 결국 no라고 대답하기 힘들게 된다는 것이다.

심리학에서는 yes라는 말을 네 차례 이상 반복한 다음에 곧바로 no라고 거절하기 힘들다는 실험 결과가 이미 나와 있다. 이런 심리를 '사면초가기술Four Walls Technique'이라고 이름붙인 연구자도 있다. 즉 '네 개의 벽'으로 상대의 주위를 빙 둘러싸면 도저히 빠져나올 수 없다는 의미이다. yes라는 대답이 나올 만한 질문을 네 번 이상 연속적으로 던지게 되면 상대는 틀림없이 나에게 긍정적인 대답을 하게 되고 만다는 것이다.

예컨대, 당신이 핸드폰을 판매하는 사람이라고 했을 때 고등학생 딸과 함께 매장을 찾은 아빠에게 다음과 같이 대화를 해야 아빠의 마음을 움직여 쉽게 판매를 할 수 있다.

> "어서 오세요! 스마트폰 찾으시는군요?"
>
> yes-핸드폰 가게에 온 것이니 당연하다
>
> "따님이 정말 예쁘게 생겼네요?"
>
> yes-자기 딸 예쁘지 않은 사람 없다
>
> "저도 애가 하나 있는데 뭐든지 좋은 것 사주고 싶더라구요."
>
> yes-부모 마음 다 똑같다
>
> "그런데 요즘 스마트 폰 가격이 너무 비싸서 부담스럽죠?"
>
> yes-컴퓨터 값보다 더 비싸다
>
> "가격은 적당하면서도 성능이 아주 좋은 모델 보여 드릴까요?
>
> yes-사실 그런 모델은 없다
>
> "가격은 다 비슷하니 여기서 구매하세요. 따님 데리고 다른 곳 여기저기 돌아다니시기 힘드시잖아요?"
>
> yes-쇼핑 좋아하는 남자 없다

    사회학자인 스나이더와 커닝검이 다음과 같은 실험을 했다. 전화번호부에서 무작위로 선택한 사람들에게 전화로 설문을 의뢰했다. 이때 한 그룹에게는 '8가지 항목의 설문에 답해 주십시오'라고 부탁했다. 또 한 그룹에게는 '50가지 항목의 설문에 대답해 주십시오'라고 부탁했다. 손쉽게 할 수 있는 8개 항목의 설문에 'OK'해준 사람은 83퍼센트였다. 이 중 'yes'라고 답한 이들을 제1그룹으로 했다. 50개 항목의 설문 의뢰에 승낙해준 사람은 겨우 20퍼센트이고, 이 경우에는 'no'라고 말한 나머지 80퍼센트의 사람을 제2그룹으로 했다.

본격적인 실험은 지금부터다. 새롭게 전화번호부에서 무작위로 제3그룹을 선택하고, 제1그룹, 제2그룹, 제3그룹에게 다시 한 번 설문을 의뢰했다. 이 때 설문의 항목 수는 30가지였는데 그렇다면, 세 그룹의 대답은 어떠했을까?

원래 yes도 no도 대답하지 않은 제3그룹에서 yes라고 대답한 것은 33퍼센트였다. 여기에 반해 no라고 밝혔던 제2그룹에서는 겨우 12퍼센트의 사람밖에 yes라고 대답하지 않았다.

그리고 그보다 yes라고 대답했던 제2그룹에서는 77퍼센트의 사람이 다음 설문에서도 yes라고 대답했다. 즉 처음에 no라고 말한 사람은 다음에 어떤 부탁을 받아도 no라고 말할 가능성이 높아진다. 그러나 처음에 yes라고 말해버린 사람은 다음에 어떤 부탁을 들어도 yes라고 말해버릴 가능성이 높아진다는 것이다.

'우리'라는 표현을 써라

1. 너 일찍 좀 다녀라?
2. 우리 일찍 좀 다니자?

'너 왜 그렇게 만날 늦게 들어오니?'
'너 또 나쁜 친구들 사귀는 것 아니야?'

이처럼 너, 자네, 당신, 여러분을 주어로 하면 자신에게는 문제가 전혀 없고 상대에게만 문제가 있다고 생각하게 한다. 그렇게 되면 상대에게 일방적으로 강요, 공격, 비난하는 느낌을 전달함으로써 상대는 반감을 느끼고 말하는 이에게 저항하게 된다. 상호관계가 파괴되는 것은 당연하다. 따라서 '너'라는 주어는 가능한 한 쓰지 않도록 의식적으로 노력해야 한다. 대신 '우리'라는 주어를 사용하면 된다. '우리'는 나와 너의 대립관계가 아닌 대등의 관계로 바꿔준다. 즉 문제발생시 둘 다에게 문제가 있다는 공감과 문제를 함께 해결하겠다는 연대감을 고취시킨다.

실제로 부부간의 갈등이 있을 때는 싸울 때 싸우더라도 '우리'라는 단어를 자주 사용하면 문제를 더 잘 해결하게 된다는 연구결과가 나왔다. 미국 UC버클리대학교 Univ. of California, Berkeley 로버트 레벤슨 교수팀은 중년 이상의 부부 154쌍을 대상으로 결혼 생활 도중 생기는 불일치나 갈등과 대화내용 사이의 상관관계를 분석했다.

그 결과 모든 대화에서 '나', '너' 같은 호칭 대신 '우리'라는 대명사를 즐겨 사용하는 사람들이 서로를 긍정적, 우호적으로 대했으며 생리적 스트레스가 훨씬 적었다. 이에 반해 부부간에 개인성을 강조한 '나', '너' 같은 호칭을 많이 사용하는 사람들은 결혼에 만족하지 못했고 특히 나이든 커플일수록 결혼생활을 행복하게 느끼지 못했다.

그러나 노년기 남편과 아내는 중년 부부보다 '우리'라는 단어를 더 많이 사용했으며 부부간 갈등 발생빈도가 적고 갈등 해결도 쉽게 했다. 연구진은 "노년기 부부는 오랜 세월 함께 힘든 일을 겪고 극복하면서 서로 동일시하는 감정이 커지기 때문에 '우리'라는 호칭을 즐겨 쓰는 것 같다"고 말했다.

연구진은 "결혼은 '우리'라는 큰 것이 '나'라는 작은 것을 포기하게 만드는 가치가 있다"며 '우리'라는 언어는 자연스럽게 나오는 말로 문제를 함께 직면할 자신감을 심어준다"고 말했다.

대중의 마음을 하나로 모으는 데도 '우리'라는 단어는 효과적이다. 심리학자 앳킨슨이 미국 대통령 선거에 대해 분석한 자료에 따르면 사람들은 '우리'라는 말을 많이 한 후보에게 더 많은 지지를 보냈다고 한다.

'우리'라는 주어를 쓰는 것만으로도 힘을 한 곳으로 모으고 고통을 분담하며, 성과를 함께 나누게 하는 강력한 메시지를 만들 수 있는데 가만히 살펴보면 명연설의 특징은 '우리'라는 주어를 반복해서 사용한다는 것을 알 수 있다. 명연설가 처칠 수상이 1940년 6월 4일 영국 의회에서 했던 유명한 연설 중 일부 대목을 보자.

"우리는 약해지거나 실패하지 않을 것입니다. 우리는 끝까지 싸울 것입니다. 우리는 프랑스에서 싸울 것입니다. 우리는 바다와 대양에서 싸울 것입니다. 우리는 확신을 키우고 힘을 길러 공중에서 싸울 것입니다. 어떤 대가를 치르더라도 우리는 우리의 섬을 지킬 것입니다. 우리는 해변에서 싸울 것입니다. 우리는 상륙지점에서도 싸울 것입니다. 우리는 들판과 거리에서도 싸울 것입니다. 우리는 언덕에서도 싸울 것입니다. 우리는 절대 항복하지 않을 것입니다."

'우리'라는 틀은 효과적인 공동체 의식을 만들어 내기도 한다. 사회심리학자 필립 짐바르도 박사는 공동체가 반사회적 행동에 미치는 영향을 조사하기로 하고, 뉴욕대학교 건너편 길에 보닛이 열린 자동차를 세워두고 무슨 일이 벌어지는지를 몰래 관찰했다.

10분도 지나지 않아 지나가던 차가 정차하더니 한 가족이 내렸다. 어머니는 잽싸게 자동차 내부를 뒤져 값나갈 만한 것을 챙겨갔고, 아버지는 쇠톱으로 라디에이터를 떼어냈으며, 아이들은 트렁크를 뒤졌다. 15분 후 두 남자가 나타나더니 잭으로 차를 들어올린 다음 타이어를 빼갔다. 그 다음 몇 시간 동안 여러 사람들이 나타나 돈이 될 만한 것은 모조리 빼갔다. 이 대부분의 반사회적 행위가 대낮에 벌어졌다.

단 이틀 만에 짐바르도는 20건 이상의 자동차 파괴행위를 관찰했는데, 실험이 끝난 후 자동차가 너무 심하게 파손되어 치우는 데 트럭 두 대가 동원될 정도였다.

그다음 짐바르도는 공동체 의식이 강한 곳에서 똑같은 실험을 실시했다. 캘리포니아 주 팰러앨토의 스탠퍼드대학교 건너편이었다. 뉴욕 시와는 달리 이곳에서는 일주일 동안 단 한 건의 파괴행위도 기록되지 않았다. 오히려 비가 내리자, 행인이 차의 엔진을 보호하기 위해 보닛을 닫아주기까지 했다. 짐바르도가 실험을 마치고 자동차를 치우려고 했을 때는 세 사람이 경찰에 전화하여 누군가 자동차를 훔쳐간다고 신고하기까지 했다.

대한민국은 '우리'의식이 남다르다. 우리는 자기 부인을 '우리 마누라' 자식을 '우리 아들', '우리 딸'이라고 부른다. 그런데 요즘 들어 '우리'라는 말보다는 '나'와 '너'라는 말을 더 많이 쓰는 것 같다. 이제는 '우리'라는 말이 그리워진다.

고 장영희 교수의 칼럼 중에 '우리'에 관해 쓴 내용이 있다.

> '우리'는 새삼 생각하면 참 요술 같은 말이다. '나와 그 사람'의 평면적 관계가 '우리 그 사람'이 되면 갑자기 아주 친근한 관계, 내가 작아지고 그 사람이 커지는 사랑하는 관계가 된다.
>
> 그래서 그냥 사장님보다는 우리 사장님, 그냥 직원보다는 우리 직원, 우리 선배, 우리 후배, 우리 남편, 우리 회사 등 전부 따뜻한 느낌을 준다. 그러다 문득 생각이 났다.
>
> 나는 언제 진정으로 이렇게 '우리'라고 말해 본 적이 있는가. 한 발짝 떨어져서, 나는 나, 너는 너로 살아가며, 진정한 '우리'로 남을 생각을 한 적이 있는가. 어쩌면 지금 이 힘겨운 삶에서 나를 구해 주고 있는 것은 내 주변 사람들의 '우리' 마음이다.
>
> 나도 이제는 호두껍데기 같은 '나'에서 벗어나 '우리'를 생각할 차례다.

전략적 대화법

초판 1쇄 인쇄일 | 2014년 8월 4일
초판 1쇄 발행일 | 2014년 8월 11일

지은이　　| 공문선
펴낸곳　　| 북마크
펴낸이　　| 정기국
디자인　　| 서용석 안수현
책임편집　| 김수진
마케팅　　| 조은아
관리　　　| 안영미
일러스트　| 이설인(rept_house@naver.com)

주소　| 서울특별시 중구 퇴계로42길 26 중앙빌딩 2층
이메일　| bmark@bmark.co.kr
전화　| 02-325-3691
팩스　| 02-335-3691
블로그　| http://blog.naver.com/chung389
등록　| 제 303-2005-34호(2005.8.30)

ISBN　| 979-11-85846-04-0　13320
값　　| 15,000원

이 책은 저작권법에 따라 보호를 받는 저작물이므로 무단전재와 무단복제를 금하며,
이 책 내용의 전부 또는 일부를 이용하려면 반드시 저작권자와 북마크의
서면동의를 받아야 합니다.